U0771619

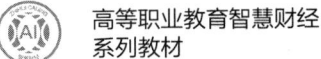 高等职业教育智慧财经系列教材

 高等职业教育岗课赛证融通系列教材

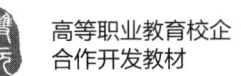 高等职业教育校企"双元"合作开发教材

业财一体化设计

YECAI YITIHUA SHEJI

新准则 新税率

主　编　肖铁锋　余晖文
副主编　胡峥峥　黄　珊　曾　越

新形态
教材

本书另配：教学课件
　　　　　教案
　　　　　参考答案
　　　　　微课视频
　　　　　案例库
　　　　　在线开放课程

中国教育出版传媒集团
高等教育出版社·北京

内容提要

本书是高等职业教育智慧财经系列教材、校企"双元"合作开发教材。

本书依托"数字化管理会计1+X"平台,从理论分析到实践操作,系统地分析了企业业务流程中的风险控制点及相应的制度设计,并以此设计构建业务财务融合的内部控制流程。全书由七个项目组成,包括业财融合与内部控制认知,预算业务、销售业务、生产业务、采购业务、资金结算业务的流程与内容设计,以及业财一体下的数据分析。

本书既可作为高等职业院校大数据与会计、大数据与财务管理等专业的教材,又可作为社会相关人员的学习和培训用书或参考资料。

图书在版编目(CIP)数据

业财一体化设计 / 肖铁锋,余晖文主编. -- 北京:高等教育出版社,2025.1. -- ISBN 978-7-04-063302-3

Ⅰ. F232

中国国家版本馆 CIP 数据核字第 2024GJ5517 号

策划编辑 钱力颖	**责任编辑** 钱力颖	**封面设计** 张文豪	**责任印制** 高忠富

出版发行	高等教育出版社	网　　址	http://www.hep.edu.cn
社　　址	北京市西城区德外大街 4 号		http://www.hep.com.cn
邮政编码	100120	网上订购	http://www.hepmall.com.cn
印　　刷	杭州广育多莉印刷有限公司		http://www.hepmall.com
开　　本	787mm×1092mm　1/16		http://www.hepmall.cn
印　　张	14		
字　　数	325 千字	版　　次	2025 年 1 月第 1 版
购书热线	010-58581118	印　　次	2025 年 1 月第 1 次印刷
咨询电话	400-810-0598	定　　价	32.00 元

本书如有缺页、倒页、脱页等质量问题,请到所购图书销售部门联系调换

版权所有　侵权必究
物　料　号　63302-00

前　言

目前,业财融合已经成为企业财务管理重要的发展趋势,它不仅能帮助企业更好地优化资源配置,降低企业成本,提高企业效益,还能为企业决策提供依据,引导企业业务发展。对高校教学而言,业财融合下的内部控制流程设计既能让学生熟悉企业业务流程,又能让学生在学习过程中运用自己的财务知识,将其科学地融入业务流程,并基于数字化管理会计1+X平台,动手实践来体验这一过程。

2022年3月,财政部发布的《关于中央企业加快建设世界一流财务管理体系的指导意见》中数次提到"业财融合"与"数字化",要求利用信息化整合财务系统与业务系统,业财融合成为新时代财务人员转型的方向。党的二十大报告提出"加快发展数字经济,促进数字经济和实体经济深度融合,打造具有国际竞争力的数字产业集群"的任务。在数字经济时代背景下,企业业财融合属于必然趋势,有效的业财融合有助于企业提升核心竞争力,强化财务控制监督力度,推进企业稳定、长远的发展。

本书内容贯穿企业业务流程,包括预算业务、销售业务、生产业务、采购业务及资金结算业务,并对业务产生的数据进行多维度、多角度分析与对比,得出结论,查找原因,提出相应的决策建议。为此,本书基于业务流程设计了七个项目,包括业财融合与内部控制认知,内部控制流程设计的预算业务、销售业务、生产业务、采购业务、资金结算业务及数据分析等内容。前六个项目主要是通过信息化手段将财务控制引入业务流程,并通过制定制度来约束,有效地将财务与业务相融合,第七个项目则是对各业务产生的数据进行多维度、多角度分析与对比,包括产品结构、客户结构、成本变动、费用构成、资产状况、盈利结构等。本书将财务知识与企业业务深度融合,让学生理解业财融合的实质,提升动手能力,为企业解决实际问题,适应从财务会计岗到管理会计岗的转变。

本书具有以下特色：

1. 理实一体,岗证融通

依托数字化管理会计1＋X平台,将财务理论知识与企业业务流程深度结合,设计思路新颖,内容丰富,有针对性地提升学生的专业知识和业务技能,使学生在学习过程中完成理论知识到实践技能的转化。

2. 立德树人,德技并修

本书贯彻落实党的二十大精神,坚持立德树人的教育目标,在每个项目中设置"素质目标",将思政学习和技能学习互相融合,不仅向学生传授知识技能,还培养学生的优良品格,注重引导学生树立正确的世界观、人生观和价值观,达到为党育人、为国育才的目的。

3. 数智引领,业财融合

本书聚焦我国产业数字化转型,遵循教育部新专业目录调整方向,紧密联系新经济、新业态、新技术、新职业,推动财务技能与业务前端紧密结合,强调学生与业务流、信息流对接,实现业财融合的专业技术升级。

本书由江西财经职业学院肖铁锋、余晖文担任主编,胡峥峥、黄珊、曾越担任副主编。在本书的编写过程中,编者还得到了上海管会教育培训有限公司的帮助,特此致谢。由于编者水平有限,书中不当之处在所难免,敬请读者批评指正。

编　者

2025 年 1 月

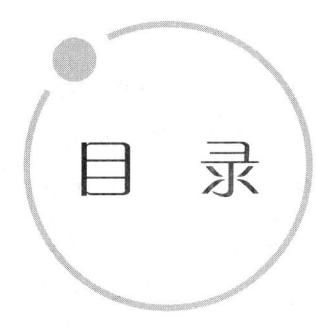

目　录

资源导航

微课视频：

制度文件：

项目一　业财融合与内部控制认知

学习目标

知识目标

1. 了解内部控制的含义及发展；
2. 熟悉业财融合的特点及意义；
3. 掌握内部控制制度设计的要素和体系。

技能目标

1. 能够了解业财融合下的信息获取流程；
2. 能够掌握内部控制制度的设计步骤。

素质目标

1. 培养良好的职业道德，具备爱岗敬业的工作精神；
2. 培养认真的工作态度，发扬严谨的工作作风。

导入案例

通过财务转型缓解资金压力

作为一家环保设备销售有限责任公司的财务经理，在公司实现业财融合之前，刘某最头疼的事情就是和业务部、采购部沟通。因为业务部、采购部关心的几乎只有销售业绩，而不明白刘某所说的财务结果，对此刘某担心不已。原来，这家公司主要销售标准型环保设备和定制型环保设备，前者无须复杂的安装过程，而后者则需要较长的安装过程且需要对方竣工验收。业务部给客户的赊销期限过长，以及采购合同约定先付款后发货，且进项发票要很晚才能给财务部入账，这种早付晚收的模式使得本来现金就不宽裕的公司资金更为紧张。此外，财务部没法从业务部及时掌握定制业务的完工进度，财务部只能在发货时结转成本但不能确认收入，等拿到竣工单再确认收入。这样就导致各月收入和成本不匹配，报表无法真实准确地反映定制业务的经营状态。

面对这种情况，刘某向公司提出业财融合的想法，将财务部进行转型，以财务BP[①]

[①]　财务 BP 是一种财务组织模式创新形式，也是新模式下的一个新兴财务岗位。

的方式参与业务中,并且制定了一系列的方案:

第一,每月定期与业务部、采购部进行经营分析,提前沟通销售策略、采购方式对经营数据带来的影响,以及应如何改进。

第二,参与标准业务和定制业务的谈判,及时跟进定制业务的完工进度,每月将形成的销售统计表和完工进度表在定期会议上与各部门确认。

第三,每月向公司管理高层作月度经营汇报,分析各类业务趋势、潜在问题及经营状况。

第四,所有的财务人员都参与业财融合的学习中,加强财务团队的业务意识。

经过大半年的时间,公司的资金压力终于得到缓解,也实现了财务数据和业务经营的匹配,解决了困扰公司多年的问题。

思考:

未来的管理型财务人员将更多地扮演什么样的角色,以及财务人员应该怎样深入参与企业活动。

任务一　了解内部控制的发展历史

一、内部控制的含义

我国《企业内部控制基本规范》指出,内部控制是由企业董事会、监事会、经理层和全体员工实施的、旨在实施控制目标的过程。这一定义包括两方面的含义:第一,控制的主体,即谁来控制。在定义中,我们可以很清楚地看到,董事会、监事会、经理层和全体员工都是控制的主体,它并非某一个部门或某一个人的事情,上至董事会、监事会,下至最基层的员工,都是内部控制的主体。第二,控制的目标,即为什么控制。内部控制目标包括经营合法合规、资产安全、财务报告及相关信息真实完整,提高效率和效益,促进战略目标实现。

二、内部控制的由来

内部控制与风险管理经历了一个由低级到高级的演进过程。最原始的控制思想的雏形来源于内部牵制,牵制思想的出现可以追溯到几千年以前。根据《周礼》的记载,早在西周时代的国库管理中,便分了职内、职出和职币三个岗位,分别负责收入、支出和盘点登记。所谓牵制,是指职能和职能之间必要的相互弥补、相互约束,不能由一个职能完全支配一项业务活动而没有交叉检查和约束。随着内部牵制思想的发展,控制一词最早在17世纪被提出,含义为"由登记者之外的人对账册进行检查核对"。在这个阶段,内部控制主要体现在对会计账目和会计岗位的分离和牵制。

三、内部控制理论的历史发展

20世纪是现代企业管理理论发展的形成阶段,同样也是内部控制理论发展的成熟阶段。20 世纪 40 年代至 20 世纪 70 年代为内部控制的发展时期,即内部控制制度开始出现。从 20 世纪 40 年代起,股份公司逐渐产生,原有的以职务分工为主的内部牵制理论也由于公司架构的改变逐步向内部控制理论转变。

20 世纪 50 年代起到 20 世纪 80 年代初是内部控制的形成期,内部控制结构开始出现。内部控制关注的重点主要在于改进内部控制制度的方法,以及审计应如何对其进行评价,即关注点仍然集中在制度的设计和稽核方面。从 20 世纪 80 年代起,学者们对内部控制的研究重点开始从一般意义向具体意义进行深化。其中,在 1988 年,美国注册会计师协会发布了《审计准则公告第 55 号》,首次以"内部控制结构"替代"内部控制",不再区分会计控制和管理控制,第一次提出了"内部控制结构"这一概念,指出内部控制结构包括为合理保证企业特定目标的实现而建立的政策,并提出内部控制结构包括三大要素,即控制环境、会计制度及控制程序。这个概念强调了管理者在内部控制过程中发生的行为,最终对控制环境所产生的作用。同时,这也是控制环境这一要素首次出现在内部控制结构中,控制环境是充分有效的内部控制实施的基础。

20 世纪 90 年代起,内部控制研究开始进入成熟期,即出现了内部控制整体结构。最突出的一点是 1992 年美国 COSO 委员会发布了专题报告《企业内部控制——整体框架》。这一报告指出,内部控制是由企业董事会、管理阶层和其他员工实施的,为运营的效率效果、财务报告的可靠性及相关法律的遵循性等目标的达成而提供合理保证的过程。其构成要素来源于管理阶层经营企业的方式,并与管理的过程紧密结合。它认为内部控制框架主要包括控制环境、风险评估、控制活动、信息和沟通、监督这五个要素。这五个要素内容全面广泛、相互关联,形成了动态框架系统。接下来,该报告在 1994 年进行了增补,在增补中扩大了内部控制涵盖的范围,增加了与保障资产安全有关的控制。

21 世纪初,开始进入内部控制的拓展期,出现了风险管理整合框架。COSO 委员会在 2004 年发布了《企业风险管理——整合框架》报告。其指出企业的风险管理应包括四类目标(战略目标、经营目标、报告目标及合法目标)和八个要素(内部环境、目标制定、风险识别、风险评估、风险应对、控制活动、信息和沟通、监督)。这个报告比 1992 年《企业内部控制整体框架》的内涵扩展了很多,其认为内部控制是风险管理不可分割的部分,构建了更完整的概念。

四、我国企业内部控制的发展

我国内部控制理论研究相较于国外起步较晚。20 世纪 80 年代中期,我国才开始进行内部控制理论的相关研究,至今已有近四十年的发展历程。在这几十年的时间里,我国内部控制的发展取得了较大进步,并且正在不断完善与发展。

2008 年 6 月,为了加强和规范企业内部控制,提高企业经营管理水平和风险防范能力,维护市场经济秩序和社会公众利益,财政部会同证监会、审计署、银监会、保监会(银监会和保监会 2018 年改为中国银行保险监督管理委员会,2023 年改为国家金融监督管理总局)共同颁布了《企业内部控制基本规范》。《企业内部控制基本规范》是我国企业内部控制的纲领性文件,其发布标志着我国取得了内部控制体系建设的阶段性成果。它给我国企业的经营活动提供了一个通用的平台,以法律文件的实施提升公司财务状况的透明度,强化管理者的信托责任意识,其创新点在于超越会计问题,从企业管理的视角看待内部控制问题,不再局限于财务报表审计,这对于企业改善经营管理和提高风险防范能力意义重大。

2010 年 4 月,五部委又联合发布了《企业内部控制配套指引》,连同此前发布的《企业内部控制基本规范》,标志着中国企业内部控制规范体系基本建成。2012 年 5 月,财政部联合国资委发布的《关于加快构建中央企业内部控制体系有关事项的通知》要求各中央企业全面启动内部控制建设与实施工作。

2012 年 8 月,财政部联合证监会发布《关于 2012 年主板上市公司分类分批实施企业内部控制规范体系的通知》,要求主板上市公司确保内部控制体系建设落到实处。

从我国企业内部控制发展的时间线可以看出,我国企业内部控制法规经历了从行业性到全国性、从会计控制到全面控制、从内部控制到风险管理的发展过程;其中,金融监管部门、国资委、会计行业团体尤其注重内部控制法规的建设。

任务二　理解业财融合的产生与应用

一、业财融合的产生与特点

(一) 业财融合的产生

随着经济的不断发展,新的商业模式在带来新机遇的同时,也会产生新的问题和风险。面对复杂多变的环境和外部的不确定性,需要公司作出更为敏捷和快速的应对,传统的事后核算型财务管理方式已经不能适应这种需求,需要将财务管理向业务前端转移,在业务决策时提供财务分析和风险提示,做好财务规划,降低风险。

价值创造即企业的业务活动所产生的收益大于付出的成本,以货币的形式表现即利润的增加。因此,要实现企业价值的增加,既要考虑业务活动能取得的收益,又要考虑相关的成本和可能的风险损失。通过业财融合提前介入和充分沟通,用数据的形式体现整个价值创造过程和结果,有助于提升决策的科学性,也为后期的业务开展提供控制依据和标准。

微课:业财融合的产生与应用

国外并没有明确提出"业财融合"这一术语,这一术语是由我国实务界的财务工作人员提出的,但是国外有提出与研究财务与业务融合的这一观点。例如,早在 1922 年,美国学者奎因坦斯在《管理会计:财务管理入门》一书中指出,为了实现企业的价值,企业的财务工作人员需要对企业的日常经营活动进行有效的事前预测,向管理者反馈企业经营业绩情况,还要及时地将这些信息传递共享给各业务部门具体的业务工作人员,为业务活动的展开提供信息支持,而不能仅仅局限于对业务进行事后的监督与会计核算。

2016 年我国财政部颁布了《管理会计基本指引》,明确提出了各单位在应用管理会计时要严格遵循"融合性"的原则,这是国家首次对管理会计在单位管理中的地位作出了肯定,此后业财融合才开始真正地进入大众视野。业财融合,是指将财务管理的理念、方法工具与业务运营深度融合,通过数据共享,以低成本、高效率为企业在规划、决策、控制、风险、评价等方面提供综合、专业的信息支撑。

(二) 业财融合的特点

业财融合具有如下特点:

(1) 系统性。业财融合涉及范围广、层次多,从组织架构到人力资源、信息技术,需要从公司层面系统考虑,自上而下推动,自下而上反馈落实。

(2) 双向交互性。业财深度融合,双向延伸,对财务与业务进行深度挖掘,动态实现企业外部信息与内部信息、整体信息与局部信息、财务信息与非财务信息的快速融合,提供综合的、多维度的决策支持。

(3) 协同性。业财融合的关键在于信息共享、数据共享,因此统一口径,深化业务数据与财务数据间的勾稽处理、逻辑分析,才能打破业财两部门的管理壁垒,达成共振。

(4) 开放性。随着企业的发展与外部环境的变化,业财融合的方式、手段都可能受到影响,从而发生变化、扩张。如果仅仅将业财融合局限于财务管理显然是不合适的,业财融合所涉及的内容较为广阔,参与方也会随着企业发展而不断增加、减少、变化。它能通过开放、包容的方式来影响企业发展。

二、业财融合的意义

业财融合的意义主要有以下三个方面:

(1) 助力企业战略推进,资源配置。通过深度融合业务前台数据与财务后台数据,业财融合帮助企业建立从前到后的一条龙管理,以发现前期的战略实施盲点,及时修正补缺,挖潜增效,引导资源从低增长、低效益的领域向高增长、高效益的领域流动,从传统的高能耗领域向智能低耗领域流动,从而提升资源配置效率,推动企业资产结构转型升级。

(2) 助力企业提升管理效率。业财融合体系的构建,打破了原来业务与财务等部门管理职能分割、管理壁垒明显的局面,通过强化信息共建共享,将业务部门目标与财务部门目标有机结合,引导全员树立成本意识和风险防范意识,减少部门间的沟通阻力和协作成本,提升企业管理效率。

(3) 助力企业提供高价值服务。业财融合以财务理念和方法工具为切入点,站在业务视角,通过数据共享、统一口径,全方位了解业务运营与市场需求,在战略规划、采购管理、运营维护、投资建设、产品开发、市场营销和客户服务等环节,为业务运营提供支持,形成闭环管理,有效提升内部价值链各环节间的协同,助力高价值服务的挖掘与提供。

三、以业财融合为基础的财务管理体系

业财融合的本质就是一种管理方式,它以财务管理为重要支撑,将其深度融合到企业业务营运中,从而保证企业营运决策、企业战略科学化、合理化。业财融合实现了企业财务业务上的融合协作,在最大程度上提高了企业的经济价值和社会价值。现代企业的财务体系分四个层次,分别是基础保障层、架构层、内容层和目标层。财务管理的目标就是通过深化融合协作,推动决策,实现企业价值的保值增值。

(1) 基础保障。企业发展业财融合的基础来源于现代财务管理体系。要发展业财融合,第一步是要培养人才。要充分理解业财融合的特点和作用,必须要保证管理者具有扎实的税务、财务、业务等方面的知识。第二步是构建财务业务统一、规范化的沟通语言和信息综合运用平台。通过一体化、综合化的信息系统,实现企业数据信息的共享、统计应用数据的口径一致,发掘企业业务、财务数据背景的应用价值。

(2) 架构层。从现代企业的财务管理发展趋势来看,财务管理体系向着精细化分工方向发展,对于财务管理架构的设置,要根据企业实际的管理需要来设置相应的职责分

工;构建以财务目标、业务战略为主的业财融合管理模式,将业务财务、战略业务从会计日常核算、汇总等常规工作中分离出来,集中更多资源和精力去分析、预测业务经营变化,服务企业的经营决策战略。

(3)内容层。现代企业的财务管理着眼于企业全局性和整体性,通过发展完善企业价值链,发挥其价值创造的作用,促进企业财务和业务的协作融合,从而提高企业的业绩管理、客情服务、市场销售、产品结构管理及战略优化等方面的管理水平;最终通过管理来实现企业经济效益、社会效益的提高。

(4)目标层。在企业日常管理过程中,财务部门与业务部门的目标存在一定的差异;具体表现在财务部门侧重于管理企业经营状况、利润成果,业务部门更侧重于销售业绩、产品市场竞争力等方面。但两大部门对于企业价值创造链的关注度都不够。

四、业财融合的应用路径

(一)构建全面预算管理体系

全面预算管理具有预算控制、绩效评价、财务审核、成本控制、风险防范等职能,是一项较为复杂的工程,需要企业完善顶层设计与统筹规划,并且需要财务管理人员的全程参与。首先,在预算编制阶段,财务管理人员与战略部门沟通协作,通过分析历史经营数据、预测未来发展情况等制定企业五年战略,并将其细化为年度执行计划;借助平衡记分卡、战略地图等管理会计工具将战略目标转化为预算指标,下达预算编制通知并指导各部门编制预算。其次,在预算执行阶段,财务管理人员与绩效管理人员同步实行,两者间信息互通、数据共享,从多维度、多层面反映和考察部门预算执行情况,若发现预算超支、虚假预算、费用支出不合规,一方面,财务人员分析问题,提出整改建议;另一方面,绩效管理人员收集绩效信息,记录部门行为。最后,在预算绩效考核阶段,财务人员与各职能部门领导者、绩效管理人员等共同分析预算偏差,如生产成本支出超标,可能因生产部物料消耗过大,也可能因采购部所采购的物料价格过高,也可能因运输部门运输过程中损耗过大;在了解实际情况,分析偏差成因后,将责任落实到具体部门,再结合财务、业务数据,对相关责任人追责。同时,将考核结果与个人薪资等挂钩,倒逼各部门、各岗位人员严格遵守企业规章制度,践行业财融合。

(二)加强业财融合信息化建设

为实现企业内部信息的流通及与外部信息的连接,建议企业构建财务共享服务信息平台。一方面,全面梳理企业现有的信息系统,将各系统集成在信息中心,各项业务均可在线上完成资金支付申请、财务审批等,并可借助系统内嵌的自动化审批流程实现自主审批报销,能够使财务人员从复杂、大量的审批工作中抽身,使其投入风险防控、成本控制等高附加值的事务中。另一方面,注重外部信息的使用及内部信息的对外公示。为保证企业合规经营,应积极向投资者、政府相关部门、公众等公示信息,树立良好的企业形象。同时,中心人员要善于运用外部信息(如媒体对企业的评价、竞争对手数据等)分析企业发展所面临的挑战、现有的机遇等,以此为企业调整战略及经营方向提供支持。

(三)加强成本管控,优化配比成本

成本管控可以使公司以一定的成本获得更大的经济效益,实现预期效益。成本投入少会影响公司正常的业务经营,影响产品和服务的品质,影响公司的声誉。而通过业财融

合，企业在成本规划时，应让多个部门参与进来，实时收集每个环节的关键成本数据，全面利用成本管理方法来拟定相应的标准成本，分析前一年度各项成本发生的原因，预估本年度成本消耗产生的收益，去除不增值的成本支出内容，比较分析实际成本消耗和预估成本消耗的数据，以及将现阶段产生的成本消耗与当前行业标准的数据进行相应的对比，形成符合公司实际情况的成本定额标准。同时，可通过信息系统对成本进行管控，确保作业流程的管理精细化、合理化，从而优化配比成本，在保障产品和服务品质的同时，提高成本管理效率。企业还可以通过构建成本管控奖励和惩罚机制，对员工因管理流程的改进、技术改造、生产设备升级等节省成本的行为进行精神和物质上的奖励，加强成本管控的培训，激发员工的积极性。

（四）加大管理会计工具应用力度

管理会计工具应用的根本目标是帮助企业快速、精准地解决各项经营业务环节中存在的问题，帮助企业实现战略目标。各项管理会计工具适用于不同的企业、业务阶段，例如，标准成本法适用于产品种类较少、生产环节较为集中的企业，而滚动计划与预算则适用于大型企业集团。企业财务管理部门需要全面掌握企业实际情况、行业趋势等，立足实际，聚焦问题，针对企业经营业务中薄弱环节、关键的财务控制点等合理、科学地选择管理会计工具。例如，在设备成本管理中可应用生命周期成本管理法，将生产成本归集到每台设备上，从设备采购到报废全流程实施成本控制，可有效提升成本管理效率。

（五）打造高素质业财融合团队

业财融合团队的打造要基于企业战略，以业务与财务的协同及有机整合为核心，并发挥信息化平台的作用，为此，建议企业打造"战略＋业务＋综合"三级业财融合团队。其中，战略财务与战略部对接，参与战略制定的全过程，从财务维度分解战略目标，制定年度财务计划，并下达给各个职能部门；业务财务与业务部门对接，负责业务处理、业务流程改造，所有工作以财务战略为导向，以价值最大化为根本目标；综合财务负责收集整合信息，不仅包括业财信息，还包括外部信息等，如税务政策等，为业务财务的纳税筹划提供数据支持。三级业财融合团队可保证业财融合目标明确，各岗位职责清晰、分工合理。

综上所述，业财融合是企业扩展业务范围、扩大业务规模的必要条件，也是促进企业精细化管理的有力手段，已成为企业管理的一种基本趋势。虽然真正实现业务部门和财务部门的融合绝非易事，而是一项较为艰巨、长期、系统的工作，但企业应克服现存的问题，一方面，通过构建和完善全面预算管理体系，加强成本管控，优化配比成本，充分利用投资管理，建立风险评估机制等方式推动业财融合进程。另一方面，通过引入现代化信息管理系统、构建业财融合的沟通交流机制、加大业财融合人才的引进和培养力度等多种手段，加强业务部门与财务部门的有效沟通，保证业财融合工作的持续推进。

任务三　掌握业财融合下的内部控制实务

一、企业内控制度设计体系与要素

影响企业长期经济绩效高低的根本因素是制度，企业的可持续发展和长期战略的实施,都依托于完备的制度体系,因此,建立健全现代企业制度体系是完善企业内部控制的主体目标。而企业内控制度设计的最终目标则是坚持立足于企业实际需求,借助先进思路和科学体系,实现各职能部门之间的协调衔接。

(一) 衡量标准

企业内部控制制度设计的衡量标准主要包括:

(1) 企业风险规避、错漏预防的成效性衡量。

(2) 对已发生事件的公布与处理的合理性衡量。

科学的企业内部控制制度应确保企业的各项营运活动都符合国家的法律法规,严格遵守市场经济发展的规律与准则,实现企业内部各职能部门之间的有效沟通与合作对接,提高工作效率,提升生产经营活动效果,确保各项经营决策能够有效地传递并执行。通过企业内控制度的设计与实施,帮助企业按照既定目标有序、高效、快速地发展。

(二) 基本要素

企业内控制度设计体系的基本要素包括目标控制点和业务流程步骤,两者相互制约、相互修复。目标控制点贯穿业务活动始终,与业务的实施流程基本相符,当业务的实施流程存在缺陷时,可以通过控制点并结合控制原则与目标对其进行纠正整合;而当业务流程的实施能够简洁高效地完成控制目标中的新技术与新手段时,目标控制点就需要结合业务流程,调整其控制方法与目标以促进企业的良性发展。控制技术与目标需要根据控制对象的不同而进行实时调整,使自身具有自发匹配、与时俱进的特点,以确保内部控制的实用性和有效性。

企业内控制度设计应覆盖事前、事中、事后全环节:事前通过完善管理制度与操作流程,加强内部审计与监管,实现预防控制;事中准确核算成本费用、整合资源配置、提高企业盈利能力;事后进行补救控制,制定各项预案、检测错漏并采取弥补措施,将可能存在或发生的损失降到最低。

(三) 主要内容

企业内控制度设计主要围绕企业管理控制与财务控制的各项规范与方法进行。

1. 管理控制制度设计

管理控制制度设计贯穿企业整个生产周期,主要包括企业组织规划、人力资源管理、产品质量监控、生产时间节点把握、安全生产管理等。

(1) 企业组织规划,主要指企业现在及未来的管理体系与组织机构设置、各工作岗位的职责与权限、岗位的编制与人员构成等。

(2) 人力资源管理,主要包括制定人才培养与人才引进计划、对新进员工进行考核与录用、对现有员工进行培训与选拔、制定并实施奖惩机制等内容。

(3) 产品质量监控,是企业内部控制最重要的环节,涉及产品的论证、研发、生产、销售、售后等产品生命周期全环节,通过对各环节的重要指标和数据进行统计与分析来实现对产品质量的监督与纠正。

(4) 生产时间节点把握,要求产品研发、投入、生产、用工、验收、交货各环节所需的时间都必须严格从企业绩效的角度控制在预期规划内。

(5) 安全生产管理,主要包括产品整个生产过程中所涉及的生产材料安全、财产安全、信息安全、工作人员人身安全等。

2. 财务控制制度设计

财务控制具有实践性与操作性，是对企业生产经营各环节资金使用与周转的规划、实施、监督与分析。其控制目标是通过财务控制实现对企业人员与职能部门工作的有效促进与监督。财务控制主要包括预算控制、成本控制、资产控制、存货控制、债权债务控制等，重点通过制定合理有效的财务制度，规范报表填制、登记处理方法与程序，强化复核与监督职能等具体措施来实现。其控制内容可分为资金管理、资产管理、内部审计三个部分，三者之间责任明确又相互制约。资金管理主要包括筹资与投资、营运资金、会计处理、债权债务管理、预算与核算等；资产管理主要有存货管理、固定资产管理、无形资产管理等；内部审计主要是发现与分析问题、审核与监督日常业务、制定并提供纠偏措施等。

（四）基本步骤

企业内控制度设计的基本步骤可以概括为：制定控制目标、整合控制流程、明确控制措施，从计划到实施再到完善，各步骤应完整有序且方便执行。管理控制点是控制目标与实践的重要衔接，是制定控制措施的重要依据，也是实施控制措施的重要抓手。管理控制点的确定是企业内控制度设计的关键，企业应明确并把握作用最大、影响最广的关键控制点，根据不同的控制业务内容与控制目标，制定相匹配的关键步骤控制措施，并结合控制目标适时整合资源、调整控制技术和流程手续，完善控制纠偏与弥补保障机制。

二、业财融合下的企业内控信息获取与制度设计

"业财融合"是指企业在开展经营管理与产品全生命周期流程管理中，通过"业财一体化"的信息获取手段，将财务的监督、反馈及增值作用用于推动业务部门实时把控"资源与作业""价值与风险""成本与增值"态势，及时反馈资源耗费、业务风险、成本汇集及价值盈亏信息，促使财务追随业务动态、调配企业资源、把控价值链条、识别潜在风险、反馈真实绩效，形成"财务参与并监控业务，业务牵引并学习财务"的良性循环。在"业财融合"的理论指引下，实现企业内控信息获取的"零对口成本"，能在业务产生的同时，使得财务人员获取相关信息来进行核算，合理地监控风险活动，并根据实际业务活动，快速与财务工作对接；从而，针对既定的工作流程，设计并制定科学合理的内控制度。

（一）业财融合下的企业内控信息获取

当前，业财融合下产出的业财数据信息难以满足企业管理精细多维、柔性动态的新诉求，究其原因主要是业财融合下信息系统的信息获取方式仍存在严重的路径依赖，导致查找方式单一、数据结果粗糙。

1. 传统财务信息的获取方式

传统业财信息仅仅依靠财务数据分析，而这些财务数据均从会计恒等式出发，按照资产、负债、所有者权益、收入、费用和利润六大类来分类归集，各项信息颗粒度较为粗糙，归集的信息并不完整，仅为企业生产经营业务发生后的部分结果。因此，业务链条上众多环节的信息保存和描述均存在不完整性。

2. 业财融合下的数据获取要求

内部控制要求数据信息的及时获得，而在业财融合进程中，传统信息获取方式难以满足企业管理决策的需求。为进一步优化业财融合效果，研究专业性与全面性兼具的信息

获取机制是必要的。

信息获取机制作为实现业财一体化的关键步骤，是企业必须直面的必要环节。财务上呈现的结果作为易于使用者了解企业绩效、成本控制、现金流及风险等的重要依据，是以业务为起点、不断加工、传递进而整合形成的。因此，一旦财务结果无法匹配管理决策精细柔性的需求，就应以财务结果为导向，回溯到业务中去，寻找能够给予财务结果特定影响的关键业务信息，这一过程就是信息获取。然而，现有数据信息获取方式中数据漏选和信息量过载的缺点频繁暴露，筛选过程存在较为严重的路径依赖，即不同企业的获取方式均大同小异，数据颗粒度大，偏重财务核算目标，缺乏业务管理的针对性。

由此，业财融合下信息的获取要求应包括：

（1）信息数据颗粒更精细。与当前数据颗粒较大的业财信息相比，企业对于管理决策的数据诉求更偏向于以单项业务清单的单个环节为基础支撑的精细化数据信息。在企业的业务管理过程中，将业务清单流程作为信息精细化的支撑依据，业财数据信息即随业务清单各步骤的发生而产生，清单各步骤中包含的高附加值信息能够得以储存，业财信息精细度能够得以提升。

（2）信息维度更多样。企业出于管理决策的目的对数据信息维度提出了多样性的要求，在这些维度之下，从各业务本身出发，根据主体对象内容、时间空间方式和目标价值方面来全面记录数据信息。信息维度的多样性使得数据来源广泛全面，提高了企业管理不同领域、不同阶段的决策准确性。

（3）信息获取更及时。由于采用事后处理的方式，当前业财数据信息的及时性受到相关性和可靠性的制约。而企业管理层出于面向未来决策的目的，更加重视业财数据信息获取的及时性。

（4）信息抓取更准确。在当前业财信息记录方式下，数据抓取存在特定方式，抓取结果难以准确符合决策需求。业财融合下信息的新要求不仅在于数据信息的记录要全面完整，还要在此前提下，保证检索结果快速准确，即数据信息抓取方式既要避免数据遗漏又要避免数据冗余。

（5）信息检索更柔性。与当前业财数据信息检索的单一路径不同，管理层对于信息获取提出了高柔性度的新要求。企业管理层需要针对市场营销、研究与开发、生产运营、采购、人力资源等方面获取特定信息，以满足决策需要。

（6）信息穿透力更强。当前业财信息搜索方式缺乏穿透力，因其仅从事后结果中挖掘数据信息。业财融合对财务部门掌控业务信息的力度提出了更高层次的要求，即财务部门要迅速穿透各业务流程，直击影响财务结果的关键所在。综上所述，业财融合的过程即通过信息的有效抓取，真正实现财务管理与业务流程的协同合作，进而更好地完成企业价值的再创造。

3. 业财融合下的数据获取流程

基于业财融合的信息获取工作原理框架如图 1-1 所示。目标层包括总目标和基于总目标的信息新需求；业财层主要对业务信息和财务信息进行沟通和融合；技术层则通过信息获取对用户需求进行检索并反馈结果，包括用户需求、信息存储库、信息检索和业财可视化结果等内容。

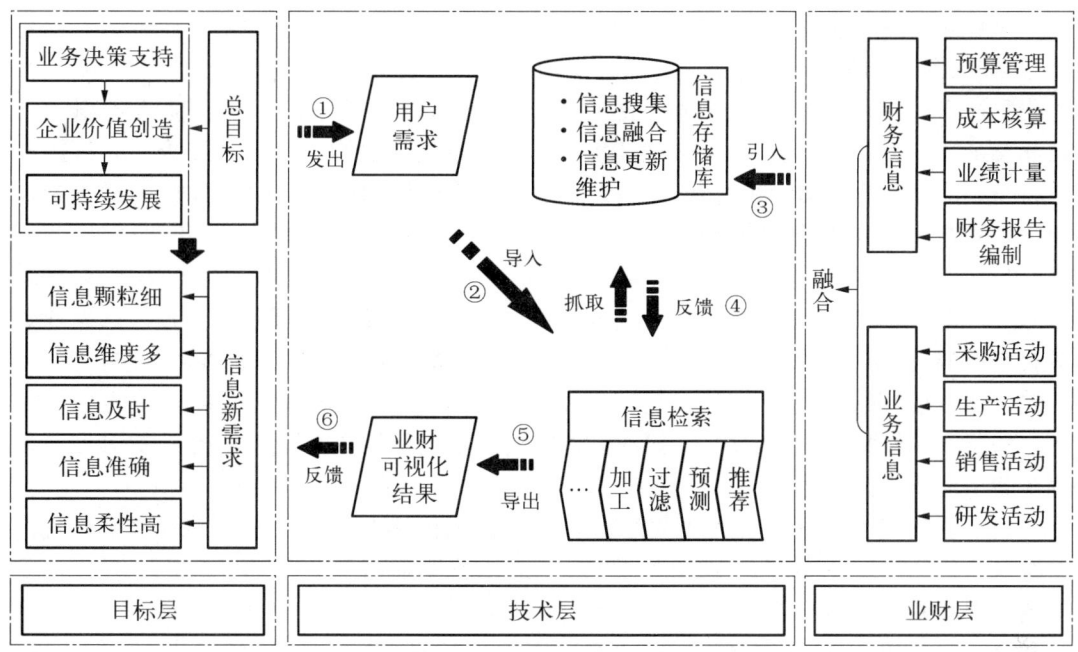

图 1-1　基于业财融合的信息获取机制运作原理框架

(1) 目标层。由图 1-1 可知,目标层位于整体架构的左侧。其中,企业价值最大化是企业管理推进业财融合的总目标。从更细层次来看,从业务决策支持到企业价值创造,进而实现企业的可持续发展,是总目标的具体内容。总目标作为业财融合下信息获取机制整体框架的主导思想,是右侧所有层级的运行机理与管理原则。总目标催生出对数据信息的新需求,两者共同成为业财层和技术层的出发点,并逐渐深入各部门内部管控的诸多方面与组织层级。

目标层对业财融合实施效果提出了更具前瞻性的要求,即不再局限于业财部门模糊边界之后的信息汇集整合,而是扩展到凭借新兴信息技术的有效利用使得业财信息的预测性、灵敏性、动态性全面提升,从而真正促使企业构建业财融合背景下信息获取的新框架,确保企业始终处于正确战略方向上,有效提升业财融合体系的整合效用,对新时代下企业管理目标的实现具有理论和实践的双重意义。

(2) 业财层。业财层位于图 1-1 的右侧,主要内容即企业需要在全面厘清管理逻辑和业务活动的基础上,突破原有各部门结构边界,在实际业务流程中视不同业务类型对业财信息进行浮动整合,保持相对弹性。利用信息技术手段,在业务活动的采购、生产、销售、研发等关键环节中嵌入财务管理的要求,更精确及时地实现预算管理、成本核算、业绩计量和财务报告编制等职能,实现业财部门不同程度的重叠与交织,满足财务部门信息收集和风险管控的目标,确保业财部门信息基础的一致性,为进一步获取信息提供全面的信息基础,真正实现业财系统全面联动。另外,业财融合后,数据信息与业务流程自动、即时地同步更新,通过信息系统直接汇入信息存储库,实现信息全流程联动转化,尽可能降低信息传递中复杂流程的交叉性带来的负面影响,减少数据传递过程中人工干预对数据质量的影响。

（3）技术层。技术层位于图1-1中间位置，其主要功能即对业财层产生的数据信息进行抓取、筛选和加工，并将获取的结果反馈给用户。目前信息获取技术种类众多，如网络爬虫技术、简易信息聚合技术、5G技术、三维信息获取技术等。其中，根据业财融合的目标及系统特性，本书认为知识图谱技术更为贴合业财融合目标实现的要求。知识图谱是在新兴网络信息环境产生的背景下催生出的一种语义知识组织和服务方法，通过把用户输入的查询命令关键词映射到语义库中，使信息系统更加智能地反馈给用户结果。

与其他信息获取技术相比，知识图谱能够有效运用"搜索＋知识库"这一功能，有序组织海量数据信息，以直观方式将各层次和不同精细度的知识信息展示给用户。根据业财融合全面准确、精细及时、柔性多维的要求，知识图谱能够辅助用户识别准确需求，克服用户输入自然语言的局限性；同时，通过索引和映射技术，能够建立起庞大的知识网络，满足用户深层次个性化需求。另外，知识图谱能够通过可视化将抽象信息具象化，提升用户使用体验与理解力。

技术层展现了信息获取的整体实现过程。为便于理解，图1-1中标有序号以体现前后逻辑关系：

根据步骤①，用户基于管理目标发出用户需求，信息获取系统利用知识图谱中查询式语义分析等知识，对查询语义进行词性标注纠错，对句法进行实体过滤消歧和属性识别，并进行语境推理及查询式扩展，进而生成标准化查询语句，便于后续信息检索系统准确地把握业财信息使用者的真实想法和目的，有效地与信息存储库中的数据相匹配。此外，在语义分析过程中，该运作过程依据知识图谱相关技术，构建多层弹性子图索引方法，即从上到下分为针对类别和对象、针对主语对象—宾语类别和针对主语类型—关系—宾语类型的三层索引子图。

这种多层细粒度的索引结构，可在允许较小索引空间构建多重索引关系的条件下，达到减少业财信息库存储空间和检索迭代次数，同时保证查询效率的双重目的。通过对句法进行过滤和消歧等语义分析处理后，明确业财信息使用者的准确意图及确切所指，根据步骤②，将生成的标准查询语句导入信息检索系统。

根据步骤③，将该用户需求所需的业财数据信息引入信息存储库。信息存储库利用知识图谱中数据预处理器及具有高吞吐量和高容错性的分布式文件系统（HDFS）等相关技术，将多维数据协同成统一格式，进而利用HDFS中的应用程序接口将数据导入分布式文件系统的文件夹中，最终实现信息搜集、信息融合和信息更新维护多项功能。

其凭借特有的数据预处理器将格式各异的数据信息转化为统一的格式，按照每一信息对应的模块类别领域来进行数据的整理加工和分析利用，将业财层传递过来的不同知识源的数据信息生成索引，在统一规则下进行异构数据整合，形成规模庞大的关联集合，达到多维业务数据的组织与融合。

该信息存储技术在清除原有数据的不同特性的同时，能够长期保留历史数据信息，最终建立动态开放的多粒度多模态亿级信息共享资源，为业财融合的实现提供了一个内容丰富、信息完善可靠的跨部门优质大规模标准化平台，能够保证呈现给用户更加科学高效、清晰准确的结果。

根据步骤④，利用知识图谱技术中的数据挖掘、信息处理、知识计量和图形绘制技术，针对查询式语义分析筛选后的用户需求，按部就班地推进一系列加工整理的过程。系统自动与数据库中的内容不断对比匹配,在信息存储库中识别并抓取海量碎片化数据信息,得到反馈信息后再进行推荐、预测、过滤与加工等一系列工作。

根据步骤⑤,运用可视化技术将碎片化数据信息整合转化为更为简洁直观的文字、图片及列表等形式,将业财数据库中的抽象数据信息转化为规则化图表等可视化结构图形,为管理层经营决策提供更直观、具象化的结果,揭示企业不同业务活动发展进程与可优化之处。

根据步骤⑥,将可视化结果反馈至用户。由此,用户基于系统反馈的结果,制定科学有效决策,优化企业战略布局。

综上所述,基于业财融合的信息获取工作流程形成了"目标—要求—筛选数据—生成结果—达成目标"的完整循环,为企业管理提升战略决策效率提供技术支持。

(二)业财融合下的企业内控设计

企业风险分为"经营(业务)风险"和"财务风险"。企业在发挥职能、开展业务、承担责任的过程中会遇到各种各样的事件。为了将"业务风险"和"财务风险"控制在可控范围内,业务在"内部控制"的指引下开展,将具体进展情况反馈给财务部门,后者将识别出的现实及潜在风险及时反馈给业务部门。财务部门主动参与并追踪业务流程,在内部控制框架下,以成本效益管控为主线,以价值管理为重点,以风险理念为引导,以全面预算为抓手,协同业务部门开展价值创造和管理工作,形成业财利益共同体,从而共享业绩、共担风险、共创财富。

1. 融合职能管理中的管理控制制度设计

结合合规管理工作的要求,树立"全员合规责任制"的思维,业务部门应以业务流程为基础,针对重要业务环节梳理合规风险点,进一步明确国家法律法规、行业准则的要求,以及企业自身内控制度体系的要求,找出业务与财务相关联的合融点,找到其中的关键风险点,设置目标控制点,设计管理制度,如销售管理中的定价管理、应收账款管理等。

2. 业财融合信息化体系下的财务控制制度设计

基于业财融合信息化体系的构建,能够实现业务与财务流程的同步,有效地解决信息孤岛问题,实现会计资源的最优整合。采用信息技术能够在有效提高会计信息质量的同时提升企业业财融合的效率。业财融合信息平台的构建能够实现企业业务与会计信息的有机整合,实现数据的实时共享,最大化提升财务信息处理的效率,有效提高数据的准确性和安全性;与此同时,通过对企业内部管理机制进行优化调整,扩宽信息共享的途径,能够尽最大可能地实现企业各部门对各层级信息的有效利用。

财务监管是一项复杂的体系,需要对企业各部门自上而下进行有效的监督。在基于业财融合信息化平台下制定的财务控制制度设计,能够实现企业内部监督的有效结合,最大化提高企业内部自我约束力的形成,同时能够促进企业财务融合的顺利推进。为有效落实企业财务融合,建立健全的财务监管体系,必须确保企业内部各个流程和业务的规范化,采用业务集中形式,保证职工对企业业务开展动向进行有效把控。

同时,严格把控企业财务和会计信息的录入和登记,不得随意对入库信息进行更改,并通过制定可行的内控体系,以信息系统授权、审批、牵制、报告、评价等多种措施,防控关键风险点。

 **项目测试**

一、单项选择题

1. 业财融合的本质是一种管理方式,它以（　　　　）为重要支撑,将其深度融合到企业业务营运中。

　A. 价值管理　　　　　　　　　　　　B. 财务管理

　C. 资本管理　　　　　　　　　　　　D. 信息管理

2. 以下属于企业内控制度设计体系基本要素的是（　　　　）。

　A. 目标控制点　　　　　　　　　　　B. 会计制度

　C. 会计准则　　　　　　　　　　　　D. 内部控制制度

3. 内部控制研究开始进入成熟期的时期是（　　　　）。

　A. 20世纪50年代　　　　　　　　　　B. 20世纪80年代

　C. 20世纪90年代　　　　　　　　　　D. 21世纪初

4. 在我国颁布的《内部控制基本规范》中,指出"内部控制是由企业董事会、监事会、经理层和全体员工实施的、旨在（　　　　）的过程。"

　A. 实现全面监督　　　　　　　　　　B. 实现全部控制

　C. 实施控制目标　　　　　　　　　　D. 实施全面控制

5. （　　　　）标志着中国企业内部控制规范体系基本建成。

　A.《企业内部控制基本规范》的发布

　B.《企业内部控制配套指引》的发布

　C.《企业内部控制——整体框架》的发布

　D.《企业风险管理——整合框架》报告的发布

二、多项选择题

1. 业财融合的特点有（　　　　）。

　A. 系统性　　　　　B. 双向交互性　　　　C. 协同性　　　　D. 开放性

2. 现代企业的财务体系分四个层次,分别是（　　　　）。

　A. 基础保障层　　　B. 架构层　　　　　　C. 内容层　　　　D. 目标层

3. 企业内控制度设计的基本步骤有（　　　　）。

　A. 制定控制目标　　　　　　　　　　B. 整合控制流程

　C. 明确控制措施　　　　　　　　　　D. 布置实施方案

4. 企业内控制度设计的基本步骤可以概括为（　　　　）。

　A. 制定控制目标　　　　　　　　　　B. 整合控制流程

　C. 明确控制措施　　　　　　　　　　D. 确定控制手段

三、判断题(正确打"√",错误打"×")

1. 我国颁布的《内部控制基本规范》中,对内部控制的定义包括两方面的含义,即控制的主体和控制的目标。　　　　　　　　　　　　　　　　　　　　　　　　　（　　　）

2. 我国颁布的《企业内部控制基本规范》是我国企业内部控制的纲领性文件。

　　　　　　　　　　　　　　　　　　　　　　　　　　　　　　　　　　（　　　）

3. 企业内控制度设计主要围绕企业管理控制与财务控制的各项规范与方法进行。

                         （　　）

4. 企业的风险来自业务风险。   （　　）

四、思考题

1. 业财融合对于企业有何意义？

2. 业务流程与财务融合的设计应考虑哪些问题？

项目二　预算业务流程与内容设计

 学习目标

知识目标

1. 了解预算业务流程及内容的设计理念和思路；
2. 了解预算编制、审批、下达面临的风险；
3. 熟悉预算编制表单的设计思路；
4. 熟悉三种预算编制分类方法及其优缺点；
5. 掌握全面预算编制体系。

技能目标

1. 能够针对具体企业的信息需求与风险因素，设计个性化的预算业务流程；
2. 能够编制销售预算、生产预算；
3. 能够编制直接材料、直接人工、制造费用和产品成本预算等经营预算；
4. 能够编制资金预算、预计利润表、预计资产负债表。

素养目标

1. 通过设计预算编制流程，明确平衡、协调的重要性，凡事从企业整体利益出发，团结协作，树立大局意识；
2. 通过预算编制与约束，培养降本增效、俭以养德的意识，树立正确的价值观和人生观；
3. 培养良好的观察、分析、解决问题的能力；
4. 培养会计人才良好的职业道德，树立遵守行业规范的工作意识。

导入案例

改革创新是企业发展之魂

　　甲公司是一家大型制造企业，科学技术的飞速发展和经营环境的复杂多变，对制造业的发展理念和管理方式产生了革命性影响。党的二十大报告中提出，坚持把发展经济的着力点放在实体经济上，推进新型工业化，加快建设制造强国、质量强国、航天强国、交通强国、网络强国、数字中国。

　　面对新形势和新任务,甲公司需要以更精进的发展理念、更精益的管理方式和更精致的产品服务引领更高质量的发展。全面预算管理作为一套科学的组织规划方法,是提升公司实力和落实公司战略的有效途径,是提升精进、精益和精致程度的有效方法,对甲公司应对行业变局、开创发展新局具有重要意义。鉴于此,2025年甲公司对预算业务进行流程再造,并同步上线信息系统,充分发挥全面预算控制工具的效能,公司效益大幅度提升。梳理公司预算业务流程再造,得出如下结论:

　　(1)科学的预算业务流程将战略与绩效连接起来,通过对企业资源的有效配置,为以价值为导向的公司战略发挥重要作用,建立起战略目标实现的保证机制。

　　(2)预算管理的流程优化使公司梳理并优化业务流程、完善合同管理、强化内部控制、优化岗位职责、完善责任管理,从而实现企业业财融合,提升公司内部管控能力。

　　(3)科学的预算业务流程使预算管理成为公司内部控制的共同语言,实现了公司管理者的经营控制和管理控制,从而实现了预算管理的决策支持功能。

　　思考:

　　随着时代的快速发展,企业只有适应外部环境的变化,才能保持竞争力。结合企业实际情况,谈谈预算业务流程对生产经营的重要意义。

任务一　全面预算业务流程设计

一、全面预算业务流程及内容的设计理念

　　(一)基于全面预算风险,加强内部控制,设计全面预算业务流程

　　全面预算是企业对一定时期的经营活动、投资活动、财务活动等作出的预算安排,是一种全方位、全过程、全员参与编制与实施的预算管理模式,是由经营预算、投资预算、筹资预算和财务预算等一系列预算组成的相互衔接和勾稽的综合预算体系。全面预算管理的本质是企业内部管理控制的一项工具,通过全面预算有效控制企业风险,实现企业战略目标。同时,全面预算自身存在风险,也是企业内部控制对象。无论从充分发挥预算约束作用的角度,还是从规避全面预算风险的角度出发,都需要设计合理的全面预算业务流程及内容。全面预算的主要风险表现在以下几个方面。

微课:全面预算业务流程设计

　　1.全面预算组织体系与运行机制方面存在的风险

　　全面预算组织领导与运行机制不健全,缺乏专门的预算管理组织,或者职责界定不清;预算管理部门与业务、职能部门之间协作不畅,相互推诿;财务部门包揽了所有的预算编制工作,业务、职能等部门参与配合较少;没有建立规范的预算管理制度等,致使预算管理松散、随意,其作用得不到有效发挥。

　　2.预算的编制、执行、调整及分析考核等方面存在的经营风险和合规风险

　　预算目标不合理,编制不科学、不健全,均可能导致企业经营缺乏约束或盲目经营,资

源浪费或发展战略难以实现;预算缺乏刚性、执行不力、考核不严,可能导致预算管理流于形式。

因此,在设计全面预算基本业务流程及内容时,应做到以下几点:

(1)应明确预算管理体制,明确各预算执行单位的职责权限、授权批准程序和工作协调机制。企业可以根据自身组织架构和作业特点等,设置包含"预算管理决策机构(如预算管理委员会)、预算管理工作机构(如预算管理办公室,为常设机构)和预算执行单位(如各预算责任中心)"三个层次的预算管理组织架构,通过流程设计,明确、清晰地划分各个层次的管理权限和责任,使责、权、利相匹配。其中,预算管理决策机构是必须要设置的,应该由董事会或类似的权力机构直接领导,如预算管理委员会负责预算的编制、执行、评估、激励和信息反馈等,对预算管理过程中发生的各种冲突从整体上进行协调与控制,公正、全面地对预算执行结果进行考评。至于预算管理工作机构、预算执行单位如何设置和划分,则根据企业的具体情况而定。预算管理组织架构如图2-1所示。

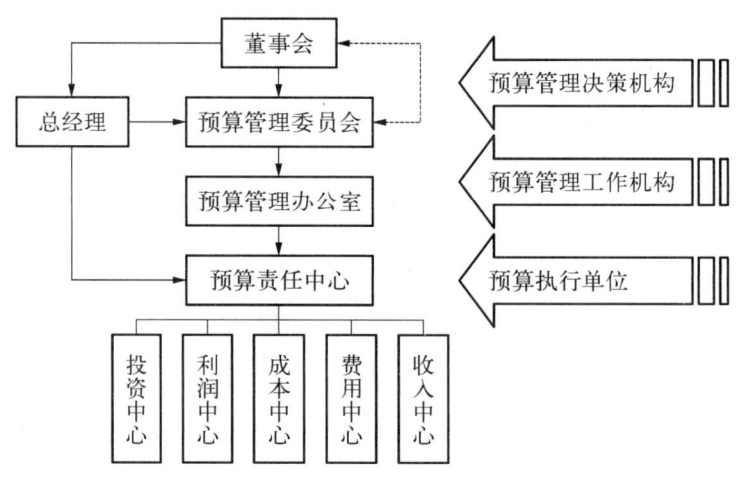

图 2-1　预算管理组织架构

(2)通过流程的设计,将涉及的不相容岗位进行分离。

(3)通过流程的设计,规范预算的编制、审定、下达、执行、控制、调整与考核等程序。

(二)基于内部管理决策需要,设计全面预算基本业务流程

企业需要结合为内部管理决策提供信息的要求,设计全面预算业务流程及内容。一般来讲,对于全面预算的执行过程和结果的分析,应该为企业内部管理决策提供如下信息。

1. 企业的生产经营活动情况是否符合企业的战略目标

采用科学合理的方法对预算执行情况进行分析比对后,及时发现实际执行情况是否偏离预算目标及偏离的原因。据此,企业管理者可以查找内部控制是否存在缺陷、生产经营过程是否存在问题,以发现工作的不足,然后围绕经营目标,调整企业经营活动,及时修订与完善内部控制不合理的地方,使生产经营活动有序、稳定、高效地运行,确保经营活动符合企业战略目标的要求。

2. 企业资源配置是否科学合理

全面预算管理涉及企业生产、经营与财务等各个方面,通过科学分析与评价预算管理

执行结果,如预算是否符合实际、是否可操作、能否产生经济效益等,判断资源配置是否合理。如果资源配置不合理,则需要进行重新配置,使资源分配建立在科学、合理、有效的基础上,发挥资源分配的最佳经济效益,从而取得最佳整体经济效益。

3. 提供考评与激励各级责任单位和个人的科学依据

科学合理的预算目标,便于对各级责任单位和个人实施量化的业绩考核和奖惩制度,使得企业在激励相关部门和人员时有合理、可靠的依据,能够对员工实施公正的奖惩,调动员工的积极性,确保企业战略目标的最终实现。在设计全面预算基本业务流程及内容时,应该能够通过流程的运行获得以上信息。

二、全面预算基本业务流程及内容的设计思路和方法

全面预算的基本业务流程包括四个核心环节:战略规划、预算编制、预算执行和调整、预算考核。战略规划是全面预算的导向,是确定预算目标的重要依据,是预算编制的起点;预算编制包括编制、审批和下达三个主要环节;在预算执行和调整过程中要进行实时控制、预算分析和预算调整,根据预算执行结果进行预算考核,考核结果是绩效管理的依据。预算管理应基于先进的 ERP 信息系统,进行实时把握、动态控制,充分发挥预算管理的功能和作用。预算编制、执行、分析、调整和考核形成一个围绕战略目标的闭环管理。基于大中型企业应用的 ERP 信息系统,全面预算基本业务流程一般设计如图 2-2 所示。企业可以参照图 2-2 的设计思路,结合自身情况,设计具体的全面预算业务及内容。

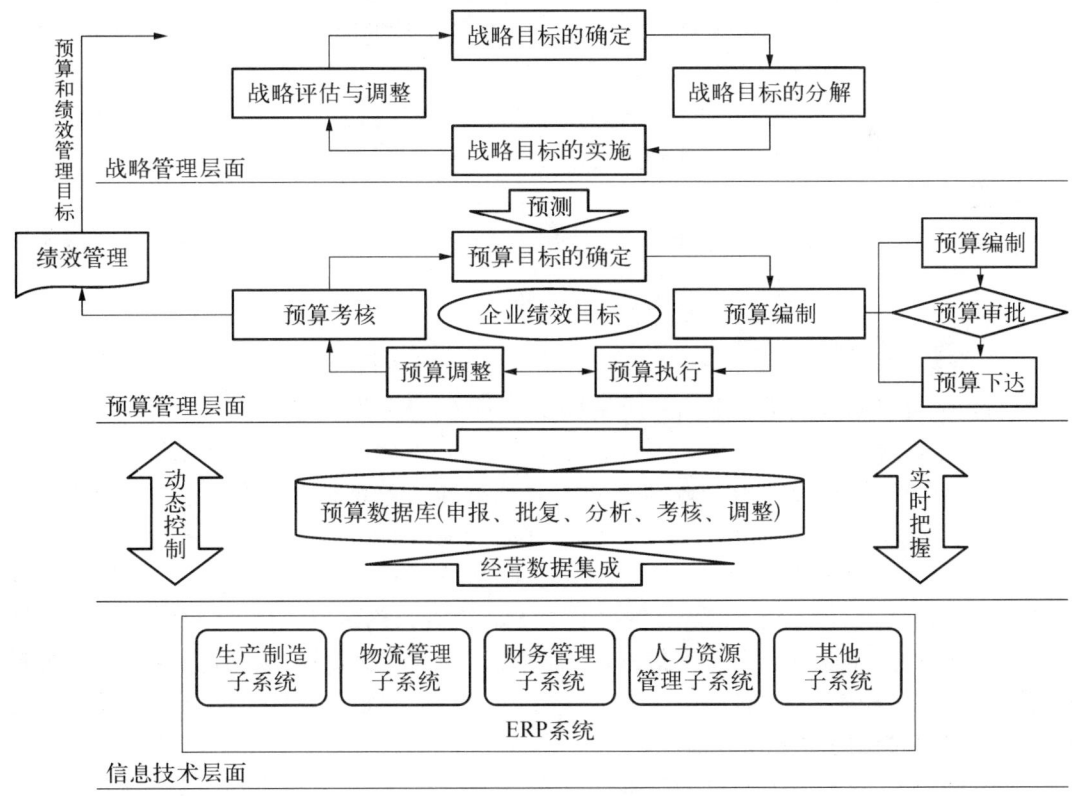

图 2-2 全面预算基本业务流程一般设计

任务二　预算编制流程及内容设计

一、预算编制及审批过程中的主要风险

（一）预算编制风险

1. 预算编制部门方面的风险

如果预算编制以财务部门为主，业务部门参与度较低，可能导致预算编制不合理，预算管理责、权、利不匹配；预算编制范围和项目不全面，各项预算之间缺乏整合，可能导致全面预算难以形成。

2. 预算编制程序方面的风险

如果预算编制程序不规范，横向、纵向信息沟通不畅，可能导致预算目标缺乏准确性、合理性和可行性。

3. 预算编制方法方面的风险

如果预算编制方法选择不当或强调采用单一的方法，可能导致预算目标缺乏科学性和可行性。

4. 预算目标及指标体系设置方面的风险

如果预算目标及指标体系设置不完整、不合理、不科学，可能导致预算管理在实现发展战略和经营目标、促进绩效考核等方面的功能难以有效发挥。

（二）预算审批风险

如果全面预算未经适当审批或超越授权审批，可能导致预算权威性不够、执行不力，或可能因重大差错、舞弊而导致各种损失。

（三）预算下达风险

如果全面预算没有以文件的形式下达执行或下达不力，可能导致预算执行、考核无据可查。

二、预算编制提供的信息

通过预算编制，可以为企业内部决策提供如下信息。

（一）预算编制主体

通过该信息，可以反映出企业预算的编制是否遵循业财融合原则，是否体现了全过程、全方位、全员参与。

（二）预算编制方法

通过该信息，一是可以判断企业是否因地制宜选择预算编制方法；二是选择的方法是否符合战略目标、企业特点和业务特点，是否充分发挥各种编制方法的优势，使预算更具指导意义、现实意义。

（三）预算编制权责落实情况

通过该信息，可以判断预算编制程序是否合理，是否贯彻了不相容职务分离、授权批准等内部控制方法；是否存在随意审批的乱象；预算的下达是否正式、严肃。

三、预算编制和审批流程及内容的设计思路和方法

为了规避上述预算编制风险,加强内部控制,提供管理决策需要的信息,需设计预算编制流程、明确流程中各环节的具体内容。预算编制一般流程及内容设计如图 2-3 所示。

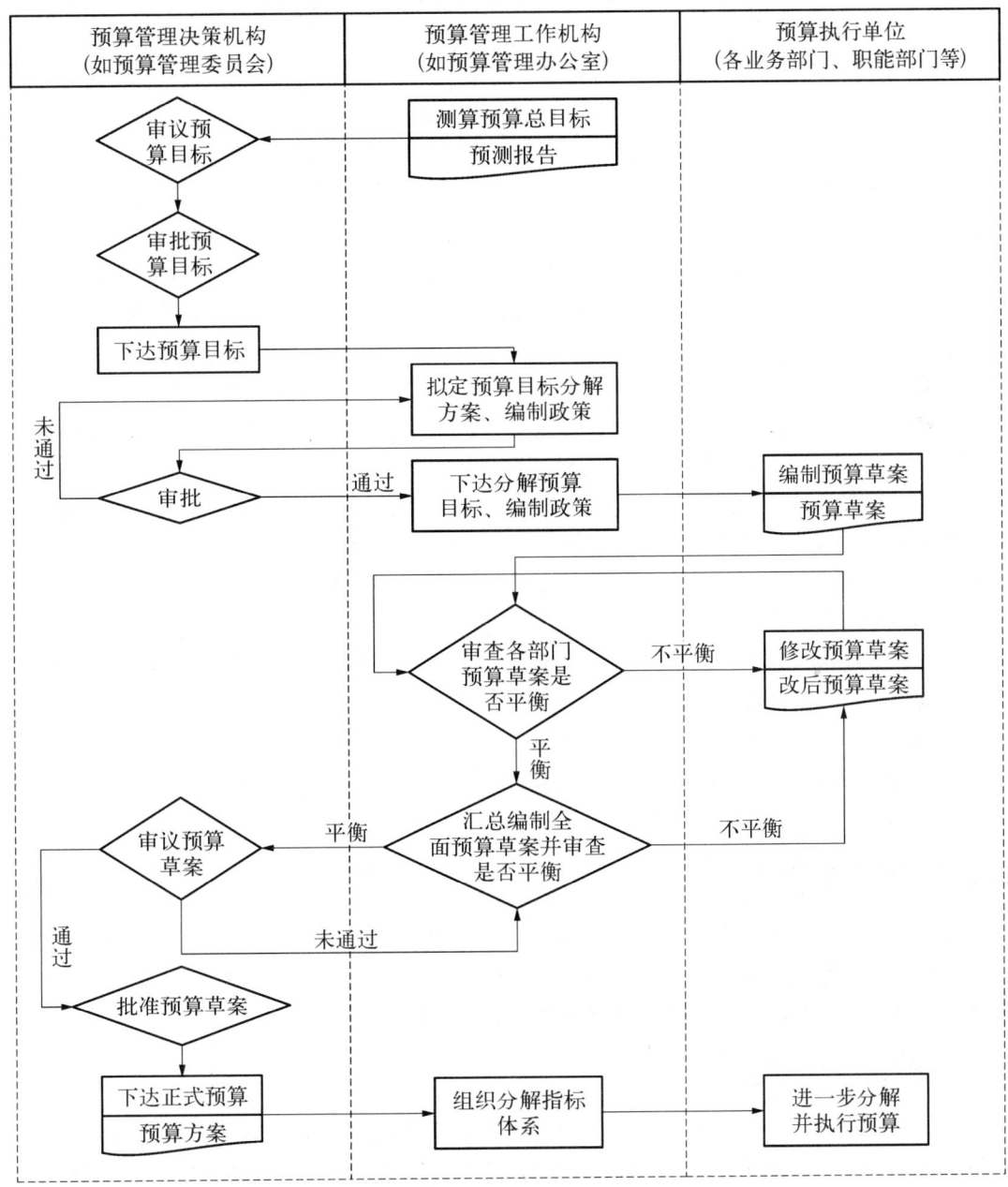

图 2-3 预算编制一般流程及内容设计

从图 2-3 中可以看出,预算编制流程包括三个主要环节,即预算编制、预算审批和预算下达,涉及预算管理决策机构、预算管理工作机构和预算执行单位多个主体,各主体各

司其职,完成预算编制工作。企业根据其预算管理组织架构,针对组织架构中各层次的权利和职责,对应图2-3中的具体任务,参照完成预算的编制工作。下面对流程图中的重点内容进行说明。

（一）测算预算总目标

在测算预算总目标时,一方面应以企业发展战略和年度生产经营计划为导向;另一方面应进行充分的市场调研,综合考虑预算期内经济政策变动、行业市场状况、产品竞争能力以及企业自身内部环境变化等因素对生产经营活动可能造成的影响。预算目标的制定与审批属于不相容职务,必须相分离,同时必须贯彻授权审批原则。

（二）分解预算目标

在分解预算目标时,应当建立系统的指标分解体系,将价值量指标与核算指标、管理指标、经营目标、绩效考核等有机结合,并且应与各业务部门、职能部门进行充分的沟通,保证分解、细化之后落实到各责任中心的量化指标是通过努力可以达成的,如成本费用指标必须与财务核算体系中的成本费用项目口径一致。

（三）预算编制政策

预算编制政策可以以大纲的形式下发,在预算编制大纲中应明确指导思想、总体思路、市场形势、总体目标、编制原则、编制流程、编制内容及方法、编制分工及有关要求等。就编制方法而言,不一定只采用一种方法,可以针对不同的预算内容采用固定预算、弹性预算、零基预算、增量预算、滚动预算等合适的方法,对于执行作业成本法的企业可以选择作业预算法。

（四）编制预算草案

各业务部门、职能部门按照下达的编制分工、预算目标和编制政策,认真测算并编制本责任中心的预算草案。不同的企业各部门所承担的编制任务,因企业组织形式不同而存在差异。通常,销售预算由销售部门编制,采购计划预算由采购管理部门编制,生产预算、制造费用预算和成本预算由生产部门编制,研发费用预算由研发管理部门编制,人力资源预算由人力资源部门编制,等等。预算草案包括预算报表和预算编制说明,预算编制说明需对预算报表的内容进行详细解释说明,并附相关附件依据、业绩报表。之后,在规定的时间内逐级汇总上报。

（五）审议、审批预算草案

在审议、审批预算草案时,应从企业发展全局角度考虑,确保全面预算与企业发展战略、年度生产经营计划相协调,且审议通过的正式预算应以文件形式下达。预算的编制与审批属于不相容职务,必须相互分离,同时必须贯彻授权审批原则。

四、预算编制表单的设计思路

企业应设计收入、成本、费用、现金流、投资等各种预算编制表以及预算汇总表,应用于预算编制流程中的相应节点。其内容应体现各种经营预算、专门决策预算和财务预算的基本内容;反映出预算编制过程中内部控制的关键点,主要通过编制、审核、审批签名来体现;提供上述预算编制环节应该提供的信息。所有的预算编制工作需要在ERP信息系统中完成,所以,编制时应区分填列区和非填列区,设定填列类别限定,表格间相同项目只输入一次,汇总通过自动的方式实现。之后其他项目任务表单的设计同理。下面以经营预算为例,具体说明预算编制表单的设计思路。

（一）收入预算编制表

（1）收入预算编制表要按照业务拆解预算目标,具体体现为按照企业的业务活动、产品名称等分别编制,如研发业务、咨询服务类业务、租赁业务,或甲产品、乙产品等;如果可行,可以再按照客户分类拆解预算目标。

（2）收入预算编制表既要反映销售收入额,又要反映现金收入额;需有全年的数据,还需有各季度、各月的数据;也可以反映业务的增长情况,如同比增长的数量、金额等。

（3）收入预算编制表的编制部门一般是销售部门,编制人员是销售部门指定的人员;审核人员是销售部门负责人和其他授权人员,不同的企业存在差异,其差异取决于单位的组织架构和预算管理组织架构;审批人员的确定同理。

（二）成本、费用预算编制表

（1）划分业务,然后按照成本、费用的不同类别分别编制,具体分为直接材料、直接人工、制造费用、期间费用等。

（2）对于制造费用、管理费用、销售费用、财务费用预算,需要按照若干费用项目分别反映;费用项目名称应该与明细账户名称保持一致,便于预算执行的分析和考核,将费用分为变动费用与固定费用、可控部分与不可控部分,也便于预算执行的分析和考核。

（3）成本、费用预算编制表既要反映成本、费用金额,又要反映现金支出金额;需有全年的数据,还需有各季度、各月的数据;也可以反映成本、费用的变化情况,如同比增加、减少等。

（4）直接材料预算主要由采购部门负责编制,直接人工预算主要由人力资源部门负责编制,制造费用和产品成本预算主要由生产部门负责编制,期间费用由对应的职能部门负责编制;审核人员是各部门负责人和其他授权人员,不同的企业之间存在差异,其差异取决于单位的组织架构和预算管理组织架构;审批人员的确定同理。

任务三 预算分类

一、预算的编制程序

企业一般按照分级编制、逐级汇总的方式,采用自上而下、自下而上、上下结合或多维度相协调的流程编制预算。

（一）下达目标

企业董事会或经理办公会根据企业发展战略和预算期经济形势的初步预测,在决策的基础上,提出下一年度的企业预算目标,包括销售或营业目标、成本费用目标、利润目标和现金流量目标;并确定预算编制的政策,由预算管理委员会下达至各预算执行单位。

（二）编制上报

各预算执行单位按照企业预算管理委员会下达的预算目标和政策,结合自身特点及预算的执行条件,提出本单位详细的预算方案,上报企业财务管理部门。

（三）审查平衡

企业财务管理部门对各预算执行单位上报的财务预算方案进行审查、汇总,提出综合平衡的建议。在审查、平衡过程中,预算管理委员会应当进行充分协调,对发现的问题提出初步调整意见,并反馈给有关预算执行单位予以修正。

（四）审议批准

企业财务管理部门在有关预算执行单位修正调整的基础上,编制出企业预算方案,报企业预算管理委员会讨论。对于不符合企业发展战略或者预算目标的事项,企业预算管理委员会应当责成有关预算执行单位进一步修订、调整。在讨论、调整的基础上,企业财务管理部门正式编制企业年度预算草案,提交董事会或经理办公会审议批准。

（五）下达执行

企业财务管理部门对董事会或经理办公会审议批准的年度总预算,一般在次年3月月底以前,分解成一系列的指标体系,由预算管理委员会逐级下达各预算执行单位执行。

二、预算的编制方法

企业一般按照分级编制、逐级汇总的方式,采用自上而下、自下而上、上下结合或多维度相协调的流程编制预算。预算编制流程与编制方法的选择应与企业现有管理模式相适应。常见的预算编制方法主要包括增量预算法、零基预算法、固定预算法、弹性预算法、定期预算法、滚动预算法。

（一）增量预算法与零基预算法

按其出发点的特征不同,编制预算的方法可分为增量预算法和零基预算法。

1. 增量预算法

增量预算法,是指以历史期实际经济活动及其预算为基础,结合预算期经济活动及相关影响因素的变动情况,通过调整历史期经济活动项目及金额形成预算的预算编制方法。增量预算法以过去的费用发生水平为基础,主张不需在预算内容上作较大的调整,它的编制遵循如下假定。

（1）企业现有业务活动是合理的,不需要进行调整。

（2）企业现有各项业务的开支水平是合理的,在预算期予以保持。

（3）以现有业务活动和各项活动的开支水平,确定预算期各项活动的预算数。

增量预算法的缺陷是可能导致无效费用开支无法得到有效控制,使不必要开支合理化,造成浪费。

2. 零基预算法

零基预算法,是指企业不以历史期经济活动及其预算为基础,以零为起点,从实际需要出发分析预算期经济活动的合理性,经综合平衡,形成预算的预算编制方法。零基预算法适用于企业各项预算的编制,特别是不经常发生或预算编制基础变化较大的预算项目。

零基预算法的应用程序为"明确预算编制标准—制定业务计划—编制预算草案—审定预算方案"。

零基预算法的优点主要表现在:一是以零为起点编制预算,不受历史期经济活动中不合理因素的影响,能够灵活应对内外环境的变化,预算编制更贴近预算期企业经济活动需要;二是有助于提升预算编制的透明度,有利于进行预算控制。其缺点主要表现在:一是预算编制工作量较大、成本较高;二是预算编制的准确性受企业管理水平和相关数据标准准确性的影响较大。

例题　2-1　下列各项中,属于零基预算法优点的有(　　　)。

A. 预算编制不受前期经济活动中不合理因素的干扰

B. 预算编制的准确性受企业管理水平的影响较小

C. 预算编制的透明度较高

D. 预算编制的工作量较小

答案:AC

解析:零基预算编制的工作量较大,且其准确性受企业管理水平和相关数据标准的准确性影响较大。

(二)固定预算法与弹性预算法

编制预算的方法按其业务量基础的数量特征不同,可分为固定预算法和弹性预算法。

1. 固定预算法

固定预算法又称静态预算法,是指以预算期内正常的、最可实现的某一业务量(产量、销售量、作业量等与预算项目相关的弹性变量)水平为固定基础,不考虑可能发生的变动的预算编制方法。

固定预算法的缺点表现在两个方面:一是适应性差。因为编制预算的业务量基础是事先假定的某个业务量。在这种方法下,不论预算期内业务量水平实际可能发生哪些变动,都只能按事先确定的某一个业务量水平作为编制预算的基础。二是可比性差。当实际的业务量与编制预算所依据的业务量发生较大差异时,有关预算指标的实际数与预算数就会因业务量基础不同而失去可比性。例如,某企业预计业务量为销售 100 000 件产品,按此业务量给销售部门的预算费用为 50 000 元;如果该销售部门实际销售量达到 120 000 件,超出了预算业务量,固定预算法下的费用预算仍为 50 000 元。

2. 弹性预算法

弹性预算法又称动态预算法,是指企业在分析业务量与预算项目之间数量依存关系的基础上,分别确定不同业务量及其相应预算项目所消耗资源的预算编制方法。

理论上,弹性预算法适用于全面预算中所有与业务量有关的预算,但实务中主要用于编制成本费用预算和利润预算,尤其是成本费用预算。编制弹性预算,要选用一个最能代表生产经营活动水平的业务量计量单位。例如,以手工操作为主的车间,就应选用人工工时;制造单一产品或零件的部门,可以选用实物数量;修理部门可以选用直接修理工时等。

与按特定业务量水平编制的固定预算法相比,弹性预算法的主要优点是考虑了预算期各种可能的业务量水平,更贴近企业经营管理的实际情况。其主要缺点:一是编制工作量大;二是市场及其变动趋势预测的准确性、预算项目与业务量之间依存关系的判断水平等会对弹性预算的合理性造成较大影响。

弹性预算法又分为公式法和列表法两种具体方法。

(1)公式法。公式法是运用总成本性态模型,测算预算期的成本费用数额,并编制成本费用预算的方法。根据成本性态,成本与业务量之间的数量关系可用公式表示为:

$$y = a + bx$$

公式中,y 表示某项预算成本总额,a 表示该项成本中的固定基数,b 表示与业务量相关的弹性定额,x 表示预计业务量。

例题 2-2 A 企业经过分析得出某种产品的制造费用与人工工时(业务量范围:420~660)密切相关,采用公式法编制的制造费用预算如表 2-1 所示。

表 2-1 制造费用预算(公式法)

费用项目	固定费用/(元/月)	变动费用/(元/人工工时)
运输费用		0.20
电力费用		1.00
材料费用		0.10
修理费用	85	0.85
油料费用	108	0.20
折旧费用	300	
人工费用	100	
合　计	593	2.35
备　注	当业务量超过 600 人工工时后,修理费中的固定费用将由 85 元上升为 185 元	

本例中,按公式法编制的制造费用预算如下:

业务量为 420~600 人工工时:$y = 593 + 2.35x$,例如,业务量为 500 人工工时的制造费用预算为 $593 + 2.35 \times 500 = 1\,768$(元);业务量为 601~660 人工工时:$y = 693 + 2.35x$,即固定修理费用预算增加 100 元,例如,业务量为 650 人工工时的制造费用预算为 $693 + 2.35 \times 650 = 2\,220.5$(元)。

公式法的优点是便于在一定范围内计算任何业务量的预算成本,可比性和适应性强,编制预算的工作量相对较小。缺点是按公式进行成本分解比较麻烦,对每个费用子项目甚至细目都要逐一进行成本分解,工作量大。另外,对于阶梯成本和曲线成本,只能用数学方法修正为直线,才能应用公式法。此外,应用公式法编制预算时,相关弹性定额可能仅适用于一定业务量范围内;当业务量变动超出该适用范围时,应及时修正、更新弹性定额,或改为列表法编制。

(2)列表法。列表法是指企业通过列表的方式,在业务量范围内依据已划分出的若干个不同等级,分别计算并列示该预算项目与业务量相关的不同可能预算方案的方法。在确定的业务量范围内,通常按相等的业务量间距划分出若干个不同水平,然后分别计算出每一个业务量水平下的各项预算值,汇总列入一个预算表格。

例题 2-3 前述 A 企业采用列表法编制的制造费用预算如表 2-2 所示。

表 2-2   制造费用预算(列表法)   单位: 元

业务量(直接人工工时)	420	480	540	600	660
占正常生产能力百分比	70%	80%	90%	100%	110%
变动成本:					
运输费用(b=0.2)	84	96	108	120	132
电力费用(b=1.0)	420	480	540	600	660
材料费用(b=0.1)	42	48	54	60	66
合 计	546	624	702	780	858
混合成本:					
修理费用	442	493	544	595	746
油料费用	192	204	216	228	240
合 计	634	697	760	823	986
固定成本:					
折旧费用	300	300	300	300	300
人工费用	100	100	100	100	100
合 计	400	400	400	400	400
总 计	1 580	1 721	1 862	2 003	2 244

对于未列示在表格中的实际业务量水平,计算该实际业务量水平下的混合成本预算额,需要使用插值法。

例题 2-4   已知修理费用在业务量为 480 工时下的预算额为 493 元,在业务量为 540 工时下的预算额为 544 元,则对于实际业务量 500 工时下的修理费用预算额 X,采用插值法计算如下:

$$\frac{X-493}{544-493}=\frac{500-480}{540-480}$$

解得: $X=510$(元)

列表法的优点是不管实际业务量多少,不必经过计算即可找到与业务量相近的预算成本;混合成本中的阶梯成本和曲线成本,可按总成本性态模型计算填列,不必用数学方法修正为近似的直线成本。但是,运用列表法编制预算,在评价和考核实际成本时,还需要使用插值法计算"实际业务量的预算成本",比较烦琐。

(三) 定期预算法与滚动预算法

按预算期的时间特征不同,编制预算的方法可分为定期预算法和滚动预算法。

1.定期预算法

定期预算法是指在编制预算时,以固定会计期间(如日历年度)作为预算期的一种编制预算的方法。这种方法的优点是能够使预算期间与会计期间相对应,便于将实际数与预算数进行对比,也有利于对预算执行情况进行分析和评价。但这种方法以固定会计期间(如1年)为预算期,在执行一段时期之后,往往使管理人员只考虑剩下时间的业务量,缺乏长远打算,导致一些短期行为的出现。

2. 滚动预算法

滚动预算法是指企业根据上一期预算执行情况和新的预测结果,按既定的预算编制周期和滚动频率,对原有的预算方案进行调整和补充、逐期滚动、持续推进的预算编制方法。

按照预算编制周期,可以将滚动预算分为中期滚动预算和短期滚动预算。中期滚动预算的预算编制周期通常为3年或5年,以年度作为预算滚动频率。短期滚动预算通常以1年为预算编制周期,以月度、季度作为预算滚动频率,通常使预算期始终保持12个月的时间长度。这种预算能使企业各级管理人员对未来始终保持整整12个月时间的考虑和规划,从而保证企业的经营管理工作能够稳定有序地进行。

滚动方式包括逐月滚动、逐季滚动、混合滚动三种。

逐月滚动,是指在预算编制过程中,以月份为预算的编制和滚动单位,每个月调整一次预算的方法。例如,在2023年1月至12月的预算执行过程中,需要在1月月末根据当月预算的执行情况修订2月至12月的预算,同时补充下年1月的预算;到2月月末可根据当月预算的执行情况,修订2023年3月至2024年1月的预算,同时补充2024年2月的预算,以此类推。按照逐月滚动方式编制的预算比较精确,但工作量较大。逐月滚动预算方式如图2-4所示。

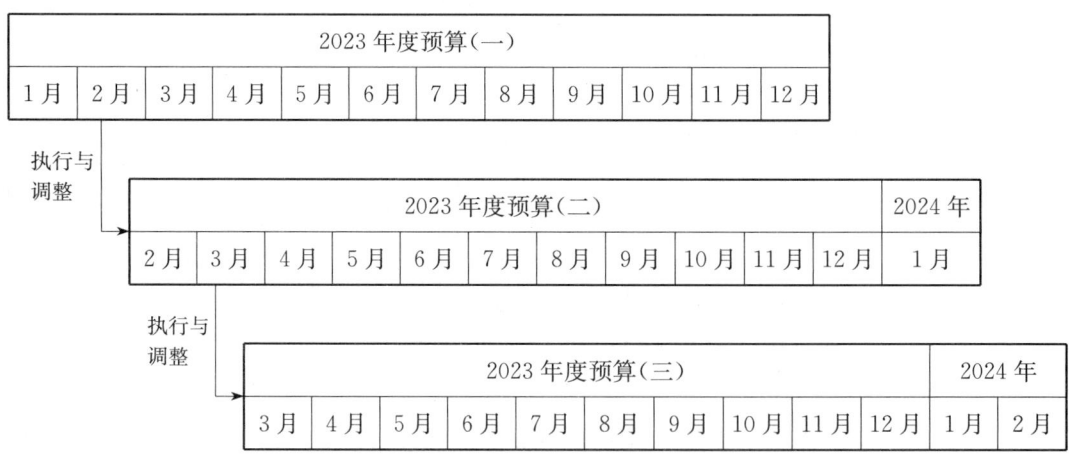

图2-4 逐月滚动预算方式

逐季滚动,是指在预算编制过程中,以季度为预算的编制和滚动单位,每个季度调整一次预算的方法。逐季滚动编制的预算比逐月滚动的工作量小,但精确度较差。逐季滚动预算方式如图2-5所示。

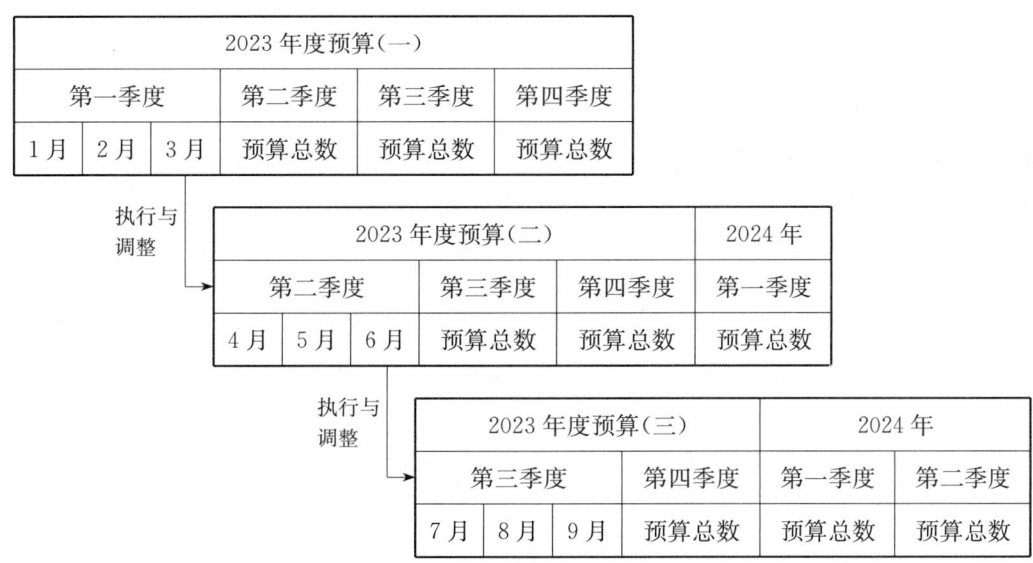

图 2-5 逐季滚动预算方式

混合滚动,是指在预算编制过程中,同时以月份和季度作为预算的编制和滚动单位的方法。这种预算方法的理论依据是:人们对未来的了解程度,具有对近期预计把握较大、对远期预计把握较小的特征。

滚动预算的主要优点:通过持续滚动预算编制、逐期滚动管理,实现动态反映市场、建立跨期综合平衡,从而有效指导企业营运;强化预算的决策与控制职能。其主要缺点:一是预算滚动的频率越高,对预算沟通的要求越高,预算编制的工作量越大;二是过高的滚动频率容易增加管理层的不稳定感,导致预算执行者无所适从。

例题 2-5 相对于滚动预算法来说,定期预算法的特点包括(   )。

A. 预算期可以保持固定长度

B. 便于将实际数与预算数进行对比

C. 使管理人员进行长远打算

D. 有利于对预算执行情况进行分析和评价

答案:BD

解析:预算期可以保持固定长度属于滚动预算法的特点,选项 A 排除;定期预算的缺点是以固定会计期间(如 1 年)为预算期,随着预算的执行,剩余预算期越来越短,可能导致管理人员缺乏长远打算,选项 C 排除。

任务四　各类预算编制

企业应当建立和完善预算编制的工作制度,明确预算编制依据、编制内容、编制程序和编制方法,确保预算编制依据合理、内容全面、程序规范、方法科学,确保形成各层级广泛接受的、符合业务假设的、可实现的预算控制目标。

一、经营预算的编制

(一) 销售预算

销售预算是指在销售预测的基础上根据销售计划编制的,用于规划预算期销售活动的一种经营预算。销售预算是编制整个预算的起点,其他预算的编制都以销售预算为基础。

销售预算的主要内容是销量、单价和销售收入。销量是根据市场预测或销货合同并结合企业生产能力确定的,单价是通过价格决策确定的,销售收入是两者的乘积,在销售预算中计算得出。编制销售预算需要掌握的两个重要公式如下:

$$销售收入=销售单价×销售数量$$

$$当期销售现金流入量=本期销售收入×本期收现比例+以前某期销售收入×$$
$$以前某期销售收入在本期收现比例$$

例题 **2-6**　　预测 M 企业 2025 年度每个季度的销售量分别为 1 000 件、1 500 件、2 000 件和 1 800 件,销售单价为 2 800 元/件。已知每个季度的销售收入中,本季度收到现金 60%,下一季度收到 40%;上一年年末应收账款为 620 000 元,预计第一季度全部收回。编制当年度销售预算如表 2-3 所示。

微课:经营预算编制

表 2-3　当年度销售预算

单位:元

季　度	第一季度	第二季度	第三季度	第四季度	全　年
预计销售量/件	1 000	1 500	2 000	1 800	6 300
预计销售单价/(元/件)	2 800	2 800	2 800	2 800	2 800
销售收入/元	2 800 000	4 200 000	5 600 000	5 040 000	17 640 000
预计现金收入/元					
上年应收账款/元	620 000				620 000
第一季度/元	1 680 000	1 120 000			2 800 000
第二季度/元		2 520 000	1 680 000		4 200 000
第三季度/元			3 360 000	2 240 000	5 600 000
第四季度/元				3 024 000	3 024 000
现金收入合计/元	2 300 000	3 640 000	5 040 000	5 264 000	16 244 000

预计年度年末应收账款=5 040 000×40%=2 016 000(元)

假设上一年也按照当季收现 60%,次季收现 40% 的政策,则上一年第四季度销售收入=620 000÷40%=1 550 000(元)。

例题 **2-7**　　已知 A 公司在预算期间,销售当季度收回货款 60%,下一季度收回货款 30%,下一季度收回货款 10%,预算年度期初应收账款金额为 28 万元,其中包括上一年第三季度销售形成的应收账款 4 万元,第四季度销售形成的应收账款 24 万元,则下列说法正确的有(　　　　)。

　　A. 上一年第四季度的销售额为 60 万元

　　B. 上一年第三季度的销售额为 40 万元

　　C. 上一年第三季度销售形成的应收账款 4 万元在预计年度第一季度可以全部收回

　　D. 预算年度第一季度收回的期初应收账款为 24 万元

　　答案: ABC

　　解析:(1)本季度销售有 40%(1−60%)在本季度没有收回,全部计入下一季度初的应收账款中。因此,上一年第四季度销售额的 40% 为 24 万元,上一年第四季度的销售额=24÷40%=60(万元),其中的 30% 在预算年度第一季度收回(即预算年度第一季度收回 60 万元×30%=18 万元),10% 在第二季度收回(即预算年度第二季度收回 60 万元×10%=6 万元)。(2)上一年第三季度的销售额在上一年第三季度收回货款的 60%,在上年的第四季度收回货款的 30%,到预计年度第一季度期初时,还有 10% 未收回(数额为 4 万元),因此,上一年第三季度的销售额=4÷10%=40(万元),在预算年度第一季度可以全部收回。所以,预算年度第一季度收回的期初应收账款=18+4=22(万元)。

(二)生产预算

　　生产预算是为规划预算期生产规模而编制的一种经营预算,它是在销售预算的基础上编制的,并可以作为编制直接材料预算和产品成本预算的依据。其主要内容有销售量、期初和期末产成品存货、生产量。在生产预算中,只涉及实物量指标,不涉及价值量指标。生产预算是经营预算中唯一只使用实物量计量单位的预算。

$$预计生产量+期初结存量=预计销售量+预计期末结存量$$

$$预计生产量=预计销售量+预计期末结存量-预计期初结存量$$

　　例题 2-8　　承前例,假设期末产成品存货数量按照下一季度销售量的 10% 安排期末产成品存货。已知预计年末产成品存货为 200 件,预计年初产成品存货为 100 件。编制当年度生产预算如表 2-4 所示。

表 2-4　当年度生产预算　　　　　　　　　　　　单位:元

季　　度	第一季度	第二季度	第三季度	第四季度	全　　年
预计销售量	1 000	1 500	2 000	1 800	6 300
加:预计期末产成品存货	150	200	180	200	200
合　　计	1 150	1 700	2 180	2 000	6 500
减:预计期初产成品存货	100	150	200	180	100
预计生产量	1 050	1 550	1 980	1 820	6 400

　　通常,企业的生产和销售不宜做到"同步同量",需要设置一定的存货,以保证能在发生意外需求时按时供货,并可均衡生产,节省赶工的额外支出。期末产成品存货数量通常按下期销售量的一定百分比确定,本例中按 10% 安排期末产成品存货。年初产成品存货

是编制预算时预计的,年末产成品存货根据长期销售趋势来确定。

例题 2-9 丙公司预计 2025 年各季度的销售量分别为 100 件、120 件、180 件、200 件,预计每季度末产成品存货为下一季度销售量的 20%。则丙公司的第二季度预计生产量为( )件。

A. 120   B. 132   C. 136   D. 156

答案: B

解析: 第二季度预计生产量=第二季度销售量+第二季度期末产成品存货-第二季度期初产成品存货=120+180×20%-120×20%=132(件)。

(三) 直接材料预算

直接材料预算是规划预算期直接材料采购业务的一种经营预算。直接材料预算以生产预算为基础编制,同时要考虑原材料存货水平。

$$某种材料耗用量=产品预计生产量×单位产品定额耗用量$$

$$某种材料采购量=某种材料耗用量+该种材料期末结存量-该种材料期初结存量$$

例题 2-10 M 企业的直接材料预算如表 2-5 所示。相关信息如下:

(1) 期末材料存量按照下一季度生产需要量的 20% 确定。

(2) 材料采购的货款有 50% 在本季度内付清,另外 50% 在下一季度付清。

(3) 预计年初材料存量为 3 000 千克。预计年末材料存量为 4 000 千克。

(4) 上一年年末应付账款为 235 000 元,预计第一季度全部付清。

表 2-5 直接材料预算

季 度	第一季度	第二季度	第三季度	第四季度	全 年
预计生产量/件	1 050	1 550	1 980	1 820	6 400
单位产品材料用量/(千克/件)	10	10	10	10	10
生产需用量/千克	10 500	15 500	19 800	18 200	64 000
加:预计期末存量/千克	3 100	3 960	3 640	4 000	4 000
减:预计期初存量/千克	3 000	3 100	3 960	3 640	3 000
预计材料采购量/千克	10 600	16 360	19 480	18 560	65 000
单价/(元/千克)	80	80	80	80	80
预计采购金额/元	848 000	1 308 800	1 558 400	1 484 800	5 200 000
预计现金支出/元					
上年应付账款/元	235 000				235 000
第一季度/元	424 000	424 000			848 000
第二季度/元		654 400	654 400		1 308 800
第三季度/元			779 200	779 200	1 558 400
第四季度/元				742 400	742 400
合 计	659 000	1 078 400	1 433 600	1 521 600	4 692 600

为了便于以后编制资金预算,通常要预计材料采购各季度的现金支出。每个季度的现金支出包括偿还上期应付账款和本期应支付的采购货款。例如,本例中假设材料采购的货款有 50% 在本季度内付清,另外 50% 在下一季度付清。这个百分比一般是根据经验确定的,如果材料品种很多,需要单独编制材料存货预算。

例题 2-11　某公司 2025 年 1 至 4 月预计的销售收入分别为 100 万元、200 万元、300 万元和 400 万元,每月材料采购按照下月销售收入的 80% 确定,采购当月付现 60%,下月付现 40%。假设没有其他购买业务,则 2025 年 3 月 31 日资产负债表中"应付账款"项目的金额为(　　)万元。

A. 148　　　　　　B. 218　　　　　　C. 150　　　　　　D. 128

答案:D

解析:2025 年 3 月 31 日资产负债表"应付账款"项目金额 $= 400 \times 80\% \times 40\% = 128$ (万元)。

(四)直接人工预算

直接人工预算是一种既要反映预算期内人工工时消耗水平,又要规划人工成本开支的经营预算。直接人工预算也是以生产预算为基础编制的。其主要内容有预计产量、单位产品工时、人工总工时、每小时人工成本和人工总成本。由于人工工资都需要使用现金支付,所以,不需要另外预计现金支出,可直接参加资金预算的汇总。

$$某种产品直接人工工时总数 = 单位产品定额工时 \times 该产品预计生产量$$

$$预计直接人工总成本 = 单位工时工资率 \times 该种产品直接人工工时总数$$

例题 2-12　由于工资一般都要全部支付现金,因此直接人工预算表中的预计直接人工成本总额就是资金预算中的直接人工工资支付额。已知 M 企业单位产品工时为 10 小时/件,每小时人工成本为 60 元/小时,直接人工预算如表 2-6 所示。

表 2-6　直接人工预算　　　　　　　　　　　　　　　　　　　　单位:元

季　　度	第一季度	第二季度	第三季度	第四季度	全　年
预计生产量/件	1 050	1 550	1 980	1 820	6 400
单位产品工时/(小时/件)	10	10	10	10	10
人工总工时/小时	10 500	15 500	19 800	18 200	64 000
每小时人工成本/(元/小时)	60	60	60	60	60
人工总成本/元	630 000	930 000	1 188 000	1 092 000	3 840 000

(五)制造费用预算

制造费用预算是反映生产成本中除直接材料和直接人工之外的一切不能直接计入产品制造成本的间接制造费用的预算。通常分为变动制造费用预算和固定制造费用预算两部分。变动制造费用预算是以生产预算为基础来编制的,如果有完善的标准成本资料,用单位产品的标准成本与产量相乘,即可得到相应的预算金额。如果没有标准成本资料,就需要逐项预计计划产量需要的各项制造费用。固定制造费用,需要逐项进行预计,通常与本期产量无关,按每季度实际需要的支付额预计,然后求出全年数。

例题 2-13 承前例,该企业当年度制造费用预算如表 2-7 所示。

表 2-7 企业当年制造费用预算 　　　　　　　　　　　　　　单位:元

季　　度	第一季度	第二季度	第三季度	第四季度	全　　年
变动制造费用:					
间接人工(20 元/件)	21 000	31 000	39 600	36 400	128 000
间接材料(15 元/件)	15 750	23 250	29 700	27 300	96 000
修理费(20 元/件)	21 000	31 000	39 600	36 400	128 000
水电费(10 元/件)	10 500	15 500	19 800	18 200	64 000
小计	68 250	100 750	128 700	118 300	416 000
固定制造费用:					
修理费	10 000	11 400	15 000	15 000	51 400
折旧	100 000	100 000	100 000	100 000	400 000
管理人员工资	119 000	131 000	110 000	110 000	470 000
保险费	15 500	17 100	19 000	27 000	78 600
财产税	6 000	6 000	6 000	6 000	24 000
小计	250 500	265 500	250 000	258 000	1 024 000
合　　计	318 750	366 250	378 700	376 300	1 440 000
减:折旧	100 000	100 000	100 000	100 000	400 000
现金支出的费用	218 750	266 250	278 700	276 300	1 040 000

为了便于以后编制资金预算,需要预计现金支出。制造费用中,除折旧费外都需支付现金,所以,根据每个季度制造费用数额扣除折旧费后,即可得出"现金支出的费用"。

例题 2-14 某公司 2025 年第四季度预算生产量为 100 万件,单位变动制造费用为 3 元/件,固定制造费用总额为 10 万元(含折旧费 2 万元),除折旧费外,其余均为付现费用,则 2025 年第四季度制造费用的现金支出预算为(　　)万元。

A. 308　　　　　　B. 312　　　　　　C. 288　　　　　　D. 292

答案: A

解析: 制造费用的现金支出预算＝3×100＋(10－2)＝308(万元)。

(六) 产品成本预算

产品成本预算,是销售预算、生产预算、直接材料预算、直接人工预算、制造费用预算的汇总。其主要内容是产品的单位成本和总成本。单位产品成本的有关数据,来自直接材料预算、直接人工预算和制造费用预算。生产量、期末存货量来自生产预算,销售量来自销售预算。生产成本、存货成本和销货成本等数据,根据单位成本和有关数据计算得出。

例题 2-15 承前例,该企业当年度产品成本预算如表 2-8 所示。

表 2-8 年度产品成本预算

项 目	单位成本			生产成本	期末存货	销货成本
	单价 /(元/千克或小时)	单耗/千克或小时	成本/元	6 400 件	200 件	6 300 件
直接材料	80	10	800	5 120 000	160 000	5 040 000
直接人工	60	10	600	3 840 000	120 000	3 780 000
变动制造费用	6.5	10	65	416 000	13 000	409 500
固定制造费用	16	10	160	1 024 000	32 000	1 008 000
合 计			1 625	10 400 000	325 000	10 237 500

例题 2-16 全面预算体系中,编制产品成本预算的依据包括(   )。

A. 制造费用预算   B. 直接材料预算

C. 直接人工预算   D. 生产预算

答案:ABCD

解析:产品成本预算是销售预算、生产预算、直接材料预算、直接人工预算和制造费用预算的汇总。

(七) 销售及管理费用预算

销售及管理费用预算是指以价值形式反映整个预算期内为销售产品和维持一般行政管理工作而发生的各项目费用支出预算。

销售费用预算是指为了实现销售预算所需支付的费用预算。它以销售预算为基础,根据费用计划编制。编制该预算时要求分析销售收入、销售利润和销售费用的关系,力求实现销售费用的最有效使用。在安排销售费用时,要利用本量利分析方法,费用的支出应能获取更多的收益。在草拟销售费用预算时,要对过去的销售费用进行分析,考察过去销售费用支出的必要性和效果。销售费用预算应和销售预算相配合,应按品种、按地区、按用途的具体预算数额列示。

管理费用是搞好一般管理业务所必需的费用。随着企业规模的扩大,一般管理职能日益重要,其费用也在相应增加。在编制管理费用预算时,要分析一般情况下企业的业绩和经济状况,务必做到费用合理化。大部分管理费用属于固定成本,所以,管理费用预算一般以过去的实际开支为基础,按预算期的可预见变化来调整。重要的是,必须充分考察每种费用是否必要,以便提高费用的使用效率。

例题 2-17 承前例,该企业本年的销售及管理费用预算如表 2-9 所示。

表 2-9　企业本年销售及管理费用预算　　　　　　　　　单位：元

项　　　目	金　　　额
销售费用：	
销售人员工资	300 000
广告费	550 000
包装费、运输费	300 000
保管费	270 000
折旧	100 000
管理费用：	
管理人员薪金	400 000
福利费	80 000
保险费	60 000
办公费	140 000
折旧	150 000
合　　　计	2 350 000
减：折旧	250 000
每季度支付现金[(2 350 000-250 000)÷4]	525 000

例题 2-18　下列预算中,不直接涉及现金收支的是(　　)。

A. 销售预算　　　　　　　　　　　　B. 产品成本预算

C. 直接材料预算　　　　　　　　　　D. 销售与管理费用预算

答案：B

解析：产品成本预算的主要内容是产品的单位成本和总成本。所以,不直接涉及现金收支。

二、专门决策预算的编制

专门决策预算主要包括长期投资预算(又称资本支出预算),通常是指与项目投资决策相关的专门预算。它往往涉及长期建设项目的资金投放与筹集,并经常跨越多个年度,其特点是周期长,金额大。编制专门决策预算的依据,是项目财务可行性分析资料与企业筹资决策资料。

专门决策预算的要点是准确地反映项目资金投资支出与筹资计划,它同时也是编制资金预算和预计资产负债表的依据。

例题 2-19　该企业本年的专门决策预算如表 2-10 所示。

表 2–10　本年专门决策预算　　　　　　　　　　　　　　　单位：元

项 目	第一季度	第二季度	第三季度	第四季度	全 年
投资支出预算	5 000 000	—	—	7 000 000	12 000 000
借入长期借款	3 000 000	—	—	7 000 000	10 000 000

三、财务预算的编制

（一）资金预算

资金预算是以经营预算和专门决策预算为依据编制的，专门反映预算期内预计现金收入与现金支出，以及为满足理想现金余额而进行筹资或归还借款等的预算。资金预算由可供使用的现金、现金支出、现金余缺、现金筹措与运用四个部分构成。它们之间的关系如图 2–6 所示。

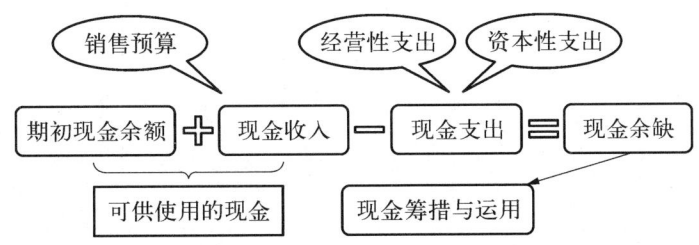

图 2–6　资金预算各部分的关系

例题 2-20　M 企业编制资金预算的相关信息如下：

（1）最低现金余额为 300 000 元。

（2）借款须是 100 000 的整数倍，还款是 10 000 的整数倍。

（3）借款在初期，还款在期末。

（4）利息每季度末支付（当期借款，当期有利息；当期还款，当期也有利息）。

（5）上期期末长期借款余额为 12 000 000 元。

（6）预计第一季度期初现金余额为 800 000 元。

表 2–11　资金预算

项 目	第一季度	第二季度	第三季度	第四季度	全 年
期初现金余额	800 000	319 750	302 600	306 300	800 000
加：现金收入	2 300 000	3 640 000	5 040 000	5 264 000	16 244 000
可供使用现金	3 100 000	3 959 750	5 342 600	5 570 300	17 044 000
减：现金支出					

项　目	第一季度	第二季度	第三季度	第四季度	全年
直接材料	659 000	1 078 400	1 433 600	1 521 600	4 692 600
直接人工	630 000	930 000	1 188 000	1 092 000	3 840 000
制造费用	218 750	266 250	278 700	276 300	1 040 000
销售及管理费用	525 000	525 000	525 000	525 000	2 100 000
所得税费用	150 000	100 000	230 000	220 000	700 000
购买设备	5 000 000			7 000 000	12 000 000
股利				950 000	950 000
现金支出合计	7 182 750	2 899 650	3 655 300	11 584 900	25 322 600
现金余缺	−4 082 750	1 060 100	1 687 300	−6 014 600	−8 278 600
现金筹措与运用					
借入长期借款	3 000 000			7 000 000	10 000 000
取得短期借款	1 900 000				1 900 000
归还短期借款		260 000	890 000		1 150 000
短期借款利息(年利率10%)	47 500	47 500	41 000	18 750	154 750
长期借款利息(年利率12%)	450 000	450 000	450 000	660 000	2 010 000
期末现金余额	319 750	302 600	306 300	306 650	306 650

注：资金预算中的现金收入来源于表 2-3 销售预算。
　　可供使用的现金＝期初现金余额＋现金收入。
　　直接材料数据来源于表 2-5 直接材料预算。
　　直接人工数据来源于表 2-6 直接人工预算。
　　制造费用数据来源于表 2-7 制造费用预算。
　　销售及管理费用来源于表 2-9 销售及管理费用预算。
　　所得税费用、股利是已知的。
　　购买设备数据来源于表 2-10 专门决策预算。
　　现金余缺＝可供使用的现金－现金支出合计。
　　期末现金余额＝现金余缺＋借入长期借款＋取得短期借款－归还短期借款－短期借款利息
　　　　　　　　　－长期借款利息。

计算说明：

(1) 第一季度长期借款利息＝$(12\,000\,000＋3\,000\,000)×12\%÷4＝450\,000$(元)

设第一季度取得短期借款为 A，则：

$−4\,082\,750＋3\,000\,000−450\,000＋A−A×10\%/4≥300\,000$

解得：$A≥1\,879\,743.6$(元)

由于借款须是 100 000 元的整数倍，因此借入短期借款 1 900 000 元。

第一季度短期借款利息＝1 900 000×10％÷4＝47 500（元）

（2）设第二季度归还短期借款为 B，则：

1 060 100－B－47 500－450 000≥300 000

解得：B≤262 600（元）

由于还款须是 10 000 元的整数倍，因此归还短期借款 260 000 元。

第三、第四季度的情况，以此类推。

（二）预计利润表

预计利润表是用来综合反映企业在计划期的预计经营成果，是企业财务预算中最主要的预算表之一。通过编制预计利润表，可以了解企业预期的盈利水平。编制预计利润表的依据是各经营预算表、专门决策预算表和资金预算表。

例题 2-21　　M 企业本年度的预计利润表如表 2-12 所示。

表 2-12　本年度预计利润表

项　　目	金额/元
销售收入	17 640 000
销售成本	10 237 500
毛利	7 402 500
销售及管理费用	2 350 000
利息费用	2 164 750
利润总额	2 887 750
所得税费用（估计）	700 000
净利润	2 187 750

注：销售收入数据来源于表 2-3 销售预算。
　　销售成本数据来源于表 2-8 产品成本预算。
　　销售及管理费用数据来源于表 2-9 销售及管理费用预算。
　　利息费用来源于表 2-11 资金预算表中短期、长期借款利息。
　　净利润＝利润总额－所得税费用。

"所得税费用"项目是在利润规划时估计的，并已列入资金预算。它通常不是根据"利润总额"和所得税税率计算出来的，因为有诸多纳税调整的事项存在。此外，从预算编制程序上看，如果根据"利润总额"和税率重新计算所得税，就需要修改"资金预算"，引起信贷计划修订，进而改变"利息"，最终又要修改"利润总额"，从而陷入数据的循环修改。

（三）预计资产负债表

预计资产负债表是用来反映企业在计划期期末预计的财务状况。编制预计资产负债表的目的，在于判断预算反映的财务状况的稳定性和流动性。预计资产负债表的编制需以计划期开始日的资产负债表为基础，结合计划期间各项经营预算、专门决策预算、资金预算和预计利润表进行必要的调整。它是编制全面预算的终点。

例题 2-22　M企业本年度的预计资产负债表如表2-13所示。

表2-13　本年度预计资产债表

资　　产	年初余额	年末余额	负债和股东权益	年初余额	年末余额
流动资产：			流动负债：		
货币资金	800 000	306 650	短期借款	0	750 000
应收账款	620 000	2 016 000	应付账款	235 000	742 400
存货	402 500	645 000	流动负债合计	235 000	1 492 400
流动资产合计	1 822 500	2 967 650	非流动负债：		
非流动资产：			长期借款	12 000 000	22 000 000
固定资产	4 000 000	3 350 000	非流动负债合计	12 000 000	22 000 000
在建工程	10 000 000	22 000 000	负债合计	12 235 000	23 492 400
非流动资产合计	14 000 000	25 350 000	股东权益：		
			股本	2 000 000	2 000 000
			资本公积	500 000	500 000
			盈余公积	750 000	750 000
			未分配利润	337 500	1 575 250
			股东权益合计	3 587 000	4 825 250
资产总计	15 822 500	28 317 650	负债和股东权益合计	15 822 500	28 317 650

注："货币资金"的数据来源于表2-11资金预算中"现金"的年初和年末余额。

"应收账款"的年初余额620 000元来源于例题2-6，年末余额为2 016 000元[5 040 000×(1−60%)]。

"存货"包括直接材料和产成品，直接材料年初余额＝3 000×80＝240 000(元)，年末余额＝4 000×80＝320 000(元)；产成品成本年初余额＝(200＋6 300−6 400)×1 625＝162 500(元)，年末余额＝200×1 625＝325 000(元)。

"固定资产"年末余额为3 350 000元(4 000 000−650 000)，其中的650 000元(400 000＋100 000＋150 000)指的是本年计提的折旧，数据来源于表2-7制造费用预算、表2-9销售及管理费用预算。

"在建工程"年末余额为22 000 000元(10 000 000＋12 000 000)，本年的增加额12 000 000元来源于表2-10专门决策预算。

"短期借款"本年增加额为750 000元(1 900 000−260 000−890 000)，数据来源于表2-11资金预算。

"应付账款"年初余额235 000元来源于例题2-10，年末余额为742 400元[1 484 800×(1−50%)]。

"长期借款"本年增加额10 000 000元来源于表2-11资金预算。

"未分配利润"本年增加额1 237 750元＝本年净利润2 187 750元(表2-12)−本年的股利950 000元(表2-11)，所以年末余额＝337 500(年初余额)＋1 237 750＝1 575 250(元)；本公司没有计提任意盈余公积，所以盈余公积年末余额与年初余额相等。

例题 2-23 下列各项预算中,与编制预计利润表直接相关的有( )。

A. 销售预算　　　　　　　　　　　　B. 生产预算

C. 产品成本预算　　　　　　　　　　D. 销售及管理费用预算

答案: ACD

解析: 本题考查预计利润表的编制。利润表中,"销售收入"项目的数据来自销售预算,选项 A 正确。生产预算只涉及实物量指标,不涉及价值量指标,所以生产预算与预计利润表的编制不直接相关,选项 B 错误。"销售成本"项目的数据来自产品成本预算,选项 C 正确。"销售及管理费用"项目的数据来自销售及管理费用预算,选项 D 正确。

例题 2-24 下列选项中,属于预计利润表编制依据的有( )。

A. 销售预算　　　　B. 现金预算　　　　C. 产品成本预算　　　D. 预计资产负债表

答案: ABC

解析: 本题考查预计利润表的编制。编制预计利润表的依据是各经营预算、专门决策预算和资金预算,选项 ABC 正确。预计利润表是编制预计资产负债表的依据,选项 D 错误。

例题 2-25 关于资产负债表预算,下列说法正确的是( )。

A. 利润表预算编制应当先于资产负债表预算编制完成

B. 编制资产负债预算的目的在于了解企业预算期的经营成果

C. 资本支出的预算结果不会影响资产负债表预算的编制

D. 资产负债预算是资金预算编制的起点和基础

答案: A

解析: 预计利润表是用来综合反映企业在计划期的预计经营成果的,因此选项 B 错误。资本支出的预算结果会影响资产负债预算的非流动资产项目,因此选项 C 错误。资金预算是以经营预算和专门决策预算为依据编制的,资产负债表预算是编制全面预算的终点,因此选项 D 错误。

 项目测试

一、单项选择题

1. 预算编制及审批过程中的主要风险不包括( )。

A. 预算编制风险　　　　　　　　　B. 预算审批风险

C. 预算下达风险　　　　　　　　　D. 预算执行风险

2. 下列各项中,能揭示全面预算本质的说法是:全面预算是关于未来期间内( )。

A. 企业的成本计划　　　　　　　　B. 事业单位的收支计划

C. 企业总体计划的数量说明　　　　D. 企业总体情况的文字说明

3. 预算责任中心不包括( )。

A. 投资中心　　　　B. 利润中心　　　　C. 收入中心　　　　D. 效益中心

4. 全面预算编制的起点是( )。

A. 战略规划　　　　B. 预算编制　　　　C. 预算执行和调整　　D. 预算考核

5. 根据《企业内部控制应用指引第 15 号——全面预算》的规定,下列不属于实行全面预算管理需关注的主要风险是（　　　）。

A. 不编制预算或预算不健全，可能导致企业经营缺乏约束或盲目经营

B. 预算目标不合理，可能导致企业资源浪费

C. 预算缺乏刚性、执行不力、考核不严，可能导致预算管理流于形式

D. 预算编制不科学，可能导致企业发展战略难以实现

6. 编制生产预算以（　　　）为基础。

A. 采购预算 B. 销售预算

C. 财务预算 D. 管理费用预算

7. 下列预算中，不属于业务预算的是（　　　）。

A. 预计利润表 B. 销售与管理费用预算

C. 制造费用预算 D. 销售预算

8. 下列预算中，属于专门决策预算的是（　　　）。

A. 财务费用预算 B. 直接人工预算

C. 资本支出预算 D. 产品成本预算

9. 在成本性态分析基础上，分别按一系列可能达到的预计业务量水平而编制的能适应多种情况的预算，称为（　　　）。

A. 滚动预算 B. 零基预算 C. 弹性预算 D. 连续预算

10. 全面预算的起点是（　　　）。

A. 现金预算 B. 生产预算

C. 销售预算 D. 管理费用预算

11. 直接材料预算的编制基础是（　　　）。

A. 销售预算 B. 直接人工预算 C. 财务预算 D. 生产预算

12. 在预算编制方法中，与弹性预算相对应的是（　　　）。

A. 固定预算 B. 增量预算 C. 滚动预算 D. 零基预算

二、多项选择题

1. 下列各项中，属于全面预算体系构成内容的有（　　　）。

A. 业务预算 B. 财务预算 C. 专门决策预算 D. 零基预算

E. 滚动预算

2. 下列各项中，属于专门决策预算内容的有（　　　）。

A. 一次性专门业务预算 B. 预计利润表

C. 预计资产负债表 D. 资本支出预算

E. 销售预算

3. 编制生产预算时需要考虑的因素有（　　　）。

A. 基期生产量 B. 基期销售量

C. 预售期预计销售量 D. 预算期预计期初存货量

E. 预算期预计期末存货量

4. 编制直接人工预算时需要考虑的因素有（　　　）。

A. 基期生产量 B. 预计销售量

C. 生产预算中的预计生产量 D. 标准单位直接人工工时

E. 标准工资率

5. 与编制零基预算相比,编制增量预算的主要缺点包括(　　　　　)。

A. 可能不加分析地保留原有成本支出

B. 可能按主观臆断减少原有成本支出

C. 容易使不必要的开支合理化

D. 不考虑实际产销量与预算产销量的差异

E. 增加了预算编制的工作量,容易顾此失彼

6. 零基预算的优点有(　　　　　)。

A. 不受基期费用水平的束缚 　　　　　B. 促使重视预算的编制工作

C. 有利于有效地分配资源 　　　　　　D. 有利于修改上年度预算

E. 简化预算的编制工作

三、判断题(正确打"√",错误打"×")

1. 财务预算是指反映企业预算期现金支出的预算。 　　　　　　　　　　(　)

2. 生产预算是编制全面预算的关键和起点。 　　　　　　　　　　　　(　)

3. 生产预算是以销售预算为依据编制的。 　　　　　　　　　　　　　(　)

4. 一般来说,固定预算方法只适用于业务量水平较为稳定的企业或非营利组织。(　)

5. 生产预算是使用实物量和价值量为计量单位而编制的预算。 　　　　(　)

6. 在编制生产预算时,应考虑预计期初存货和预计期末存货。 　　　　(　)

7. 资本支出预算是指与项目投资决策密切相关的专门决策预算。 　　　(　)

8. 预计资产负债表与预计利润表构成了整个财务预算。 　　　　　　　(　)

9. 弹性预算只适用于编制利润预算。 　　　　　　　　　　　　　　　(　)

10. 编制全面预算必须以销售预算为起点。 　　　　　　　　　　　　(　)

四、实训题

甲公司是山西省太原市一家生产、销售服装的制造企业,其内部组织架构如图2-7所示。

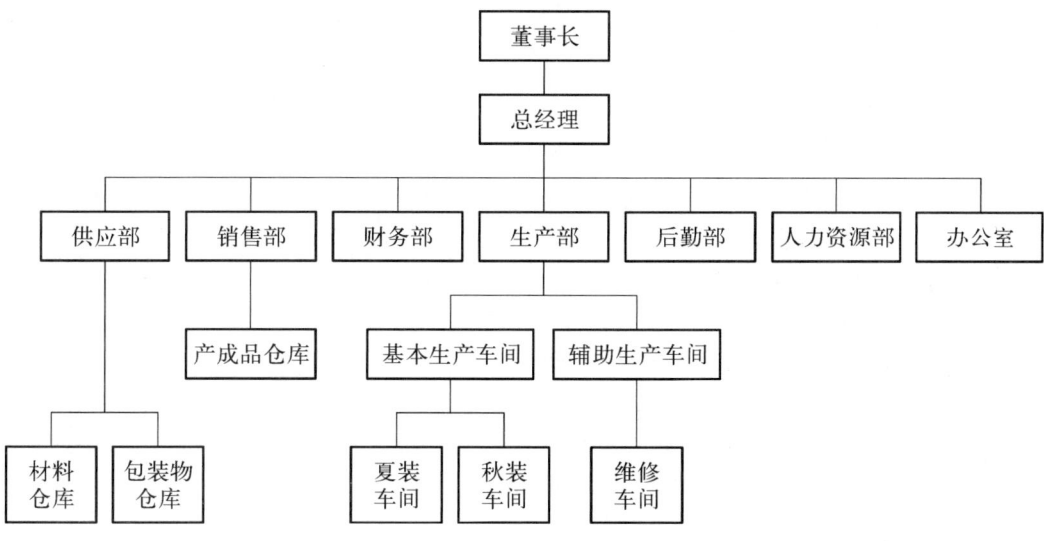

图 2-7　组织架构图

　　甲公司的产品包括短袖、连衣裙、男式夹克和女式风衣。夏装车间生产短袖和连衣裙,秋装车间生产男式夹克和女式风衣。产品的主要原材料为布料、扣子、松紧带和线。

　　该公司全面预算的组织体系包括预算管理委员会、预算管理办公室及各预算责任中心。预算管理委员会是公司预算管理的决策机构,成员由公司领导组成;预算管理办公室是公司预算管理的具体管理机构,负责总体预算工作的组织和协调,设在财务部;预算责任中心是公司预算管理的执行机构,直接承担预算责任,包括各业务部门与职能部门。预算责任按作业进行层层分解,细化到班组或个人。

　　公司预算业务流程的设计,以企业发展战略为设计主线,形成"年度计划指标下达—预算编制汇总审批—下达预算执行命令—动态监控预算执行情况—预算信息反馈分析—预算考核评价—指导、修正公司下一步发展计划及发展战略"的闭环流程。其中,销售部门在进行详细市场预测与分析的基础上,制定销售计划;采购部门则根据物料需求计划制定采购计划。

　　要求:结合预算业务内部控制及内部管理信息需求,完成以下任务。

　　(1) 设计甲公司销售预算编制流程。

　　(2) 设计甲公司材料采购预算编制流程。

项目三　销售业务流程与内容设计

 学习目标

知识目标

1. 了解销售业务的特点和风险；

2. 熟悉销售业务的流程；

3. 掌握销售业务的风险控制目标和措施。

技能目标

1. 能够准确审核产品销售基价，保证定价的合理性；

2. 能够准确分析企业能否在规定时间内交货，避免违约风险；

3. 能够准确进行客户信用检查，降低资金回笼风险及应收账款的管理成本；

4. 能够对合同内容进行审核和授权审批，避免合同签订不当引起的法律风险；

5. 能够准确确定订单发货时间、发货数量等销货信息，保证及时、准确发货。

素养目标

1. 培养运用制度规范管理的能力，提高综合素质水平；

2. 树立按时纳税申报、诚信纳税、为国聚财的意识；

3. 培养良好的会计职业道德和强化规范工作意识。

导入案例

尔康制药年报的虚假记载

　　湖南尔康制药股份有限公司主营业务集中在药用辅料、原料药、成品药三大领域，是国内生产规模大、品种全的药用辅料龙头企业。其主要产品为药用溶剂、药用蔗糖系列、淀粉及淀粉囊系列、药用稳定剂、其他辅料、抗菌防腐类原料药、中间体、其他原料药、成品药等。公司拥有国内唯一的国家级药用辅料科研平台——国家药用辅料工程技术研究中心。无论是药用辅料品种数量、市场规模，还是科研平台，公司已成为国内药用辅料龙头企业；同时，在国家药用辅料标准实施过程中，公司也成为国家药用辅料标准的积极参与者和推动者。

　　(1) 2015 年，尔康制药全资子公司尔康香港将从另一全资子公司尔康柬埔寨购入的 200 吨改性淀粉通过广州某食品公司、上海某实业公司等中间商间接销往尔康制药,为此,尔康香港确认营业收入 1 806 万元,确认净利润 1 586 万元。

(2) 2016 年,尔康香港将从尔康柬埔寨购入的 1 878 吨改性淀粉通过广州某食品公司、上海某实业公司等中间商间接销往尔康制药,为此尔康香港确认营业收入 2.29 亿元,确认净利润 2.09 亿元。尔康制药从全资子公司全额现款购入原料不具有商业合理性,商品所有权上的主要风险和报酬没有发生转移,相关经济利益没有实际流入,商品的实际控制权没有发生转移。尔康香港的会计处理不符合现行《企业会计准则第 14 号——收入》的规定,上述经济业务不应确认为销售收入。

(3) 尔康制药全资子公司尔康柬埔寨存在 216 吨改性淀粉销售退回未确认的情况,虚增营业收入 2 576 万元,虚增净利润 2 327 万元。2016 年尔康柬埔寨销售给加拿大 S 公司改性淀粉一批,发货不久,客户提出产品存在指标不达标的问题,要求退货,在得到同意补偿损失的口头承诺后,2016 年 12 月,S 公司将其中 216 吨低价处理,尔康制药对销售退回未做账务处理。企业已经确认销售商品收入的售出商品发生销售退回的,应当在发生时冲减当期销售商品收入。尔康制药的会计处理不符合《企业会计准则第 14 号——收入》第九条的规定。

综上所述,尔康制药 2015 年年度财务报表虚增营业收入 1 806 万元,虚增净利润 1 586 万元,占当期合并报表披露营业收入 17.56 亿元的 1.03%,披露净利润 6.05 亿元的 2.62%。2016 年年度财务报表虚增营业收入 2.55 亿元,虚增净利润 232 亿元,占当期合并报表披露营业收入 29.61 亿元的 8.61%,披露净利润 10.26 亿元的 22.63%。尔康制药于 2016 年 4 月、2017 年 4 月分别公告了 2015 年年度报告、2016 年年度报告,存在虚假记载。

依据《中华人民共和国证券法》第 193 条第一款的规定,证监会湖南监管局决定:

(1) 对尔康制药责令改正,给予警告,并处以 60 万元罚款。

(2) 对公司相关责任人给予警告和 3 万元~30 万元不等的罚款。

思考:

如果尔康制药的内部控制环境良好,销售内部控制制度完善并得到有效执行,尔康制药是否还会出现财务造假行为呢?

任务一　销售业务风险控制

一、销售业务的特点、业务流程及风险

销售业务是指企业出售商品(或提供劳务)及收取款项等相关活动。企业生存、发展、壮大的过程,在相当程度上就是不断加大销售力度、拓宽销售渠道、扩大市场占有的过程。生产企业的产品或流通企业的商品如不能实现销售的稳定增长,售出的货款如不能足额收回或不能及时收回,必将导致企业持续经营受阻、难以为继。正因为如此,《企业内部控

制应用指引第 9 号——销售业务》以促进企业销售稳定增长、扩大市场份额为出发点,提出了销售业务应当关注的主要风险及相应的管控措施。

(一)销售业务的特点

1. 销售业务过程较为复杂

销售业务是一个分步骤的交易行为,流程包括:从收到对方订购单,到洽谈交易事宜,到货物交接,再到货款收取,甚至还会发生退货和折让。在此过程中,企业不仅需要调查客户的信用、与客户展开激烈的价格谈判、全力组织客户需要的货物,还需要灵活处理销售折让和销售退回。这些环节中还可能出现事先无法预料的情况,所以销售是一项复杂的系统工程。

2. 销售业务存在较大的风险

现实交易中,由于多种因素的影响,企业发出商品后,可能无法收回相应的货款。例如,交易产生纠纷导致客户拒付货款,客户经营不善无力支付货款甚至蓄意欺诈等。所以,销售相对于其他业务环节而言,具有更大的风险,如果处理不当,有可能造成资金周转不灵,导致企业陷入严重的财务危机。

3. 销售业务会计处理工作复杂

销售的频繁性使销售业务的会计处理工作量增大。另外,《企业会计准则第 14 号——收入》对企业确认销售收入的条件与要求越来越高,而各企业实际销售情况千变万化,销售收入确认也相对复杂,因而非常容易出现错误,导致会计信息失真,影响企业财务状况和经营成果的真实性和准确性。

微课:销售作业风险

(二)销售业务的流程及风险

企业强化销售业务管理,应当对现行销售业务流程进行全面梳理,查找管理漏洞,及时采取切实措施加以改正。与此同时,还应当注重健全相关管理制度,明确以风险为导向的、符合成本效益原则的销售管控措施,实现与生产、资产、资金等方面管理的衔接,落实责任制,有效防范和化解经营风险。

企业销售业务流程如图 3-1 所示,主要包括销售计划管理、客户开发与信用管理、销售定价、订立销售合同、发货、收款、客户服务和会计系统控制等环节。

根据业务流程,我们可以分析销售业务中常见的风险有以下几种。

1. 销售定价的风险

销售定价是指商品价格的确定、调整及相应审批。该环节的主要风险:定价或调价不符合价格政策,未能结合市场供需状况、盈利测算等进行适时调整,造成价格

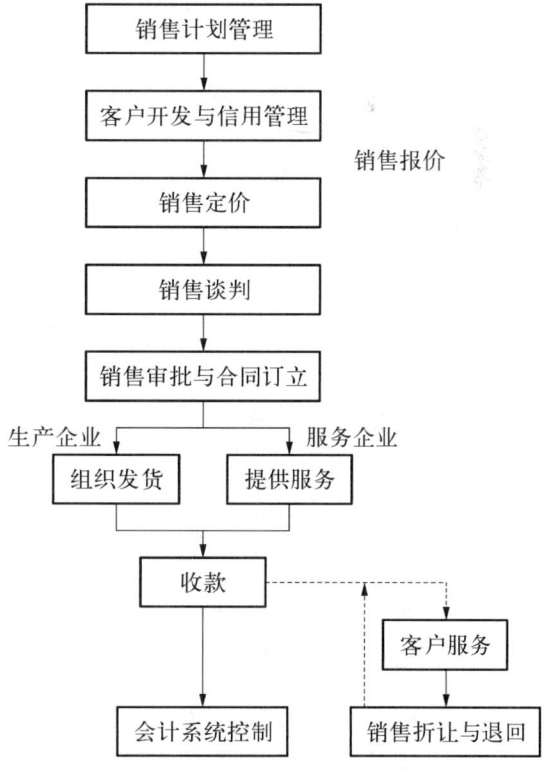

图 3-1 企业销售业务流程

过高或过低、销售受损；商品销售价格未经恰当审批，或存在舞弊，可能会损害企业经济利益或者企业形象。

2. 销售报价环节的风险

销售报价是指在进行销售预测的基础上，结合企业生产能力、客户需求量，设定总体目标额及不同产品的销售目标额，进而为能实现该目标而设定销售价格浮动区间，以及决定是否赋予销售人员确定最终报价的权利，以支持未来一定期间内销售额的实现。该环节主要风险：销售报价浮动区间审批程序缺乏或不合理，或销售人员未经授权审批，导致无法及时满足客户可接受报价，难以实现企业的销售目标额。

3. 客户需求分析环节的风险

客户需求分析旨在采用科学的方法，对客户提出的购货需求，与企业自身的生产能力、可用库存量，制定合理的客户匹配机制，同时应准确进行客户的信用检查。该环节的主要风险：可用库存量统计不合理，生产效率衡量不准确，销售人员未经授权审批与客户确定企业无法配货的数量，导致配货效率降低；不能准确进行客户信用检查，导致资金回笼风险大大增加。

4. 客户开发与信用管理环节的风险

企业应当积极开拓市场份额，加强现有客户维护，开发潜在目标客户，对有销售意向的客户进行资信评估，根据企业自身风险接受程度确定具体的信用等级。该环节的主要风险：现有客户管理不足、潜在市场需求开发不够，可能导致客户丢失或市场拓展不够；客户档案不健全，缺乏合理的资信评估，可能导致客户选择不当，销售款项不能收回或遭受欺诈，从而影响企业的资金流转和正常经营。

5. 订立销售合同环节的风险

企业与客户订立销售合同，明确双方权利和义务，以此作为开展销售活动的基本依据。该环节的主要风险：合同内容存在重大疏漏和欺诈，未经授权对外订立销售合同，可能导致企业合法权益受到侵害；销售价格、收款期限等违背企业销售政策，可能导致企业经济利益受损。

6. 发货环节的风险

发货是根据销售合同的约定向客户提供商品的环节。该环节的主要风险：未经授权发货或发货不符合合同约定，可能导致货物损失或客户与企业的销售争议、销售款项不能收回。

7. 客户服务环节的风险

客户服务是指在企业与客户之间建立信息沟通机制，对客户提出的问题，企业应予以及时解答或反馈、处理，不断改进商品质量和服务水平，以提升客户满意度和忠诚度。客户服务包括产品维修、销售退回、维护升级等。该环节的主要风险：客户服务水平低，消费者满意度不足，影响公司品牌形象，造成客户流失。

二、销售业务的控制目标

根据《企业内部控制应用指引第 9 号——销售业务》和《企业内部控制应用指引第 6 号——资金活动》的要求，销售业务控制应达到以下目标：

（一）合理确认、计量销售收入

有效的内部控制制度可以保证企业为客户提供的各种产品或劳务均被记录在案，并真实完整地反映企业的销售收入;防止少记、不记或漏记实现的销售收入;防止虚增销售收入;防止将收入账款转移到账外加以侵吞。

（二）制定合理的产品和劳务价格

企业应根据市场情况采取灵活的定价策略,避免因价格过高失去市场,以及价格过低而减少收入。企业应建立一个有效的价格调查和反应系统,做到随时保持一个能适应市场变化的较合理的售价,避免由于定价不合理而产生损失。

（三）正确处理现金折扣、销售退回与折让

通过内部控制,检查给顾客的现金折扣是否符合企业的现金折扣政策,防止利用给顾客折扣的机会谋取私利的行为发生。审查现金折扣的合理性,即给予顾客现金折扣的成本应小于企业因此而获得的收益。

通过内部控制,避免发出商品的品种和数量发生错误,保证发出商品的质量符合要求从而将销售退回和折让的发生率降到最低。对客观条件造成商品损坏而发生的退货或折让的状况,应查明其理由是否恰当,计算是否正确。同时,内部控制还要求对被退回的商品办理恰当的退货手续,并及时予以记录,以便纠正销售收入和应收账款的余额。

（四）保证应收账款的真实性和可收回性

赊销必然会产生应收账款,赊销的同时必须对应收账款进行严格控制。有效的内部控制应做到:① 销售前,要审核客户的资信情况,保证赊销的货款可以收回。② 销售后,要确定应收账款账面的债权数是否真实,是否存在收回来的货款被侵占挪用的现象,还要证实应收账款记录同销货业务实际发生额是否一致,防止记账错误或舞弊行为的发生。

（五）及时收回货款

销售货款的及时回收是销售业务控制的关键一步。不能收回货款,收入所代表的经济利益就没有真正流入企业,企业生产就无法顺利进行。企业应在销售前认真调查、分析客户的信誉及财务状况,在销售后对客户的还款能力进行及时追踪,同时建立应收账款催收制度,及时回收销货款。

三、销售作业主要环节的控制措施

（一）销售定价

销售定价的主要管控措施:第一,应根据有关价格政策、综合考虑企业财务目标、营销目标、产品成本、市场状况及竞争对手情况等多方面因素,确定产品基准定价。定期评价产品基准价格的合理性,定价或调价需经过具有相应权限人员的审核批准。第二,在执行基准定价的基础上,针对某些商品可以授予销售部门一定限度的价格浮动权,销售部门可结合产品市场特点,将价格浮动权向下实行逐级递减分配,同时明确权限执行人。价格浮动权限执行人必须严格遵守规定的价格浮动范围,不得擅自突破。第三,销售折扣、销售折让等政策的制定应由具有相应权限的人员审核批准。销售折扣、销售折让授予的实际金额、数量、原因及对象应予以记录,并归档备查。

（二）销售报价

销售报价的主要管控措施:明确销售人员的销售价格浮动权,对外报价应明确价格是否含税,并在报价单上明确标明,避免因报价不明确增加销售成本。报价单需经过销售主管审批通过。

（三）客户需求分析

客户需求分析的主要管控措施：运用企业信息系统准确分析客户需求量，判断企业能否在规定时间内完成客户的需求量，能否按时交货。分析客户采购方式是否在限制额度内，客户需求是否有效。

（四）合同签订与订单下达

合同签订与订单下达的主要管控措施：第一，订立销售合同前，企业应当指定专门人员与客户进行业务洽谈、磋商或谈判，关注客户信用状况，明确销售定价、结算方式、权利与义务条款等相关内容。重大的销售业务谈判还应当吸收财会、法律等专业人员参加，并形成完整的书面记录。第二，企业应当建立健全销售合同订立及审批管理制度，明确必须签订合同的范围，规范合同订立程序，确定具体的审核、审批程序和所涉及的部门人员及相应权责。审核、审批应当重点关注销售合同草案中提出的销售价格、信用政策、发货及收款方式等。重要的销售合同，应当征询法律专业人员的意见。第三，销售合同草案经审批同意后，企业应授权有关人员与客户签订正式的销售合同。

（五）发货

发货的主要管控措施：第一，销售部门应当按照经审核后的销售合同开具相关的销售通知交仓储部门和财会部门。第二，仓储部门应当落实出库、计量、运输等环节的岗位责任，对销售通知进行审核，严格按照所列的发货品种和规格、发货数量、发货时间、发货方式、接货地点等，按规定时间组织发货，形成相应的发货单据，并应连续编号。第三，应当以运输合同或条款等形式明确运输方式、商品短缺、毁损或变质的责任、到货验收方式、运输费用承担、保险等内容，货物交接环节应做好装卸和检验工作，确保货物的安全发运，由客户验收确认。第四，应当做好发货各环节的记录，填制相应的凭证，设置销售台账，实现全过程的销售登记制度。加强销售计划、销售合同、销售通知、发运凭证、销售发票等文件和凭证的相互核对工作。

销售部门应当设置销售台账，及时反映各种商品、劳务等销售的开单、发货、收款情况，并由相关人员对销售合同执行情况进行定期跟踪审查。销售台账应当附有客户订单、销售合同、客户签收回执等相关购货单据。

（六）售后

售后的主要管控措施：销售退回需经过具有相应权限的人员审批后方可执行。销售退回的商品应当由质检部门检验和仓储部门清点后方可入库。

质检部门应当对客户退回的货物进行检验并出具检验证明。

仓储部门应当在清点货物、注明退回货物的品种和数量后填制退货接收报告。

财会部门应当对检验证明、退货接收报告及退货方出具的退货凭证等进行审核后办理相应的退款事宜。

企业应对退货原因进行分析并明确有关部门和人员的责任。

（七）客户开发与信用管理

客户开发与信用管理的主要管控措施：根据不同目标群体的具体需求，确定定价机制和信用方式，灵活运用销售折扣、折让、信用销售、代销和广告宣传等多种策略和营销方式，促进销售目标实现，并不断提高市场占有率。

建立和不断更新维护客户信用动态档案,由与销售部门相对独立的信用管理部门对客户付款情况进行持续跟踪和监控,并提出划分、调整客户信用等级的方案。

根据客户信用等级和企业信用政策,拟定客户赊销限额和时限,并经销售、财会等部门具有相关权限的人员审批。对境外客户和新开发客户,需建立严格的信用保证制度。

例题 3-1　某月某企业发生如下业务:

(1)销售部经理凭某一老客户以前给其留下的良好印象批准向该客户赊销26.2万元的业务,后来该款项迟迟未能收到,财务部证实该企业财务状况恶化,当时已经有数笔货款没有如期支付了。

(2)另一新客户要求签订4年期供货合同,4年中每月月末按照市场价格80万元购货,提供下一批货物时清偿上一批货物款项。由于企业销售政策中没有此类情况,销售部经理向总经理请示,总经理当即决定签署该合同。一个月后,该客户未能还款,公司通过调查,发现该客户并无偿还能力。

上述销售业务的两项操作有何不妥?

(1)在决定是否赊销时,应进行客户资信状况的审查,而不是仅凭个人印象;同时企业应该按客户设置应收账款台账,及时反映与客户的债权债务关系,以便更准确地评价客户信用状况,进而作出正确的销售决策。

(2)对于企业发生的超过现有销售政策的特殊业务(如本例中的长期供货合同),企业应进行集体决策,避免因决策失误造成损失。本例中总经理当即决定签订合同的做法过于草率,没有经过必要的调查,由此可见企业对客户信用控制不严格,存在风险。

任务二　销售管理制度设计

为了控制销售作业风险,降低销售作业风险带来的损失,通常企业会依据对前述销售作业的风险分析和相应风险控制措施的解读,来设计销售管理制度。企业在设计销售管理制度时,可以依据销售作业的特点分环节设计制度,如销售管理制度可以包括销售定价制度、销售报价制度、客户需求分析制度、出库制度、退换货制度等。在各环节制度之前通常需要撰写总则,总则用于概括说明企业制定相关制度的目标。其他各部分制度可以考虑从以下几个方面着手。

一、制定授权审批控制制度

企业通过建立销售作业的授权和审核批准制度,审批人在授权范围内进行审批,不得超越审批权限。经办人在职责范围内,按照审批人的批准意见办理销售业务。对于审批人越权审批的销售业务,经办人有权拒绝并应当拒绝,并及时向审批人的上一级授权部门报告。

例如,在销售定价制度中首先可以规定相关部门的职责,通过职责确定相关部门的责任和权限。制度行文可参考以下内容设计:

第三条　部门职责:

1.销售部

(1)根据产品成本及时调整产品报价指导价格。

（2）总经理应对销售定价的准确性进行审批。

2. 财务部

（1）结合企业销售目标及市场环境，参与企业产品定价规则的修订。

（2）根据销售部门的需求，对产品成本进行汇总并提供准确数据。

二、制定流程控制制度

企业通过建立流程控制制度，明确销售作业各环节的操作流程，规避销售作业环节的风险，同时明确各环节节点上相关部门的责任，提高内部各环节工作衔接效率，保证工作顺畅推进。

例如，在销售报价制度中，通过对报价环节从制度层面规范报价流程，明确审批控制点，降低报价风险。制度行文可参考以下内容设计：

第六条　报价流程：

（1）销售员负责根据企业的售价政策，结合客户的需求数量，填写"报价单"。

备注：销售员向客户进行报价时，须提供含税报价。

（2）销售员将"报价单"全部联次、"需求单"传递给销售主管，销售主管应对"报价单"的单价、数量、金额的准确性和合理性进行审核。

（3）销售员将审批通过的"报价单"对外进行报送，并及时告知客户报价进程。

三、制定单据控制制度

企业通过建立单据控制制度，明确单据流转的程序和每种单据的审核关键点。涉及多个联次的单据，需要明确每个联次的作用及具体流转过程。除此以外，制度中应规定每种单据的审批人员及其相关责任。

例如，在销售出库制度中，通过规定销售（发货）通知单流转程序和不同联次在不同部门之间的传递，将出库业务分解成多个环节。在各个环节上通过销售（发货）通知单的签字审批明确相关人员的责任，降低出库环节的风险。制度行文可参考以下内容设计：

第十一条　销售员根据销售订单的交货日期确定发货（销货）时间，出具"销售（发货）通知单"。

备注：对不同区域的在途时间规定见销售区域划分一览表。

第十二条　销售员将"销售（发货）通知单"全部联次传递给仓库保管员。

第十三条　仓库保管员根据"销售（发货）通知单"，进行备货，并根据实际备货情况在"销售（发货）通知单""仓库"处签字。

第十四条　保管员将"销售（发货）通知单"（仓库联）留存，将其余三联（客户联、财务联、销售联）传递给销售部销售员。销售员将"销售（发货）通知单"（客户联、销售联）留存，将财务联传递给财务部出纳人员。

第十五条　出纳应根据"销售（发货）通知单"开具增值税发票。

备注：合同上规定开票时间与交货时间同一天的，若因为在途时间需要提前发货，为避免发票不能按时到达客户方，公司要求相关人员在发货时即开票。

四、制定会计系统控制制度

企业通过加强对销售业务的会计系统控制,详细记录销售客户、购销合同、销售出库等情况,确保会计记录、销售记录与仓储记录一致。

例如,在出库环节,在制度中规定出纳、会计的职责,财务部门依据合同对销售(发货)通知单等原始凭证的销售价格等进行审核,并依据国家统一的会计准则制度记录销售业务。制度行文可参考下内容设计:

第十六条　出纳将"销售(发货)通知单"(财务联)、发票(记账联)传递给会计;将发票相关联次传递给销售部销售员。

第十七条　销售员在收到收款凭据当日,将凭据或者收款信息传递给财务部出纳。

第十八条　财务部出纳在处理完收款业务后,需要将相关单据传递给会计,会计审核相关单据并按照会计准则制度及时记账。

除各部分制度正文之外,一般在制度的结尾会附上附则。附则旨在对制度给予附加说明,如制度的解释权、实施日期和适用范围等。除此之外,企业可以结合本企业的销售业务特点设计特定的销售管理制度,更好地服务于企业的销售业务管理。

任务三　业财一体化销售流程构建

一、销售定价审批

(一) 任务目标

能够准确审核产品销售基价,保证定价的合理性。

(二) 任务分析

企业销售定价合理与否是影响其产品市场竞争力强弱的一个重要因素,从内部控制和管理的角度出发,合理审批销售定价的具体思路如下:

(1) 确定产品单位成本。完全成本加成定价法下,产品单位成本应包括产品单位制造成本和单位期间费用。产品单位成本由财务部门根据以往期间的数据计算得出并提供。

(2) 确定加成率。企业会根据销售量、预期利润,在制度中明确规定不同销售量下加成率的大小。

(3) 计算、审查销售基价。根据完全成本加成定价法下的销售定价计算公式,审查销售基价的准确性。

销售基价计算公式为:

$$销售基价 = 产品单位成本 \times (1 + 加成率)$$

注意:企业应明确销售基价是含税基价还是不含税基价。

(三) 任务流程

企业销售定价审批的基本流程如图3-2所示。在现实中,不同企业在具体的流程和操作上不尽相同,但总体思路是一致的。

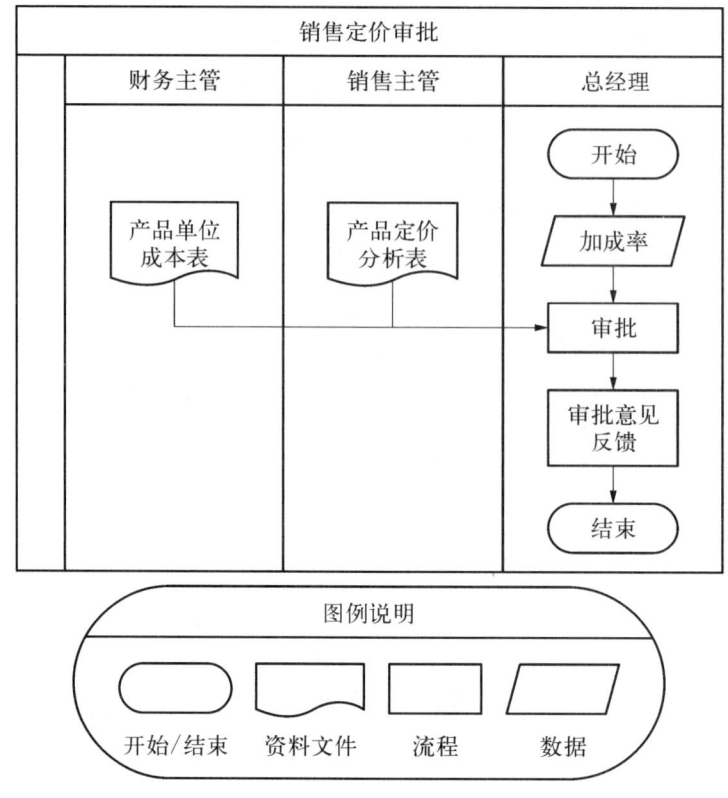

图 3-2　销售定价审批流程图

(四) 任务操作

1. 总经理查阅《企业销售管理制度》

通过查阅《企业销售管理制度》,了解企业具体的定价流程,掌握企业对加成率的规定。

2. 总经理审批产品定价分析表

首先,根据产品单位成本表(表 3-1)审查产品定价分析表(表 3-2、表 3-3)中产品单位成本的准确性;其次,根据《企业销售管理制度》对加成率的规定,审查产品定价分析表(表 3-2、表 3-3)中不同销售量下加成率的准确性;最后,根据公式审查产品定价分析表(表 3-2、表 3-3)中产品定价的准确性。只有产品单位成本、加成率、产品定价三要素全部填写准确的产品定价分析表才能审核通过;对于填写有误的审核要素,总经理可进行批改。

表 3-1　产品单位成本表

日期:2024 年 12 月　　　　　　　　　　　　　　　　　　　　　　　单位:元

序　号	产品编号	产品名称	产品单位成本
1	P001	瀚海 V30	2 362.59
2	P002	瀚海 H5	1 792.20

表 3-2　产品定价分析表

产品编号：P001　　　　　　　　　　产品名称：瀚海 V30　　　　　　　　　　单位：元

销售量	(0，500)	[500，1 000)	[1 000，3 000)	[3 000，+∞)
产品单位成本	2 362.95	2 362.95	2 362.95	2 362.95
加成率/%	47	41	35	30
产品定价	3 473.01	3 331.25	3 189.50	3 071.37

总经理：　　　　　　　　　　　　　　　　　　　　　　　　　　制单人：赵朝阳

备注：产品定价包含 13% 的增值税。

表 3-3　产品定价分析表

产品编号：P002　　　　　　　　　　产品名称：瀚海 H5　　　　　　　　　　单位：元

销售量	(0，500)	[500，1 000)	[1 000，3 000)	[3 000，+∞)
产品单位成本	1 792.20	1 792.20	1 792.20	1 792.20
加成率/%	47	41	35	30
产品定价	2 634.53	2 527.00	2 419.47	2 329.86

总经理：　　　　　　　　　　　　　　　　　　　　　　　　　　制单人：赵朝阳

备注：产品定价中包含 13% 的增值税。

二、销售报价

(一) 任务目标

(1) 能够准确确定产品报价，避免增加沟通成本。

(2) 能够准确执行报价内部审批程序，降低报价风险。

(二) 任务分析

销售报价的高低意味着企业销售利润的多少，对外产品报价要严格遵守企业的价格政策。从内部控制和管理的角度出发，合理确定报价的具体思路如下：

1. 确定产品报价

(1) 确定销售价格浮动权。某些企业为了灵活销售，会授权销售人员以产品销售基价为基础，结合产品市场特点实施一定限度的价格浮动，销售人员可以使用经批准的价格浮动权，确定销售报价。

价格浮动权的使用规则如下：

① 若企业规定销售人员没有价格浮动权，则销售人员的对外报价与同等销售量下的产品销售基价相等。

举例：若企业规定销售人员没有价格浮动权，同等销售量的产品销售基价是 2 000 元，则销售人员只能以 2 000 元作为最终的对外报价。

② 若企业规定销售人员有价格浮动权，则销售人员有权在同等销售量下的产品销售

基价基础上按照价格浮动权规定的范围确定最终报价。

举例：若企业规定销售人员价格浮动权为 1%，同等销售量的产品销售基价是 2 000元，则销售人员有权在 $[2\,000\times(1-1\%),2\,000\times(1+1\%)]$ 即 $[1\,980,2\,020]$ 的范围内，确定最终的对外报价。

（2）确定最终报价。通过查询报价产品的价格政策，确定客户需求量对应的产品销售基价，结合企业对价格浮动权的规定，确定销售人员可以报送的最终报价。

注意：销售报价时应明确报价类型。

2. 执行报价内部审批程序

根据制度规定的报价内部控制权限，审批报价单中单价、数量、金额的准确性和合理性。

（三）任务流程

企业销售报价的基本流程如图 3－3 所示。在现实中，不同企业在具体的流程和操作上不尽相同，但总体思路是一致的。

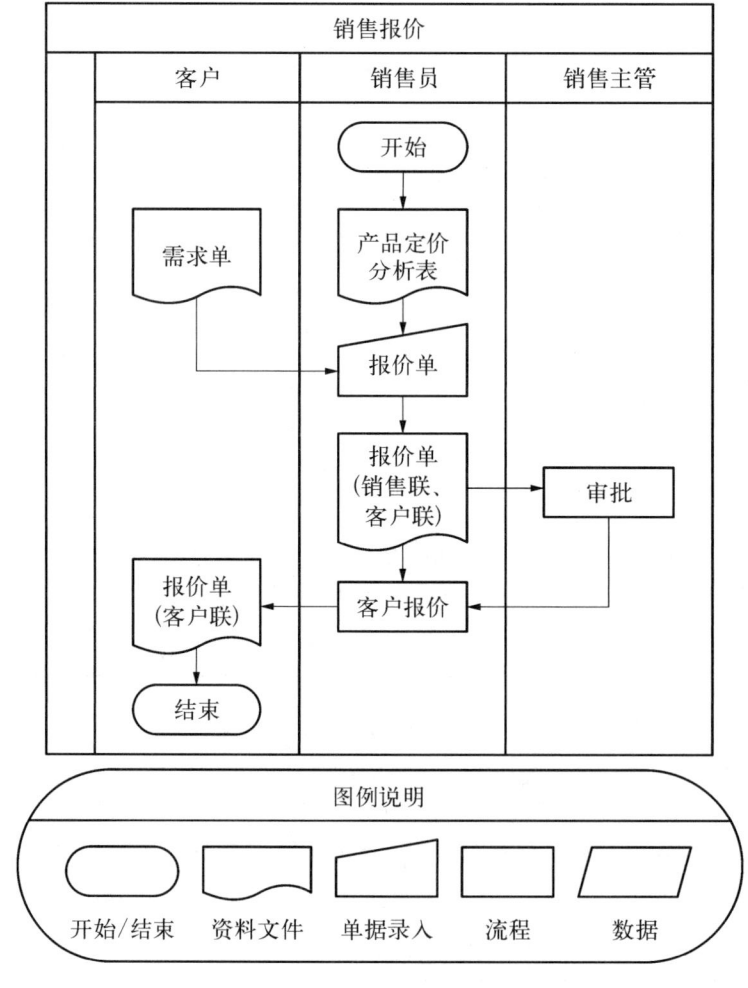

图 3－3　销售报价流程图

（四）任务操作

1. 销售员查阅《企业销售管理制度》

通过查阅《企业销售管理制度》，了解企业具体的报价流程，掌握企业对销售员价格浮动权、报价类型、报价审批内控点的规定等。

例题 3-2　假设某企业规定销售员没有价格浮动权，当客户需求量为 890 件时，销售员以 2 000 元作为最终的对外报价，请问：当销售员拥有 1% 的价格浮动权时，他可以给出什么样的报价范围？

当销售员没有价格浮动权时，其对外报价等于销售基价；当销售员拥有价格浮动权时，其报价范围为[销售基价×（1－浮动比率），销售基价×（1＋浮动比率）]，即（2 000×99%，2 000×101%），对外报价范围是（1 980，2 020）。

2. 销售员填写报价单

首先，根据需求单（表 3-5）的需求信息、产品定价分析表（表 3-2、表 3-3）的产品销售基价和《企业销售管理制度》对销售员价格浮动权和报价类型的规定，确定报价产品信息及最终报价（单价）；其次，根据需求单（表 3-5）的客户信息和企业基本信息（表 3-4）的企业信息，确定购货方和报价方的名称、地址、联系人、联系方式等基础信息；最后，根据需求单（表 3-5）相关信息，确定交货日期和交货方式等。结合以上信息，填写报价单，如表 3-6 所示。报价单联次说明如表 3-7 所示。

表 3-4　企业基本信息

企业名称	M 企业
国　家	中国
所属行业	手机制造业
企业地址	华海市经济开发区 110 号
联系人	崔志成
联系电话	0577－3835608
开户银行	中国建设银行华海市东支行
账　号	34725028335268125887
执行标准	《小企业会计准则》

表 3-5　需求单

客户名称	D 电子手机超市		客户地址	东海市市中区豪盛街 20 号
联系人	孙胜美		联系方式	13289420036
序　号	产品名称	产品规格	产品单位	需求量
1	瀚海 V30	128GB	部	1 040
2	瀚海 H5	128GB	部	880

续　表

序　号	产品名称	产品规格	产品单位	需求量
3				
4				

交货日期	2025 - 01 - 23
采购方式	赊购
交货方式	代办托运
其他要求：	

表 3 - 6　报价单

报　价　单

报价日期		报价单号	BJ2025714		
购货方名称		报价方名称			
购货方地址		报价方地址			
购货方联系人		报价方联系人			
购货方联系方式		报价方联系方式			

序号	产品名称	产品规格	产品单位	单价/元	数量	含税金额/元
1						
2						
3						
4						
5						
合计	人民币金额(大写)					

第一联：销售联　　第二联：客户联

交货日期：　　　　　　　　　　　　　　　交货方式：

注意事项：

(1) 以上报价包含 13% 的增值税。

(2) 此报价自报价之日起 20 日内有效。

表3-7　报价单联次说明

联　　次	联次名称	用　　途
第一联	销售联	销售部留存
第二联	客户联	客户报价

3. 销售主管审批报价单

根据《企业销售管理制度》对销售员价格浮动权和报价类型的规定、需求单（表3-5）的客户需求量和产品定价分析表（表3-2、表3-3）的产品销售基价（产品定价），对报价单中单价、数量、金额的准确性和合理性进行审批。只有单价、数量、金额三要素全部填写准确的报价单才能通过审核，否则需退回重填。

4. 销售员完成报价

将审批通过的报价单（客户联）发送给客户，完成报价工作，同时将报价单（销售联）留存备查。

三、客户需求分析

（一）任务目标

（1）能够准确分析企业能否在规定时间内交货，避免盲接订单增加违约风险。

（2）能够准确进行客户信用检查，降低资金回笼风险及应收账款的管理成本。

（二）任务分析

客户提出的购货需求是企业销售的起点。但并非所有需求都要一概接受，因为客户需求处理不慎有时甚至会拖垮一个企业。因此，处理需求环节要把握两个关键控制点：客户需求量和客户采购方式。从内部控制和管理的角度出发，准确地进行客户需求分析的具体思路如下：

1. 分析客户需求量

分析客户需求量的目的是判断企业能否在规定时间内完成客户的需求量，这是能否按时交货的关键。

分析客户需求量一般考虑三个因素：当前产品可用库存量、备货期产能、本次需求量，其分析依据如下：

（1）若产品可用库存量＋备货期产能≥本次需求量，则本次需求可以在交付时间内完工，客户需求量分析结果为"有效"。

（2）若产品可用库存量＋备货期产能＜本次需求量，则本次需求不可以在交付时间内完工，客户需求量分析结果为"无效"。

其中：可用库存量需要在现有库存量（企业仓库中实际存放的货物数量）的基础上考虑待分配或待接收的数量。

微课：客户需求分析

假设企业采用订单式销售，其生产能力充足，不存在外包加工情况，则产品待分配情况主要考虑尚未发货的全部销售订单（受定量），产品待接收情况主要考虑尚未完工的生产任务（在制量）。

所以产品可用库存量具体计算公式如下：

$$可用库存量＝现有库存量＋在制量－受订量$$

$$备货期产能＝每天的最大产能×备货期$$

$$＝［单位工作时间（日生产工时）÷单位耗用工时］×备货期$$

例题 3-3 某企业备货期为 10 天，集中所有人员、机器，每天最多能工作 10 小时；生产一件产品需要 2 小时；那么该企业的备货期产能是多少件？

$$备货期产能＝10÷2×10＝50（件）$$

2. 分析客户采购方式

根据付款时间的不同，我们把客户的采购方式分为赊购和现购两种。

（1）分析客户赊购的要求。分析客户赊购要求是否合理的目的是降低销售货款不能及时收回的风险。分析客户赊购要求一般考虑三个方面的因素：目前客户尚欠款项、客户在本企业的信用额度、本次客户赊购金额，其分析依据如下。

若企业接受客户的赊购要求：

① 客户尚欠款项＋本次客户赊购金额＞客户在本企业的信用额度，则表明客户累计赊购金额超出客户信用额度，客户赊购分析结果为"无效"。

② 客户尚欠款项＋本次客户赊购金额≤客户在本企业的信用额度，则表明客户累计赊购金额未超出客户信用额度，客户赊购分析结果为"有效"。

（2）分析客户现购的要求。客户现购条件下，企业不需要对客户进行信用额度审核，其现购分析结果永远是"有效"的。

3. 分析客户需求的整体可行性

一般情况下，客户需求量和客户采购方式均满足要求，才能够接单，否则就会存在不能按时交货或者无法按时收回货款的风险，这对企业来说是不利的。

分析依据：

（1）若客户需求量分析和客户采购方式分析的结果均为"有效"，说明本次需求能在交付时间内完工且接受本次客户采购方式后，客户累计尚欠金额未超出客户信用额度，则整体客户需求分析的结果为"有效"。

（2）若客户需求量分析和客户采购方式分析的结果中有一项为"无效"，说明本次需求不能在交付时间内完工或接受本次客户采购方式后，客户累计尚欠金额超出客户信用额度，则整体客户需求分析的结果应为"无效"。

（三）任务流程

客户需求分析的基本流程如图 3-4 所示。在现实中，不同的企业在具体的流程和操作上不尽相同，但总体的思路是一致的。

（四）任务操作

1. 销售员查阅《企业销售管理制度》《企业信用管理制度》

通过查阅《企业销售管理制度》，了解客户需求分析依据，掌握企业对备货期的规定。通过查阅《企业信用管理制度》，掌握企业对客户信用额度的规定。

2. 销售员填写客户需求分析表

（1）判断能否按时交货。首先，通过查阅企业实时变动的即时库存表（表 3-8）确

企业销售管理制度

企业信用管理制度

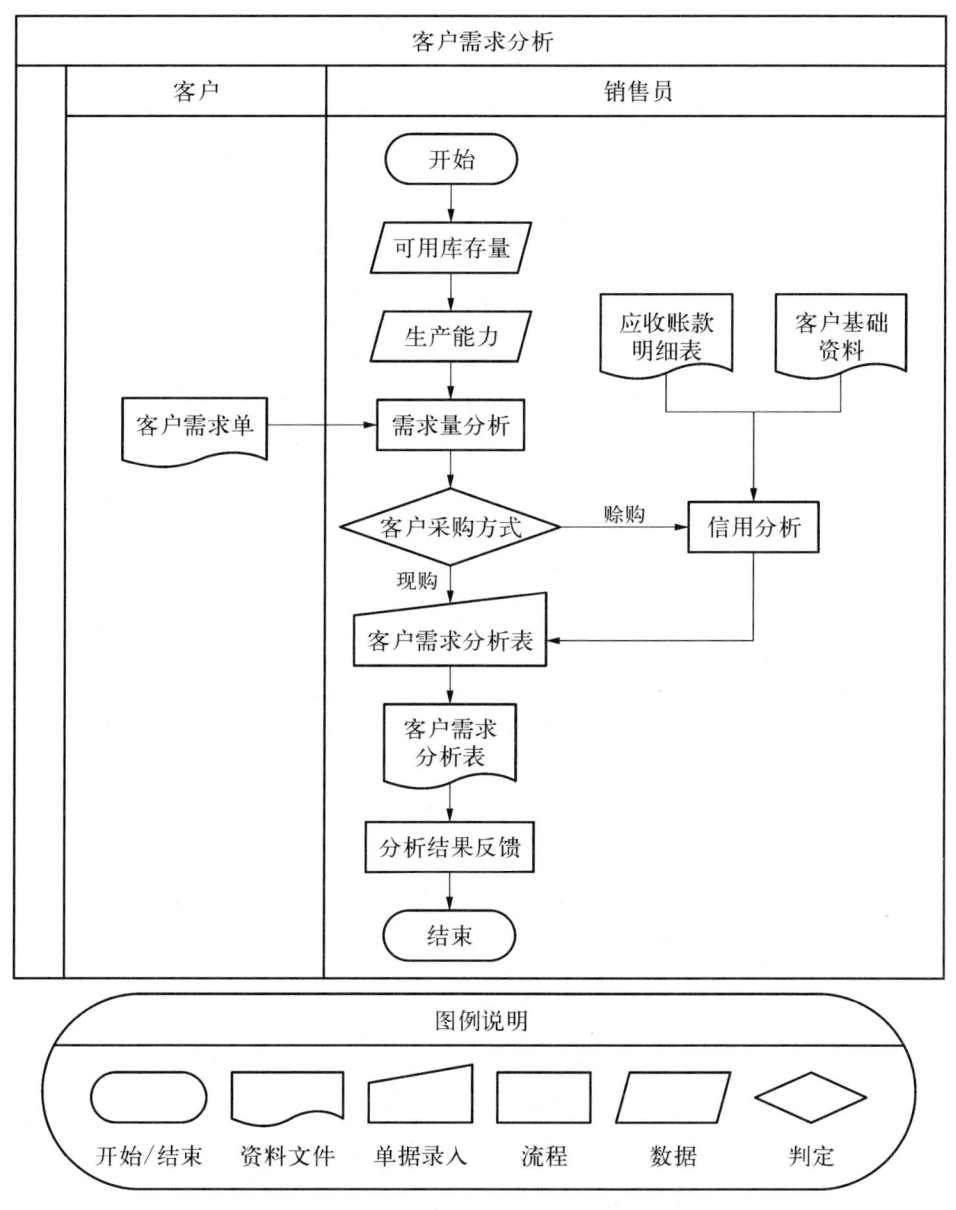

图 3-4　客户需求分析流程图

定需求产品当前的可用库存量;其次,根据生产能力表(表 3-9)确定日产能;再根据《企业
销售管理制度》对备货期的规定,确定备货期的产能(备货期最大生产量);最后,根据本次
客户需求数量、产能、可用库存量等,结合分析依据,判断本次需求产品能否在要求的交付
时间内完工。若能在规定交付时间内完工,则其客户需求量分析结果为"有效";否则为
"无效"。

(2) 判断客户采购方式是否满足客户信用额度要求。根据需求单(表 3-5)判断客户
的采购方式:

① 若为现购条件,其客户采购方式的分析结果是"有效"的。

表 3－8　及时库存表

序号	编号	名　称	规格	单位	仓库	现有库存	在制量	在途量	受订量	未发量	安全库存量	可用库存量
1	P001	瀚海 V30	128 GB	部	成品仓	0	0	0	0	0	0	0
2	P002	瀚海 H5	128 GB	部	成品仓	0	0	0	0	0	0	0

表 3－9　生产能力

序号	机台编码	产品编号	产品名称	单位耗用工时	日生产工时	生产保险期/工时	工时单位
1	L001	P001	瀚海 V30	0.125	10	10	小时
2	L002	P002	瀚海 H5	0.125	10	30	小时

② 若为赊购条件,首先,通过查阅应收账款明细表(表 3－11)找到客户的期末未冲金额,确定客户至今尚欠的账款金额;其次,通过查阅客户基础资料(表 3－10)确定客户的信用级别,结合《企业信用管理制度》的客户信用额度划分,确定客户的信用额度;最后,根据本次客户赊购金额、客户信用额度、客户尚欠款项,结合分析依据,判断若接受本次客户赊购要求后,累计金额是否超过客户信用额度。若接受本次客户赊购要求后,累计金额未超过客户信用额度,则其客户采购方式的分析结果为"有效";否则为"无效"。

(3) 判断客户需求的整体有效性。根据《企业销售管理制度》对客户需求整体有效性的规定,结合以上对客户需求量、客户支付方式的判断结果,对是否接受该需求作出判断。结合以上信息,填写客户需求分析表,如表 3－12 所示。

3. 销售员作出受单或者拒单的决定

销售员根据对客户需求的整体分析结果,作出受单或者拒单的决定,并及时将结果反馈给客户。只有整体有效的需求才可以接受,否则需要拒单。

表 3－10　客户基础资料

序号	客户编号	客户名称	客户地址	法定代表人	联系人	联系方式	信用级别	初始交易日期
1	Kh01	D 电子手机超市	东海市市中区豪盛街 20 号	张小军	孙小美	13289420036	A	2023 年 02 月 01 日
2	Kh02	H 通信设备连锁销售有限公司	海昌市高新区荣盛商业区 120 号	江小晨	刘小美	8631209	AA	2021 年 08 月 01 日
3	Kh03	C 家电有限公司	东昌市昌联北路 12 号	张小升	张小梅	8353329	——	2024 年 01 月 01 日

表 3-11　应收账款明细表

序号	日　期	立账单号	收款单号	客户名称	本期应收金额/元	本期已冲金额/元	期末未冲金额/元
1	2024.01.01						0
2	2024.01.28	Lzd20240128			7 016 495.00		716 495.00
3	2024.02.15	Lzd20240128	skd20240215			7 016 495.00	0
4	2024.05.31	Lzd20240531		H通信设备连锁销售有限公司	2 848 000.00		848 000.00
5	2024.06.17	Lzd20240531	skd20240617			2 848 000.00	0
6	2024.09.20	Lzd20240920			3 355 715.00		335 715.00
7	2024.10.30	Lzd20241920	skd20241030			3 355 715.00	0
8	2024.12.31	Lzd20241929			26 600 000.00		26 600 000.00
9	2024.01.01					26 600 000.00	0
10	2024.01.29	Lzd20240129			6 406 365.00		6 406 365.00
11	2024.02.03	Lzd20240129	skd20240203			6 406 365.00	0
12	2024.05.22	Lzd20240522		D电子手机超市	2 720 000.00		2 720 000.00
13	2024.05.31	Lzd20240522	skd20240531			2 720 000.00	0
14	2024.12.28	Lzd20241228			160 000.00		160 000.00
15	2024.12.31	Lzd20241231			90 000.00		250 000.00

表 3-12　客户需求分析表

报价单号				客户需求分析表单号			DDFX202584
客户名称				订购产品名称			
第一部分				需求量有效性分析			
序号	产品编号	产品名称	产品单位	分析过程			分析结果
				当前可用库存量	备货期最大生产量	本次客户需求量	客户需求有效性分析(有效/无效)
1							
2							

续　表

第二部分	客户采购方式有效性分析				
序号	客户采购方式	分析过程			分析结果
		当前可用库存量	备货期最大生产量	本次客户需求量	客户需求有效性分析（有效/无效）
1	现购	—	—	—	
2	赊购				
结论	客户需求整体有效性分析（有效/无效）				

填表人：　　　　　　　　　　　　　　　　　　日期：

四、合同签订与订单下达

（一）任务目标

（1）能够对合同内容进行审核和授权审批，避免合同签订不当引起的法律风险。

（2）能够下达订单，保证及时准确安排生产。

（二）任务分析

1. 执行合同订立程序

一个内部控制相对健全的企业应当建立制度，要求销售业务必须签订合同，这是防范业务风险的最低保障措施。确保订立合同合理保障企业合法权益和商业利益，必须做好以下三个关键控制点：

（1）严格审核购销合同草案。企业应严格按照相关法律法规和企业合同风险防范要点，审核购销合同草案，确保合同草案具备合法性和严密性。

（2）审核购销合同草案。企业应明确具体的审批程序和所涉及部门人员及其相应权限；审核时应重点关注购销合同草案中的销售价格、信用政策、发货方式、收款方式及开票方式等信息。

（3）签订正式购销合同。购销合同草案经审批后，企业应当授权有关人员签订正式的购销合同。

2. 确定并下达订单信息

根据正式的购销合同，确定销售订单信息，并及时向生产部门下达本次订单的产品品种、需求量、交货日期等关键信息，保证生产部门及时、合理安排生产。

（三）任务流程

具体任务流程如图3－5所示。

（四）任务操作

具体任务操作过程如图3－6所示。

1. 销售员查阅《企业合同管理制度》

通过查阅《企业合同管理制度》，了解企业对合同草案审核要点的规定，掌握企业合同

企业合同管理制度

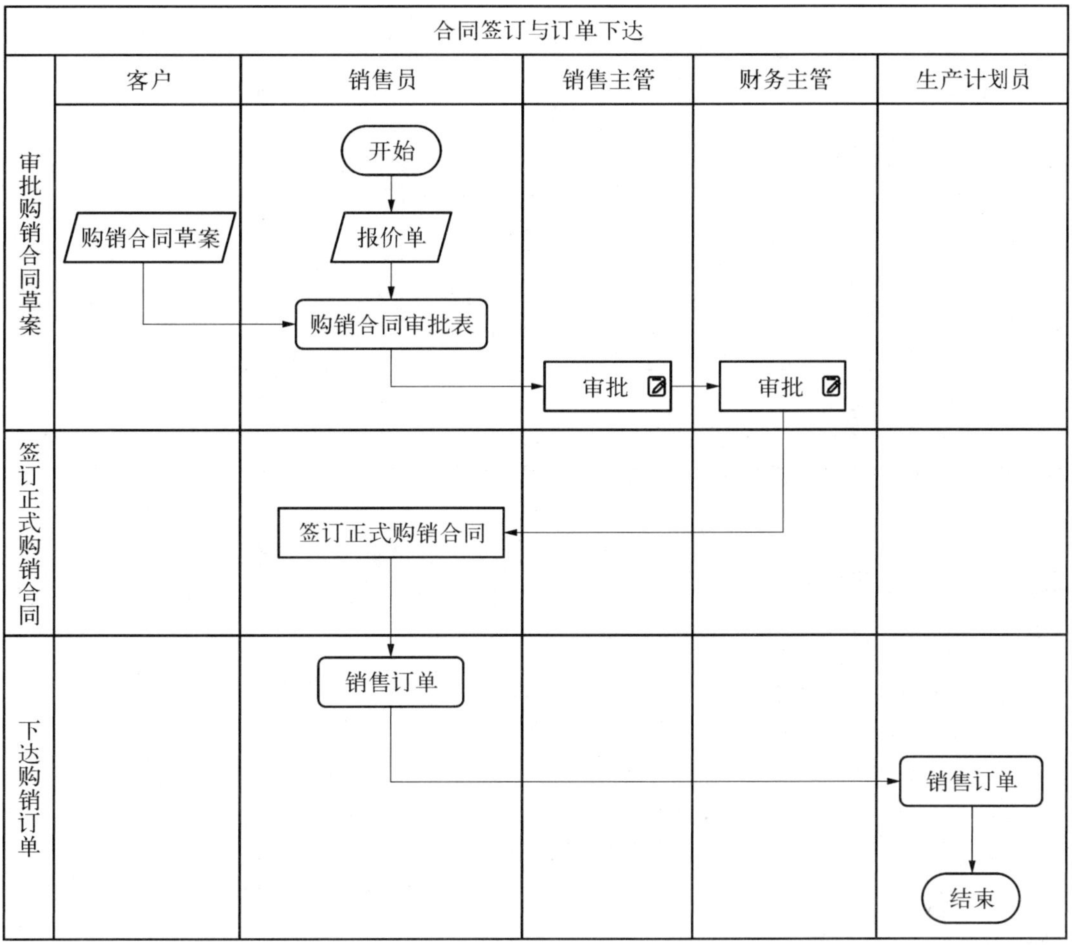

合同签订与订单下达				
	客户	销售员	销售主管	财务主管	生产计划员

审批购销合同草案

开始

购销合同草案

报价单

购销合同审批表

审批　☑　　审批　☑

签订正式购销合同

签订正式购销合同

下达购销订单

销售订单

销售订单

结束

图 3-5　合同签订与订单下达

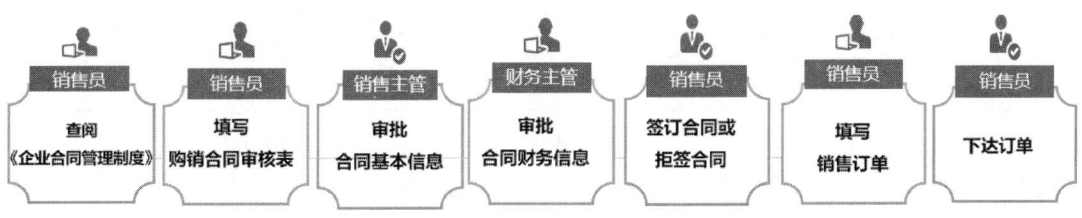

销售员	销售员	销售主管	财务主管	销售员	销售员	销售员
查阅《企业合同管理制度》	填写购销合同审核表	审批合同基本信息	审批合同财务信息	签订合同或拒签合同	填写销售订单	下达订单

图 3-6　任务操作流程

审批流程、审批人、审批权限等。

2. 销售员填写购销合同审核表

根据《企业合同管理制度》规定的审核要点,对购销合同草案的合规性和严密性进行审核,填写购销合同审核表。

3. 销售主管、财务主管审批购销合同审核表

根据《企业合同管理制度》规定的审批权限,进行审核,否则需退回重新审核。购销合同审批内容、审批人和审批标准如表 3-13 所示。

表 3－13　购销合同审核表

审　批　内　容		审批人	审　批　标　准
合同财务信息	合同金额要求 结算要求 开票要求	财务主管	合同金额要求、结算要求、开票要求的审核意见须与《企业合同管理制度》中对合同金额要求、结算要求、开票要求的审核要求相符
合同基础信息	产品规格 交货期 交货方式	销售主管	产品规格、交货期、交货方式的审核意见须与《企业合同管理制度》中对产品规格、交货期、交货方式的审核要求相符

4. 销售员处理合同

根据审批意见作出签订合同或者拒签合同的决定。

5. 销售员填写销售订单

首先,根据签订的购销合同,确定本次合同的产品名称、规格、含税单价、数量、税额、金额和交货日期等订单信息;其次,根据客户基础资料、产品基本资料,确定产品编号、客户编号等基础信息;最后,结合以上信息填写销售订单。

6. 销售员下达销售订单(图 3－7)

销 售 订 单

销售合同编号:GXHT2025420　　销售订单号:XSDD2025420　　受订日期:2025－01－02
客户编号:kh01　　　　　　　　　客户名称:D电子手机超市　　客户地址:东海市市中区豪盛街20号

序号	产品编号	产品名称	产品规格	产品单位	含税单价/元	数量	税额/元	含税金额/元
1	P001	瀚海 V30	128 GB	部	3 189.50	1 040	381 610.97	3 317 080.00
2	P002	瀚海 H5	128 GB	部	2 527.00	880	255 830.80	2 223 760.00
3								
合　计							637 441.77	5 540 840.00

交货日期:2025－01－23　　　交货方式:代办托运　　　　销售方式:赊销
开票日期:2025－01－23　　　制单人:王涛

图 3－7　销售订单

五、销售出库

(一) 任务目标

(1) 能够准确确定订单发货时间、发货数量等销货信息,保证及时、准确发货。

(2) 能够准确、及时执行销售出库流程,保证会计记录、销售记录与仓储记录一致。

(二) 任务分析

1. 确定产品发货时间和发货数量

通过对销售订单的管理,明确每一笔销售订单的发货时间,避免因为发货不及时造成销售成本的增加;明确每一笔订单的发货次数,是分批发货还是一次性发货;明确每次发货的数量,随时与生产部门进行沟通,确保订单到期后有货可发。

2. 确定销货信息

根据销售订单,确定与合同内容相一致的发货品种、数量、发货时间等信息。

3. 执行销售发货程序

根据确定的销货信息,准确、及时填写销售通知单,并向仓储部下达发货指令。根据销售通知单,完成备货、发货流程。

(三) 任务流程

销售出库任务流程如图3-8所示。

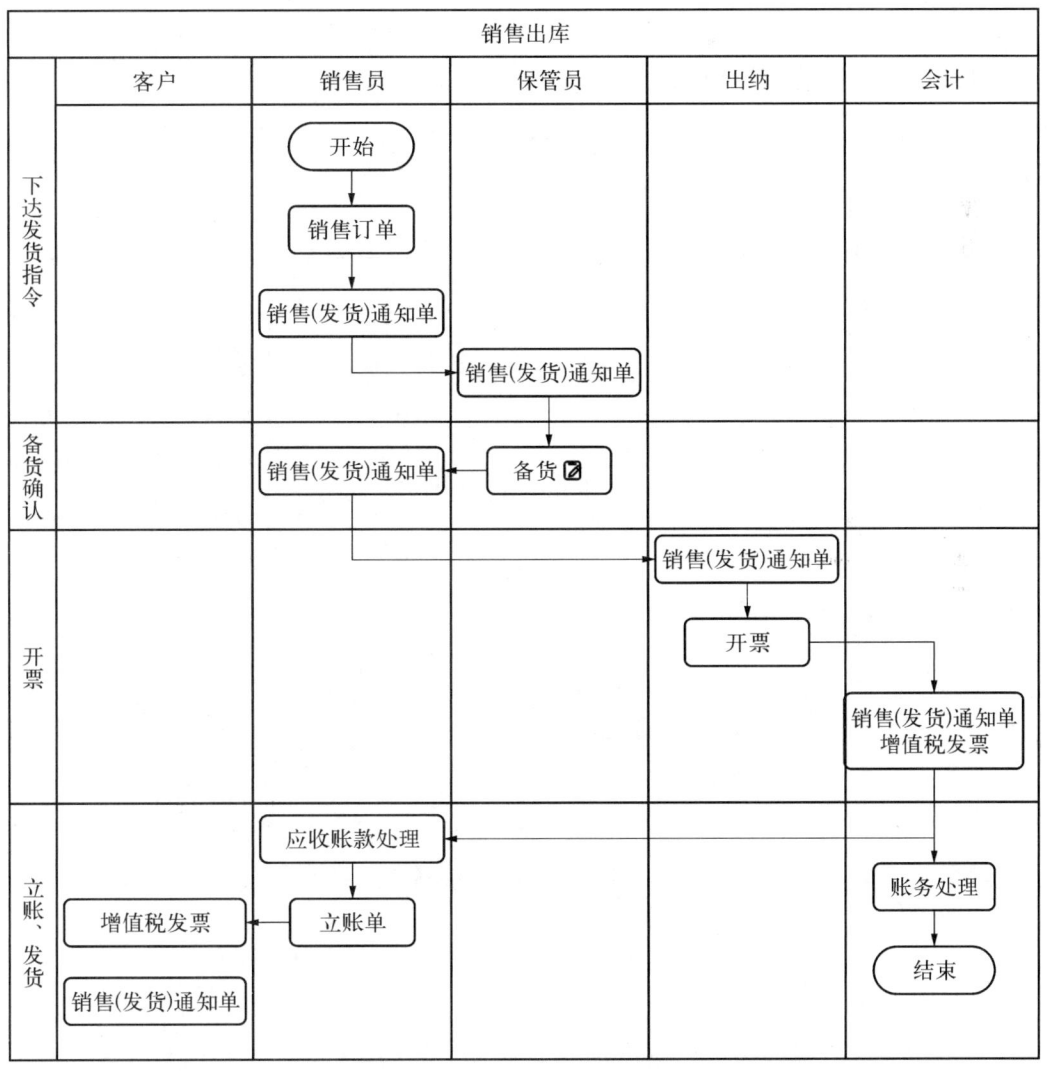

图 3 - 8　销售出库任务流程

(四) 任务操作

具体任务操作如图3-9所示。

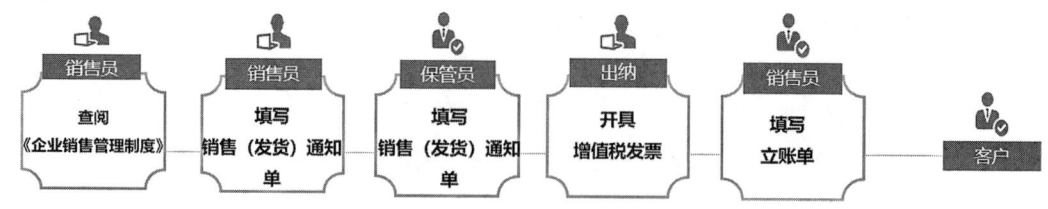

图 3-9　任务操作

1. 销售员查阅《企业销售管理制度》

通过查阅《企业销售管理制度》，了解企业销售出库的流程，掌握企业对发货时间、立账方式、单据流转等的规定。

2. 销售员填写销售通知单(图 3-10)

销售通知单一式四联，销售联、仓库联、客户联、财务联，如图 3-11 所示。

销售(发货)通知单

销售日期：　　　　　　　　销货单号：XH202584　　　　销售订单号：
客户名称：　　　　　　　　发货地址：　　　　　　　　销售方式：

序号	产品编号	产品名称	产品规格	产品单位	含税单价/元	数量	税额/元	含税金额/元	第一联：销售联	第二联：仓库联	第三联：客户联	第四联：财务联
1												
2												
3												
合　计						销售员	销售员	销售员				

交货方式：　　　开票时间：　　　制单人：　　　仓库：

图 3-10　销售通知单

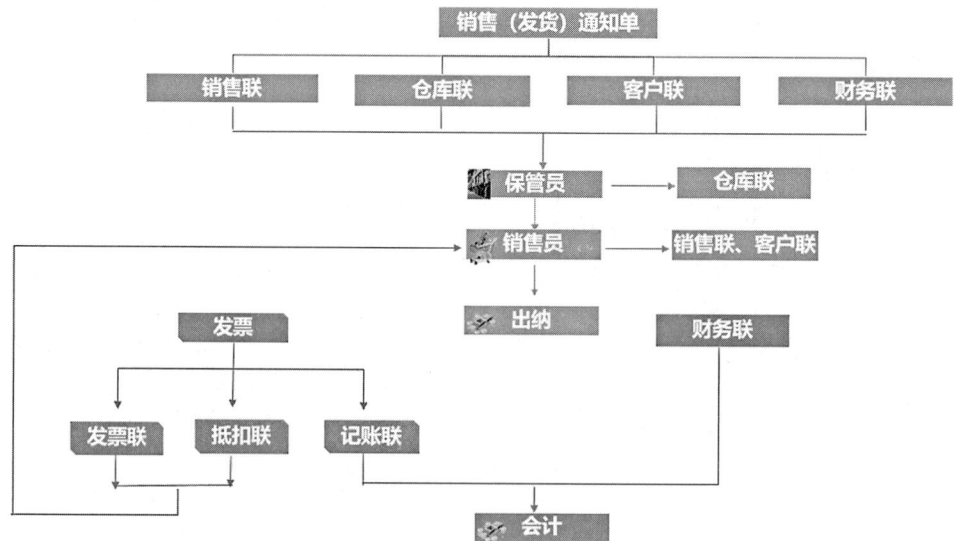

图 3-11　销售通知单的联次

3. 仓库保管员在销售通知单上签字确认

4. 根据销售订单的开票要求、实际发货情况等开具相对应的增值税发票

5. 销售员填写立账单(图 3-12),并送交单据

销售员将销售通知单(客户联)和增值税发票(增值税专用发票为发票联、抵扣联;增值税普通发票为发票联)交给客户。

立　账　单

立账日期:　　　　　　　立账单号:LZD2025721　　　　　　销货单号:

立账客户:　　　　　　　发票号码:

序号	产品编号	产品名称	应开含税金额/元	已开含税金额/元	本次含税金额/元
1					
2					
3					
合　计					

制单人:

图 3-12　立账单

任务四　赛证能力拓展：销售业务一体化设计

一、业务背景

北京 N 汽车有限公司于 2020 年 8 月成立,近年来公司业务不断发展壮大,现有的销售业务流程与制度已无法满足公司管理需要,为更好地支持业务发展,规避销售业务风险,公司相关部门重新对销售业务从销售合同签订环节至发货环节进行梳理。

经过梳理,销售业务流程的发起人与执行人有以下岗位参与:销售专员、销售经理、仓管员、物流经理、法务、财务经理、总经理。

销售业务涉及的表单有:《销售合同审批单》《销售订单》《发货通知单》《发货单》。

二、业务流程设计说明

该企业销售业务流程设计说明如表 3-14 所示。

表 3-14　销售业务流程设计说明

任务名称	任务类型	执行人	表　单	前置条件	其　它　说　明
新增销售合同审批单	开始任务	指定角色:销售专员	《销售合同审批单》	无	消息提醒:下一步
合同会签	普通任务	指定角色:销售经理、财务经理、法务	无	无	回退方式:上一步 处理方式:会签

任务名称	任务类型	执行人	表　单	前置条件	其　它　说　明
合同会签	普通任务	指定角色：销售经理、财务经理、法务	无	无	不满足条件时：结束流程 消息提醒：下一步
总经理审批	普通任务	指定角色：总经理	无	(1)［合同金额］>=100 000,总经理审批；(2)［合同金额］<100 000,直接进入下一步	回退方式：上一步 处理方式：抢先 不满足条件时：结束流程 消息提醒：下一步
新增销售订单	转填任务	指定角色：销售专员	《销售订单》	无	处理方式：抢先 不满足条件时：结束流程 消息提醒：下一步
销售经理审批	普通任务	指定角色：销售经理	无	无	回退方式：上一步 处理方式：抢先 不满足条件时：结束流程 消息提醒：下一步
财务经理审批	普通任务	指定角色：财务经理	无	无	回退方式：上一步 处理方式：抢先 不满足条件时：结束流程 消息提醒：下一步
新增发货通知单	转填任务	指定角色：销售专员	《发货通知单》	无	处理方式：抢先 不满足条件时：结束流程 消息提醒：下一步
销售经理审批	普通任务	指定角色：销售经理	无	无	回退方式：上一步 处理方式：抢先 不满足条件时：结束流程 消息提醒：下一步

续 表

任务名称	任务类型	执行人	表 单	前置条件	其 它 说 明
新增发货单	转填任务	指定角色：仓管员	《发货单》	无	处理方式：抢先
					不满足条件时：结束流程
					消息提醒：下一步
物流经理审批	结束任务	指定角色：物流经理	无	无	回退方式：上一步
					处理方式：抢先
					不满足条件时：结束流程
					消息提醒：上一步，发起人

三、操作结果

销售业务流程设计如图 3－13 所示。

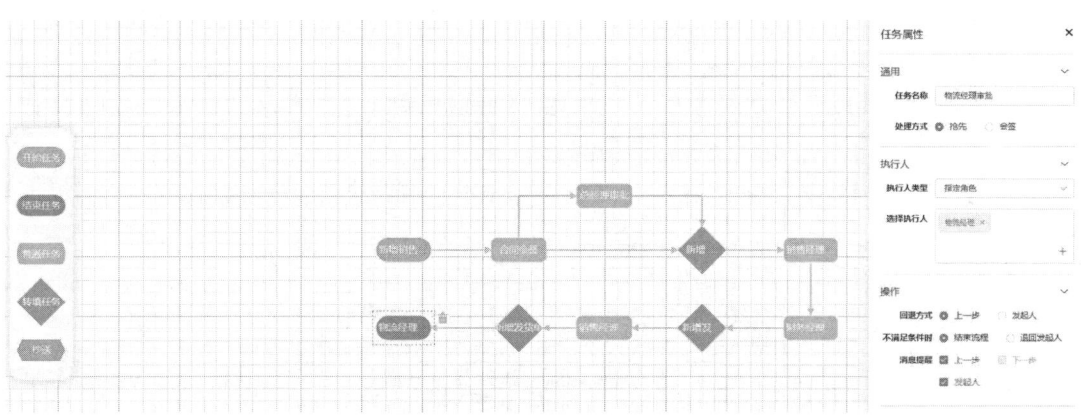

图 3－13　销售业务流程图

 项目测试 〰〰〰〰〰〰〰〰〰〰〰〰〰〰〰〰〰〰〰〰〰〰〰〰〰

一、单项选择题

1. 造成企业的赊销货款无法按时收回，或产生大量的坏账损失，是（　　）风险可能产生的结果。

    A. 销售定价　　　　　　　　　　B. 客户信用管理

    C. 签订合同　　　　　　　　　　D. 销售订单

2. 填写赊销申请单最合适的人员是（　　）。

    A. 销售人员　　　　　　　　　　B. 财务人员

C. 信用管理人员　　　　　　　　　　D. 总经理

3. 以下不属于应收账款账龄分析表构成要素的是（　　）。

A. 现有的赊销客户名单

B. 收款时间

C. 长短不同的信用期对应的应收账款金额及占比

D. 制单人员、审核人员

4. "接收购货订单—审查购货订单—签订销售合同"，这个流程属于（　　）业务的设计流程。

A. 请购　　　　　　B. 发货　　　　　　C. 收款　　　　　　D. 接受订单

5. 销售业务的资金流、实物流、信息流的关系是（　　）。

A. 可以不一致　　　　　　　　　　　B. 不确定

C. 应该保持一致　　　　　　　　　　D. 没有明确规定

6. 从内部控制的角度出发，下列销售回款政策中，不能够降低收款过程中财务风险的是（　　）。

A. 禁止销售人员收取现金货款

B. 业务人员应提前报告具体的收款时间、金额、方式以及携带现金的安全措施，不能坐支现金

C. 财务部应定期抽查核对企业与客户的往来账务真实性，掌握货款的实际情况

D. 不限制销售人员收取货款的形式

7. 企业根据其经营情况和每个客户的支付能力，规定允许给予客户的最大赊购金额，称为（　　）。

A. 客户授信　　　　　　　　　　　　B. 信用期限

C. 信用额度　　　　　　　　　　　　D. 信用政策

二、多项选择题

1. 一份完整的报价单包括（　　　　　）。

A. 产品名称　　　　　　　　　　　　B. 规格

C. 不含税单价或者含税单价　　　　　D. 报价有效期

2. 对于（　　　　　）的客户，应该适当降低信用额度。

A. 付款基本及时且订货量平稳

B. 付款不及时

C. 财务状况明显恶化

D. 订货量小

3. 信用额度包括（　　　　　）。

A. 企业发放给客户群的总体信用额度

B. 企业发放给客户群的部分信用额度

C. 发放给某一具体客户的信用额度

D. 发放给某一具体客户的总体信用额度

4. 企业如果想获取客户的相关信息，可以利用的渠道有（　　　　　）。

A. 中国裁判文书网

B. 国家企业信用信息公示系统

C. 专业资信调查机构

D. 被执行人信息查询网站

5. 以下属于销售业务流程的有(   )。

A. 销售计划管理   B. 客户开发与信用管理

C. 销售定价   D. 订立销售合同

6. 销售业务控制应达到的目标有(   )。

A. 合理确认、计量销售收入

B. 制定合理的产品和劳务价格

C. 正确处理现金折扣、销售退回与折让

D. 及时收回货款

7. 以下属于发货环节采取的控制措施的有(   )。

A. 仓储部门对销售通知进行审核

B. 应当做好发货各环节的记录,填制相应的凭证

C. 按照经审核后的销售合同开具相关的销售通知

D. 质检部门应当对客户退回的货物进行检验并出具检验证明

8. 销售管理制度设计可从(   )方面进行考虑。

A. 制定授权审批控制制度   B. 制定流程控制制度

C. 制定单据控制制度   D. 制定付款制度

9. 客户信用资质调查的内容包括(   )。

A. 调查合作方的商业信誉和履约能力

B. 客户的基本信息、客户主要股东及公司负责人情况

C. 客户的其他供应商对该客户的口碑评价

D. 客户的经营状况、财务状况

10. 下列合同中,关于货款金额描述正确的有(   )。

A. 合同含税金额:人民币 100 000.00 元(小写),大写:壹拾万元整

B. 合同不含税金额:人民币 100 000.00 元(小写),大写:壹拾万元整

C. 合同金额:人民币 100 000.00 元(小写),大写:壹拾万元整

D. 合同不含税金额:人民币 100 000.00 元(小写),大写:壹万元整

11. 下列销售回款政策中,能有利于降低收款过程中财务风险的有(   )。

A. 禁止销售人员收取现金货款

B. 业务人员应提前报告具体的收款时间、金额、方式及携带现金的安全措施,不能坐支现金

C. 财务部应定期抽查核对企业与客户往来账务的真实性,掌握货款的实际情况

D. 不限制销售人员收取货款的形式

三、判断题(正确打"√",错误打"×")

1. 在批对批定购法下,需求量就是订货量。   (   )

2. 定量订货法和定期订货法下,每一次订货数量都是固定不变的。   (   )

3. 企业发生销售退换货业务,不会对企业的利润表产生影响。   (   )

4. 采用询价采购,被询价的供应商能提供多次报价。　　　　　　　　（　　）

5. 销售业务以单立账,是指进行过销货单审核后会确认应收账款。　　（　　）

6. 客户信用等级一旦确定,不得随意调整。　　　　　　　　　　　　（　　）

四、思考题

1. 请简述定期进行客户信用等级调整的意义。

2. 你认为给予销售员一定的销售报价浮动权这项决策有哪些优缺点,如果你是企业销售管理制度的制定者,会给予销售员该权利吗?

项目四 生产业务流程与内容设计

 学习目标

知识目标

1. 了解生产业务的特点和风险；

2. 熟悉生产业务的流程；

3. 掌握生产业务的风险控制目标和措施。

技能目标

1. 能够根据企业的生产组织形式和产品市场需求，准确确定产品、物料的需求量和需求时间，并及时、准确地提出采购申请；

2. 能够确定不同物料的领料数量和时间，保证生产投料的及时性和准确性；

3. 能够及时安排送检和验收，确保产品质量满足客户、市场需求；

4. 能够对检验合格的成品及时办理缴库、审核入库，满足销售及时交货，提高市场占有率；

5. 能够及时、准确地更新成品库存信息，加强产品库存量控制，降低库存成本；

6. 能够根据企业生产特点和管理要求，正确选择成本核算方法。

素养目标

1. 培养勤俭节约的美好品质；

2. 培养会计人员必备的一丝不苟、严谨认真的工作态度；

3. 培养良好的会计职业道德，树立降低成本的工作意识。

导入案例

X机械制造企业生产计划管理案例

X企业已使用信息系统制定主生产计划和物料计划，对数据的准确性和操作的规范性有非常严格的要求。

A产品计划员认为未来数月B型号的产品客户需求可能增加，于是自行调高该机型的安全库存数量。然而，该产品生产出来后，在仓库中滞留多月只有微量客户需求，给企业造成了不必要的损失。

　　此外,A产品计划员接到了营销公司客户经理的电话,一张订单因时间紧迫,营销部门来不及输入生产请求,请A产品计划员在信息系统中直接手工创建生产订单。A产品计划员碍于情面,替代营销部门创建了生产订单。几天后该发动机生产出来,客户经理却已通过其他渠道解决了订单问题,导致A产品计划员创建订单的产品在仓库中滞留,又一次给企业造成损失。

　　思考:

　　A产品计划员犯了哪些错误?你认为应该如何避免这些错误出现?

任务一　生产业务风险控制

一、生产作业的特点、业务流程及风险

　　生产业务也被称为生产活动,是制造型、服务型企业的重要经营环节。经济学中所谓的生产,是指一切能够创造或增加效用的人类活动。生产活动不仅包括物质资料的生产,还包括劳务的提供,如理发、看病、音乐演奏等。生产过程就是各种生产要素进行组合、共同协作、生产出产品的过程。

　　从物质技术的角度来分析,生产过程可以分解为两个方面:一是投入,即生产过程所使用的各种生产要素,如劳动、土地、资本和企业家才能等;二是产出,即生产出来的各种物质产品的数量。生产是对各种生产要素进行组合以制成产品的行为。在生产中需要投入各种生产要素并生产出产品,所以生产也就是把投入变为产出的过程。

　　生产要素是指生产中所使用的各种资源。这些资源可以分为劳动、资本、土地与企业家才能。劳动是指生产中劳动力所提供的服务。资本是指生产中所使用的厂房、设备、原材料等。土地是指生产中所使用的各种自然资源,包括土地、水源、自然中的矿藏等。将生产要素运用企业家的才能进行科学合理的整合,产生产出,是生产业务的最终目标。

　　(一) 生产作业的特点

　　1. 生产投入、产出的成本费用管理困难

　　生产业务涉及的生产环节较多且生产产品(或劳务)的类型不同,则涉及的成本费用范围会非常广泛,项目也繁多,甚至几乎贯穿企业生产经营活动的所有环节。例如,一瓶听装可乐的生产成本费用,可细分为瓶身的设计(设计服务支出)、瓶身材质的采购与深加工(材料取得和劳务支出)、可乐原材料种植(劳务、技术支出)、可乐原料加工灌装(劳务、技术支出)、可乐封装(劳务、技术支出)、相关的运杂费、水电费等支出,管理状况冗杂。

　　2. 生产投入的原料、产出的产品等存货管理难度较大

　　一般工商企业,生产(劳务)用存货在资产总额中占比较大,无论是新企业或是存续企业,为组织生产经营活动,都需要制定相关的存货管理制度,按照严格的制度管理各项存货。为了保障存货安全、提升存货管理效能,企业应当全面梳理存货流程。在梳理过程中,既要注意从大类上区分存货的分类,又要分别对存货进行细化和梳理。例如,存货需

要从原材料、在产品、半成品、产成品、商品、周转材料等进行梳理。企业梳理存货管理流程,应当贯穿各类存货从"进入到退出"各个环节。科学合理地梳理制定生产性存货的管理制度,难度系数较大。

3. 生产产出的验收环节容易疏漏

生产产出的产品可以是实物商品也可以是劳务形态,产出的验收可以分为生产企业自行验收和客户验收两个方式,但企业的自行验收是验收环节最关键也容易产生疏漏的地方,产品的质检与劳务的评价除国家明确规定的参考指标之外,都会受到企业管理者、质检者的主观因素影响,产生验收管理疏漏。

(二)生产作业的业务流程及风险

生产业务是企业实现价值创造的重要过程。以产品制造企业为例,可将生产作业流程分为五个流程,即生产需求分析、领料生产、成品检验、成品缴库、产品成本计算。

1. 生产需求分析

生产需求分析具体包括确定生产量、确定生产时间、确定物料需求量、确定物料需求时间、执行生产任务下达程序、执行提交采购申请程序。在企业实务中,应根据企业的市场组织形式和产品市场需求,准确定位产品、物料的需求量、需求时间,并及时、准确地提出采购申请。生产需求分析是整个产品制造控制中不可缺少的一部分,是一种重要的决策行为。该环节的主要风险有:产品需求确定方法不合理、物料需求分析不合理、产品需求时间不准确、物料需求时间不准确、执行生产任务和采购申请下达程序不到位。

2. 领料生产

领料生产具体包括确定物料领用数量、确定物料领用时间、执行领料生产程序。在企业实务中,领料生产环节是保证企业生产投料的及时性和准确性,对正常领料、超量领料、退换料等情况进行合理评估的关键环节,关系着企业成本费用的节省。该环节的主要风险有:物料领用量和领用时间认定不合理、缺乏合理的执行领料程序。

3. 成品检验

成品检验具体包括确定成品送检数量、确定成品送检时间、确定成品验收数量、执行成品送检和验收程序。在企业实务中,及时安排送检和验收,是确保产品质量能够满足客户、市场需求的关键。对送检验收合格的产品,及时办理入库手续;对不合格的产品及时进行返修、报废处理,降低因交付不合格带来的损失。该环节主要的风险有:送检成品不及时、送检时间规划不合理、验收成品技术不成熟或脱离市场标准、验收成品信息化收集不及时、执行成品送检和验收程序监督不规范。

4. 成品缴库

成品缴库具体包括确定成品缴库数量、确定成品缴库时间、执行成品缴库程序。在企业实务中,对检验合格的成品及时办理缴库、审核入库,满足销售及时交货,提高市场占有率。该环节主要风险有:产品信息技术不能满足成品库存信息的承载和更新、执行成品缴库程序的监督不规范、产品库存存量控制不合理。

5. 产品成本计算

产品成本计算是指对产品制造过程中的生产耗费进行统计归集,包括各生产要素的成本费用计算。产品成本计算在控制产品成本、合理采购物料、领用物料、分配物料、产品定价分析中都具有关键作用。该环节的主要风险有:不能根据企业特质和要求选择合理的成本核算方法、产品制造耗费信息不能及时获取、产品制造耗费不能准确及时地分配入产品成本。

二、生产作业的控制目标

生产业务控制应围绕生产环节中的成本费用控制、存货管理控制、生产产品验收入库控制等方面进行。其具体控制目标有如下几个：

（一）保证生产业务成本费用的合法性、合理性和可靠性

生产业务成本费用开支要符合国家有关财经法规的要求，严格遵守国家规定的成本费用开支范围和开支标准；必须符合单位生产经营活动的需要，正确划分资本性支出与收益性支出的界限、成本支出与期间费用的界限、成本支出与营业外支出的界限，体现收入和费用的匹配原则，做到经济合理；必须正确选择成本费用的计算方法，正确计算各种产品成品、劳务成本，及时提供经济管理所需要的实际成本及其他成本费用信息资料。

（二）加强生产业务的存货管理机制

企业建立和完善存货内部控制制度，必须结合本企业的生产经营特点，针对业务流程中的主要风险点和关键环节，制定有效的控制措施；同时，充分利用计算机信息管理系统，强化会计、出入库等相关记录，确保存货管理全过程的风险得到有效。生产企业存货流转的程序如图 4-1 所示。

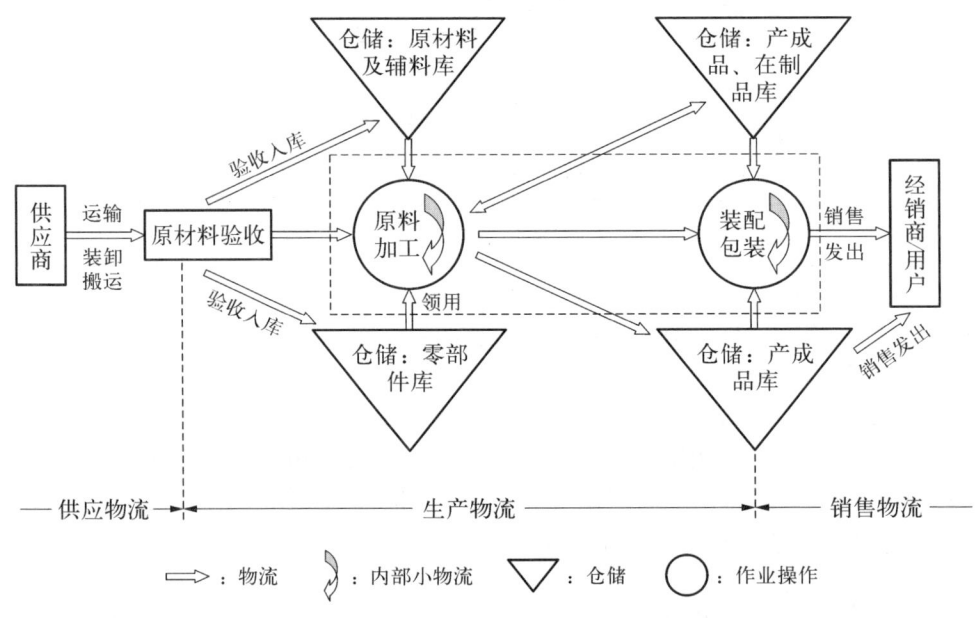

图 4-1　生产企业存货流转的程序

从图中可以看出，生产企业的存货业务流程一般可分为取得、验收、仓储保管、生产加工、盘点处置四个阶段，历经取得存货、验收入库、仓储保管、领用发出、原料加工、装配包装、盘点清查、销售发出等主要环节。

（三）生产产品验收入库控制

不论是外购原材料或商品，还是本企业生产的产品，都必须经过验收（质检）环节，以保证存货的数量和质量符合合同规定或产品质量要求。自制存货的验收，应当重点关注

产品质量。只有检验合格的半成品、产成品才能办理入库手续。不合格品应及时查明原因、落实责任、报告处理。只有明确验收标准，充分利用信息化手段，将每一个验收环节明晰到人，责任落实到人，才能确保弱化甚至规避主观验收因素的存在。

三、生产作业主要环节的控制措施

结合前述对生产作业的特点以及作业流程与风险分析，为控制生产作业风险，生产作业主要环节控制措施如下：

（一）生产需求分析

生产需求分析的主要管控措施：第一，以销定产，采用订单生产的管理模式，销售订单确定后，按订单进行生产需求分析，包括产品需求分析和物料需求分析，其中物料需求根据物料清单逐层展开分析。第二，进行不相容职务分离控制，由生产部门填制生产任务单，并与即时库存汇总表进行对比后提出采购申请，明确所需物料的规格、数量和需求时间，然后提交给采购部门进行采购。

（二）领料生产

领料生产的主要管控措施：第一，健全物料出库手续，生产领料要根据不同的领料情况，确定领料数量和程序，通常情况下，生产车间需要根据下达的生产任务单进行领料生产。第二，当出现超量领取、补料等特殊情况时，需要进行特殊授权审批，防止物料浪费和生产成本超支。第三，仓库保管员应严格审核领料单，并与领用人当面核对，点清交付。另外，不可以领发未经检验、未经仓库入库的物料。第四，财务部要加强对领料业务的会计系统控制，根据会计账务处理程序，正确归集产品耗用的材料费用。

（三）成品检验

成品检验的主要管控措施：第一，规范验收程序，明确职责分工，产成品的验收部分应同产品制造部门相互独立，做到不相容职务分离。第二，自制存货的验收，应重点关注产品质量，填写成品验收单，办理入库手续。应当分别记录合格品和不合格品的处理结果，对于检验不合格的产品，要及时查明原因并落实责任。

（四）成品缴库

成品缴库的主要管控措施：经验收合格的产品进入入库环节，仓库部门对于入库的存货，应根据缴库单、验收单的内容对存货的数量、质量、品种规格等进行点验、检查，符合要求的予以入库验收，并加强对存货的管理。成品缴库直接影响产品成本的归集和产品库存，生产部门生产的完工产品应先办理成品入库手续，转入成品仓库，不得直接从车间出货销售。

（五）产品成本计算

产品成本计算的主要管控措施：第一，根据企业生产特点和管理要求选择适当的成本计算方法，建立成本核算流程，如有变更，应取得相应的授权。成本项目设置应反映产品成本的构成情况，便于考核各项费用定额或计划执行情况，查明费用节约或超支的原因，加强对成本的控制和管理，促进企业更有效地降低成本。第二，财务部门应根据各类存货的实物流转方式、企业管理的要求、存货的性质等实际情况，合理确定发出存货成本的计算方法，以及当期发出存货的实际成本。同时，对于性质和用途相同的存货，应当采用相同的成本计算方法确定发出存货的成本。

例题 4-1 某公司主要经营中小型机电类产品的生产和销售，目前主要采用手工会计系统。通过对该公司内部控制的了解,记录了所了解的和存货与生产循环相关的内部控制程序,部分内容摘录如下。

(1) 董事长负责制定和修订采购政策,审批月度采购和生产计划,总经理负责审批或授权审批存货报废与处置,审批或授权审批接受投资或债务重组方式取得存货。

(2) 计划员根据销售计划、库存量控制标准制定月度生产计划,将月度生产计划报生产部门领导批准。

(3) 计划员根据批准的月度生产计划向生产部门签发连续编号的生产通知单,生产班组长接到生产通知单后审批领料单,并到仓库领取申请的材料。

(4) 仓库保管员审核领料单无误后,将其中一联连同材料交给领料员,其余两联经仓库保管员登记材料明细账后,送会计部门进行材料收发核算和成本核算。

(5) 生产部门负责编制和审核预先连续编号的物料和人工耗费单据,生产耗用工时应在分批工时卡或公司报表上予以记录,载明工人编号、操作信息。质量检测可以在不同生产阶段进行,由各生产班组相互进行检验,并出具检验报告。

(6) 生产部门未耗用完的辅助材料,由生产部门自行保管,无须通知仓库。

(7) 会计部门的成本会计根据收到的生产通知单、领料单、工时记录和产成品入库单等资料,在月末编制材料费用、人工费用和制造费用分配表,以及完工产品与在产品成本分配表,经本部门的复核人员复核后,据以核算成本和登记相关账簿。

(8) 仓库保管人员收到验收部门送交的存货和验收单后,点验和查收入库产品,并根据验收单登记存货台账。

(9) 公司每半年对全部存货盘点一次,编制盘点表。会计部门与仓库在核对结存数量后,向管理层报告差异情况及形成原因,并在经批准后进行相应处理。

请分析是否存在内部控制缺陷。

(1) 存在内部控制缺陷,制定和修订采购政策、审批月度采购和生产计划由总经理负责。

(2) 存在内部控制缺陷,生产部门计划员制定的月度生产计划应报总经理批准。

(3) 存在内部控制缺陷,存货领用的审批和执行是不相容职务,要相互分离。

(4) 存在内部控制缺陷,存货的保管和记账职责未分离将可能导致存货保管人员监守自盗,通过篡改存货明细账掩饰舞弊行为。

(5) 存在内部控制,生产产品的质量检查应由独立于生产的人员或专家担任。

(6) 存在内部控制缺陷,剩余的辅助材料应该及时运回仓库,或办理“假退库”手续。

(7) 不存在内部控制缺陷。

(8) 存在内部控制缺陷,保管员应该根据审核后的验收单编制一式三联的入库单,据此登记存货台账。

(9) 不存在内部控制缺陷,因为对经营中的小型机电类产品,是可以在半年或更长的时间内进行一次盘点的。

任务二　生产管理制度设计

为了控制生产作业风险,降低因生产作业风险带来的损失,企业通常会依据前述生产作业的风险分析和相应风险控制措施的解读,设计生产管理制度。企业在设计生产管理制度时,可以依据生产作业的特点分环节设计制度,如生产管理制度可以包括生产需求分析管理制度、生产领料发料管理制度、产品质检管理制度、成品缴库管理制度、产品成本管理制度等。

一、撰写总则

在各环节制度之前通常需要撰写总则,总则用于概括说明企业制定相关制度的目的、目标及适用范围。例如,生产管理制度总则的撰写可以参考如下内容进行设计:

第一章　总　　则

第一条　为保证企业生产经营活动的正常开展,加强工艺管理,最大限度地满足顾客要求。创造最佳经济效益,根据企业生产管理的特点和实际情况,特制定本制度。

第二条　本制度作为开展生产工作的指引,适用于企业生产计划、生产加工、成品检验、成品入库环节的计划、组织、指挥、控制和协调等方面管理活动。

第三条　企业必须遵循效益化、科学管理和均衡生产的原则开展生产管理活动。

二、职责权限的设计

生产作业由于涉及的企业部门较多,可在各环节制度之前增加职责权限制度,以此强调相关部门权限和责任。具体的制度行文可参考如下内容:

第四条　总经理负责企业生产管理的总体策划、授权、监督工作。

第五条　生产主管是企业生产管理的直接责任人,负责组织实施生产管理工作。

第六条　生产计划员负责根据销售需求制定生产计划、进行生产需求分析,确定各类产品具体的生产数量、生产顺序及物料需求,制定采购申请和生产任务。

第七条　车间管理员负责根据下达的生产任务调度物料、人力、设备进行生产,定期对生产进度数据、工时数据、费用数据进行统计整理。

第八条　采购部负责按生产需求,组织实施采购,确保物资的正常供给。

第九条　质检部负责从原材料入厂到成品出厂的全过程质量检验工作,分析和改善全过程的质量问题。

第十条　仓储部负责按要求进行备料、发料、贮存和保管工作。

第十一条　行政部负责按生产需求,编制人力资源计划,提供满足生产需要的人力资源。

第十二条　财务部按生产需求,编制资金使用计划,确保资金的正常供给。

三、生产需求分析制度的设计

生产需求分析管理制度旨在规范生产需求分析的制定。通常该环节的制度从生产需求分析的原则、依据和具体的流程等方面阐述。以生产需求分析的具体流程为例,制度行文可参考如下内容:

第十六条　如需生产产品、采购物料,生产需求分析具体流程如下:

(1) 生产计划员生产需求分析完成之后及时填写"生产任务单"和"采购申请单"。

(2) 生产计划员将"生产任务单"(车间联)下达给生产车间管理员,将"采购申请单"

(采购联)交给采购部门采购员。

四、生产领(发)料制度的设计

生产领料和发料管理制度旨在规范领料发料流程,降低领料和发料过程中的风险。通常该环节的制度行文包括领料发料的依据、领料发料的单据流转和流程管理。领料发料的单据流转和流程管理,主要表现为授权审批控制、单据控制和流程控制。具体制度行文可参考如下内容:

第十八条 正常领料发放控制:

(1)企业按生产任务一次领料投产,当生产车间进行物料领用时,应填写"领料单"并注明所需物料名称、规格、数量、时间。

(2)领用原材料的数量不得超过企业制定的"BOM 清单"要求。

(3)仓库保管员在收到"领料单"后,应根据"BOM 清单"核对领用品种、数量等信息后,按照规定进行物料发放。

(4)对于超出的"领料单",仓库保管员应予以退回,由车间管理员修改确认后进行核对,确保其满足生产需求后方可发放。

五、产品质检制度和成品缴库制度的设计

产品质检管理制度和成品缴库制度,可依据前述各环节风险应对措施制定相关的制度。产品质检管理和成品缴库管理都涉及实物的流转,在制度的设计上有相似性。各相关部门在明确其各自职责的前提下通过单据和流程控制降低相关风险。以成品检验管理为例,制度行文参考如下内容:

第三十四条 成品检验具体流程:

(1)产品完工当天,车间管理员及时填写"成品报检单"。

(2)车间管理员将"成品报检单"(质检联)送至质检员。

(3)质检员根据检验结果填写"成品验收单",并将"成品验收单"(车间联、仓库联)交给车间管理人员办理入库;若存在检验不合格的产品,质检员对不合格品评审作出报废或返工返修处置建议,交由质检主管和生产主管审批后,连同检验不合格的产品交由车间管理员。

六、产品成本管理制度的设计

产品成本管理制度中通常需要明确产品成本的计算方法,建立成本核算流程,确定相关各部门的职责。具体制度行文可参考如下内容:

第二十九条 根据企业生产特点及管理需求,采用品种法计算产品成本,设置直接材料、直接人工和制造费用三项成本项目。

第三十条 企业规定存货发出计价方法采用移动加权平均法。

第三十一条 月末按各产品所耗用机器工时的比例分配制造费用,其中制造费用分配差额由 P002 产品承担。

第三十二条 月末生产车间应及时统计生产工时、生产中心的工资和生产中心的费用,其中管理人员工资及福利费采用固定工资制,生产车间工人工资及福利费采用计时工

资制,生产车间产生的水电费和维修费与产品生产量密切相关。

第三十三条　月末及时进行产品成本分析,按照完全成本法下计算得出的产品单位成本,以上月实际单位成本为基数,将本月实际数与基数进行对比,从而进行产品成本水平与构成的变动情况分析。

第三十四条　月末及时进行变动成本法下的生产成本分析,计算变动成本法下的产品单位成本。

七、附则的设计

除各部分制度正文之外,一般在制度的结尾会附上附则。附则旨在对制度给予附加说明,如制度的解释权、实施日期和适用范围等。

任务三　业财一体化生产流程构建

一、生产需求分析

（一）任务目标

（1）能够根据企业的生产组织形式和产品市场需求,准确地确定产品、物料的需求量和需求时间,并及时、准确地提出采购申请。

（2）能够根据生产产量和时间进行统筹安排,下达生产任务,完成生产以保证及时交货,同时合理控制生产成本和库存成本。

（二）任务分析

生产需求分析是整个产品制造控制中不可缺少的一部分,是一种重要的决策行为,对需求什么、需求多少、需求时间等方面的决策不当会造成生产资源的浪费和不必要的经济损失。当采用订单生产的管理模式时,销售订单确定后,需按照订单进行生产需求分析。

微课：生产需求分析

1. 分析产品需求

（1）确定产品毛需求量。在确定产品毛需求量时,一般需要综合考虑预测需求和实际需求(销售订单)。企业的需求响应策略及生产管理模式不同,确定方法也是不同的。

（2）确定产品可用库存量。可用库存量需要在现有库存量的基础上考虑待分配或待接收的数量。产品可用库存量的计算公式如下:

$$可用库存量 = 现有库存量 + 在制量 - 受订量$$

（3）确定产品需求时间。产品需求时间即产品生产的具体开工时间和完工时间,一般有正推和倒推两种方法。在《企业生产管理制度》中规定采用倒推法计算,已经明确规定产品需在销售发货前一天完工(即产品完工日期=销售发货日期-1,产品开工日期=完工日期-生产提前期)。

2. 分析物料需求

（1）确定物料毛需求量。在确定物料毛需求量时,需要根据 BOM 清单(即物料清单)

逐层展开,结合产品净需求量确定最低层级物料的毛需求量。

（2）确定物料可用库存量。可用库存量需要在现有库存量的基础上考虑待分配或待接收的数量。物料可用库存量的计算公式如下：

$$可用库存量＝现有库存量＋在途量－未发量－安全库存量$$

（3）确定物料需求时间。物料需求时间即产品开工生产需要领料的时间,需要考虑产品的开工时间和领料投产时间要求。在《企业生产管理制度》中规定采用倒推法计算产品的开工日期,且明确规定生产当天领料时,物料需求日期＝产品开工日期。

3. 执行生产任务和采购申请下达程序

根据企业管理需求,准确、及时填写相关单据,并将相应联次送交相应人员,完成生产任务和采购申请下达程序。

（三）任务流程

企业生产需求分析的基本流程如图4-2所示。在现实中,不同的企业在具体的流程

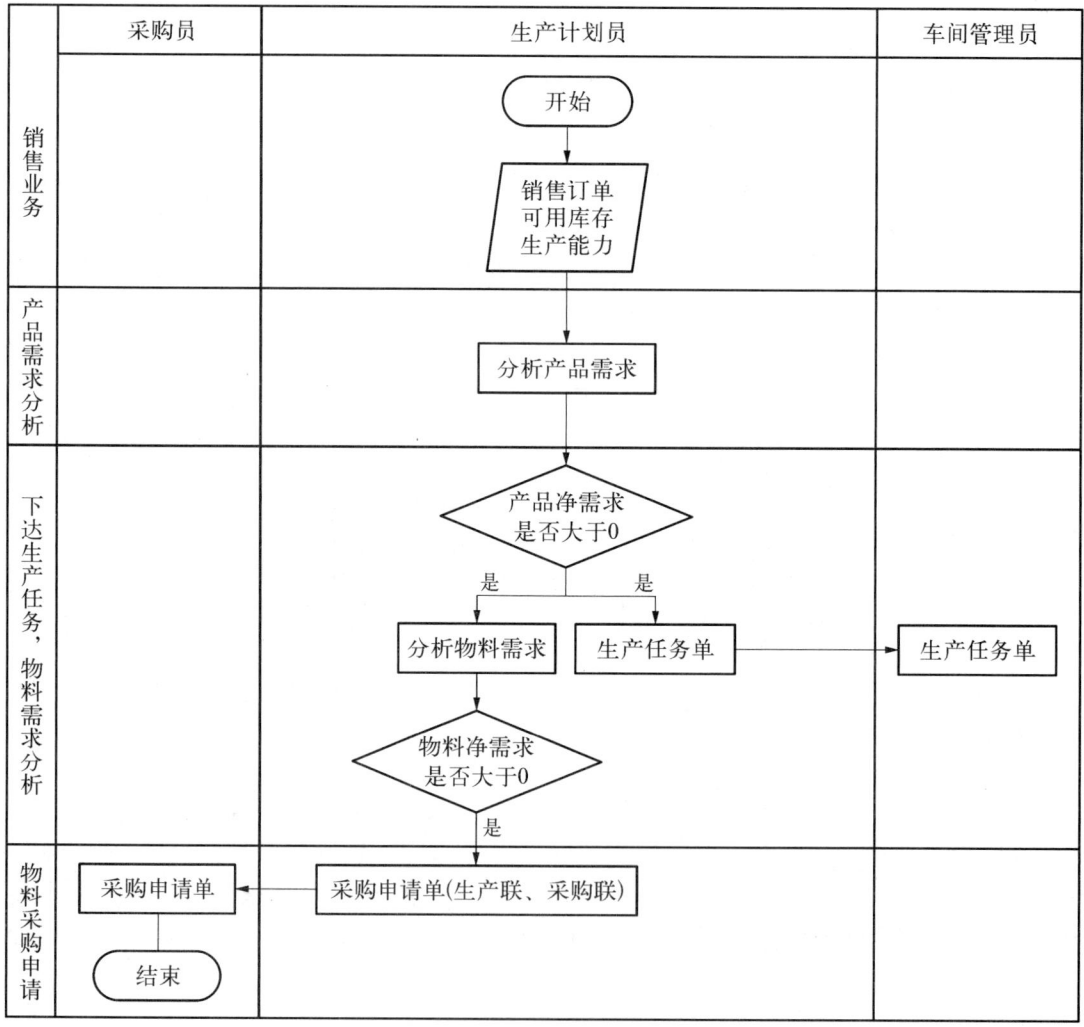

图4-2　生产需求分析流程图

和操作上不尽相同,但总体的思路是一致的。

(四)任务操作

1. 生产计划员查阅《企业生产管理制度》

通过查阅《企业生产管理制度》,了解生产任务和采购申请下达流程,掌握生产需求分析中需求量和需求时间的计算依据。

企业生产管理制度

2. 生产计划员填写生产任务单

根据生产能力表和销售订单中产品单位耗用工时、生产保险期和交货日期等相关信息,以及《企业生产管理制度》中规定的生产时间计算方法和《企业销售管理制度》中注明的各种销售区域的在途时间,确定产品开工日期和完工日期。再根据 BOM 清单和物料信息中的产品用量、具体物料规格、型号、所属工序等信息,确定计划生产所需物料类型(名称、规格等)及物料用量。

根据分析得出的产品类型(名称、规格等)、计划生产量、开工日期、完工日期及物料用量等相关数据信息,填写生产任务单,如表 4-1 所示。

表 4-1 生产任务单

任务日期:2025-1-2　任务单号:SC20251070　产品编号:P001　产品名称:瀚海 V30
计划生产量:1040　开工日期:2025-1-8　完工日期:2025-1-22　生产部门:生产中心

序号	物料编号	物料名称	物料规格	物料单位	仓库	数量	工序
1	B001	主板组件 A	C845-G501	套	物料库	1 040	SMT 生产工序
2	B003	功能组件 A	S6400	套	物料库	1 040	焊接工序
3	B005	外观件 A	SQ	套	物料库	1 040	焊接工序
4	B007	电池		块	物料库	1 040	焊接工序
5	B008	螺丝钉		包	物料库	5 200	焊接工序
6	B009	磨砂手机壳		个	物料库	1 040	装配工序
7	B010	包装件		套	物料库	1 040	包装工序
8							

第一联:生产联

3. 生产计划员填写采购申请单

首先,根据生产任务单和即时库存汇总表中计划生产的物料用量、可用库存量等相关信息,确定物料净需求量;然后,根据生产任务单的生产开工日期,以及《企业生产管理制度》中规定的物料需求时间计算方法,确定物料需求日期;再根据分析得出的所需采购物料类型(名称、规格)、需求数量及需求日期等相关数据信息,填写采购申请单,如表 4-2 所示。

表 4－2　采购申请单

申请日期：2025－1－2　　　　　　申请单号：CG2025107　　　　　　申请部门：生产中心

序号	编 号	名 称	规 格	数 量	单 位	需求日期
1	B001	主板组件 A	C845－G501	1 040	套	2025－1－8
2	B002	主板组件 B	C855－G502	880	套	2025－1－8
3	B003	功能组件 A	S6400	1 040	套	2025－1－8
4	B004	功能组件 B	S4800	880	套	2025－1－8
5	B005	外观件 A	SQ	1 040	套	2025－1－8
6	B006	外观件 B	SQ	880	套	2025－1－8
7	B007	电池		1 920	块	2025－1－8
8						

第一联：生产联

4. 生产计划员下达生产任务和提出采购申请

将生产任务单（车间联）下达给生产车间的车间管理员，将采购申请单（采购联）交给采购部的采购员。

 知识链接

生产提前期与生产周期

生产提前期是指毛坯、零件或部件在各个工艺阶段出产的日期比产品出产的日期应提前的时间长度、天数。生产提前期是确定产品生产过程各工艺阶段的投入和产出日期的一个时间标准，是保证各工艺阶段相互衔接和保证合同交货期的重要依据，是成批生产作业计划的重要标准。生产提前期是以成品的出产日期作为基准，以生产周期和生产间隔期为参数，按产品工艺过程的相反顺序计算的。

生产周期，是指产品或零部件从原材料投入生产起，到成品制成出产为止所经历的全部时间。产品的生产周期由各个零部件的生产周期组成，零部件的生产周期由该零部件的各个工艺阶段或工序的生产周期组成。

生产提前期的简易计算公式如下：

$$生产提前期＝生产周期＋生产保险期$$

二、领料生产

（一）任务目标

（1）能够确定不同物料的领料数量和时间，保证生产投料的及时性和准确性。

（2）能够对正常领料、超量领料、退换料等不同情况进行授权审批，防止物料浪费和生产成本超支。

（二）任务分析

不早不晚、不多不少领料是保证生产顺利进行的前提。企业应当根据自身的业务特点，确认需要领用什么、领用多少、什么时间领，健全物料出库手续。生产领料要根据不同的领料情况，确定领料数量和程序。通常情况下，生产车间需要根据下达的生产任务单进行领料生产。

1. 确定领料数量、时间

（1）确定领料数量。正常生产领料时，根据下达的生产任务单中产品生产数量及物料用量，确定物料领用数量。当出现超量领料、补料特殊情况时，应根据实际需求如实填写领用数量。

（2）确定领料时间。根据企业生产要求确定采用当天领料还是提前领料方式，准确确定领料时间。根据《企业生产管理制度》的规定，产品开工生产当天向仓储部领取物料，因为当正常领料时，领料时间＝产品开工日期。

2. 核对产品出库信息

出库时，需要将物料信息（品名、规格、数量等）与生产任务单信息核对一致。根据《企业生产管理制度》中对领料环节内控点的规定，仓库保管员应根据以下标准进行审核：

（1）相同生产任务单号下，领料单中产品生产数量与生产计划量一致。

（2）相同生产任务单号下，领料单中物料品种、数量与生产任务单和 BOM 清单规定一致。

（3）相同生产任务单号下，领料单中的领料日期与产品开工日期一致。

3. 执行生产领料程序

根据企业管理要求，准确、及时填写相关单据，并将相应联次送交相应人员，完成审核发料。当生产车间申请超量领料、补料时，需根据企业管理要求经相应人员审批后发料。

4. 记录领料业务

根据会计账务处理程序，进行材料费用归集相关财务处理，加强会计记录控制。在《企业生产管理制度》中规定，存货发出计价方法采用移动加权平均法。

（三）任务流程

企业领料生产的基本流程如图 4－3 所示。在现实中，不同的企业在具体的流程和操作上不尽相同，但总体思路是一致的。

（四）任务操作

1. 车间管理员查阅《企业生产管理制度》

通过查阅《企业生产管理制度》，了解生产领料流程、领料方式，掌握领料数量和领料时间的确定依据，以及不同情况下物料领用记录的控制要求和授权审批方式。

2. 车间管理员填写领料单

根据生产任务单中各产品的生产数量、物料用量，以及《企业生产管理制度》规定的领料方式，确定物料领用数量；然后，根据生产任务单中各产品生产时间（开工日期）及《企业生产管理制度》规定的领料时间要求，确定物料领用时间（领料时间）。领料单如表 4－3 所示。

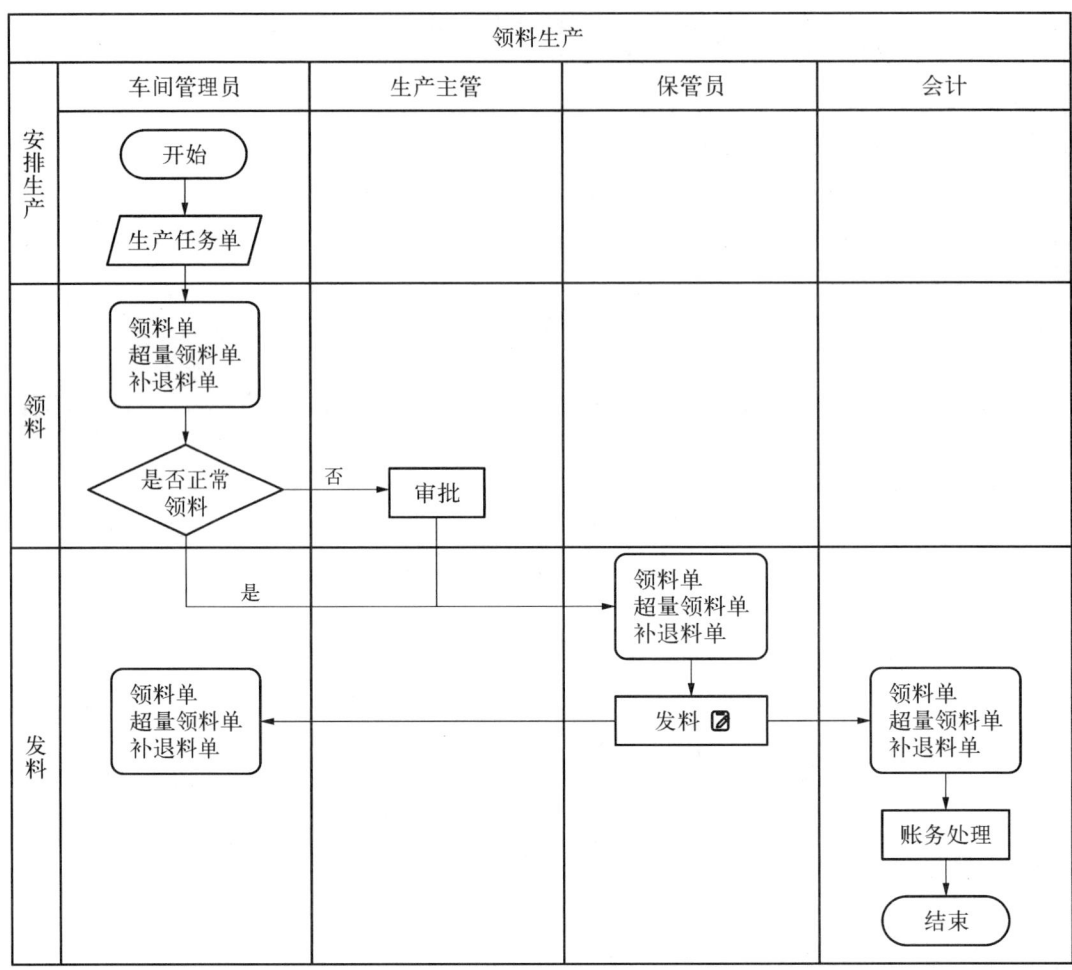

图 4-3 领料生产流程图

表 4-3 领料单

领料日期：2025-01-08　　领料单号：LLD20251070　　领料部门：生产中心
任务单号：SC20251070　　产品编号：P001　　产品名称：瀚海 V30　　生产数量：1 040

序号	物料编号	物料名称	物料规格	物料单位	仓　库	数　　量
1	B001	主板组件 A	C845-G501	套	物料库	1 040
2	B003	功能组件 A	S6400	套	物料库	1 040
3	B005	外观件 A	SQ	套	物料库	1 040
4	B007	电池		块	物料库	1 040
5	B008	螺丝钉		包	物料库	5 200
6	B009	磨砂手机壳		个	物料库	1 040
7	B010	包装件		套	物料库	1 040

仓库：孙伟　　　　　　　　　　　　　　　　　　　制单人：王辉

第一联：车间联

3. 车间管理员通知发料

正常领料时将填写完整的领料单（车间联、仓库联、财务联）交由仓库保管员，办理发料，如图4-4所示。

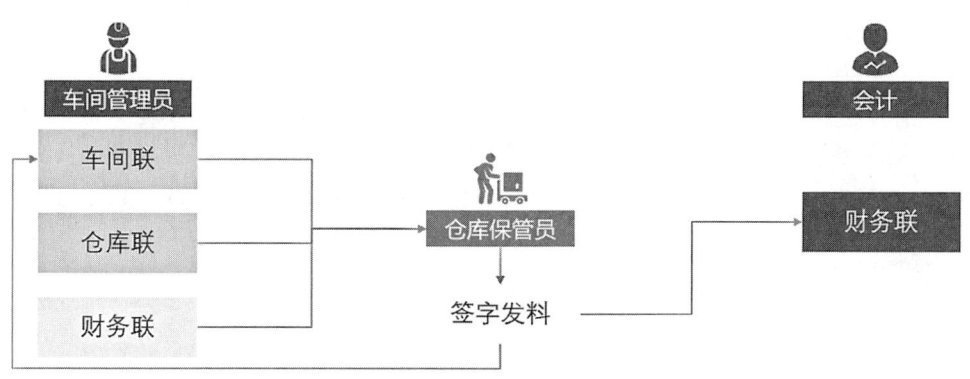

图 4-4 车间管理员通知发料

4. 仓库保管员审核发料

（1）审核发料。将生产任务单、领料单和 BOM 清单进行核对，确认领料部门、领料规格、领料数量、领料时间，审核一致后签字确认，并按照先进先出法进行发料。若存在任何一项不相符，则需要退回重填。

（2）通知记账。签字发料后，将领料相关单据的车间联退回给车间管理员；然后，根据产品成本核算要求，仓库保管员应将领料相关单据的财务联交由财务部会计，进行账务处理。

5. 会计记录领料业务

根据收到的领料单据，审核后进行账务处理，加强会计记录控制。

知识链接

存货发出计价方法

在实际成本核算方式下，企业可以采用先进先出法、月末一次加权平均法、移动加权平均法和个别计价法等。

1. 先进先出法

先进先出法是假设先购入的存货应先发出（销售或耗用），以对发出存货进行计价的一种方法。采用这种方法，"先购入存货成本"在"后购入存货成本"之前转出，据此确定发出存货和期末存货的成本。

2. 月末一次加权平均法

月末一次加权平均法是指以本月全部进货数量加月初结存存货数量作为权数，再除本月全部进货实际成本加月初结存存货实际成本计算出存货的加权平均单位成本，进而以此为基础，计算本月发出存货的成本和月末库存存货成本的方法。

3. 移动加权平均法

移动加权平均法是指以本次进货数量加原有库存存货的数量为权数,再除每次进货的成本加原有库存存货的成本,据以计算加权平均单位成本,作为在下次进货前计算各次发出存货成本依据的一种方法。

4. 个别计价法

个别计价法又称个别认定法、具体辨认法,是指对库存和发出的每一特定货物或每一批特定货物的个别成本加以认定的一种方法。

三、成品检验

(一) 任务目标

(1) 能够及时安排送检和验收,确保产品质量满足客户、市场需求。

(2) 能够对检验合格的产品及时办理入库手续;对不合格品及时进行返修、报废处理,降低因交付不合格产品带来的损失。

(二) 任务分析

不论是外购原材料或商品,还是入库本企业生产的产品,都必须经过验收环节,以保证存货的数量和质量符合合同等有关规定或产品质量要求,降低企业的质量成本。产品完工后如何及时、准确确定送检、验收的数量和时间,是确保产品入库质量和数量的前提。

1. 确定成品送检数量和时间

采用全面检验方式时,送检数量应与完工数量一致。按照企业管理规定要求及时送检,在交货期内保证产品质量。

《企业生产管理制度》规定,采用全面检验方式并且在产品完工当天及时送检,所以当生产任务全部完工时,送检数量=完工数量,送检时间=产品完工日期。

2. 记录成品验收结果

明确验收标准和验收权限,由与产品生产部门相独立的部门对产品进行检验,根据出具的成品质检结果表(成品质检报告)对合格品和不合格品分别进行记录。若存在检验不合格的产品,质检人员须对不合格品进行评审并作出报废或返工返修的处置建议。

3. 执行成品检验程序

根据企业管理要求,准确、及时填写相关单据,并将相应联次送交给相应人员,完成成品送检、验收程序。如存在检验不合格的产品,应根据授权审批的结果,对不合格品的报废或返工返修建议进行审批并及时调整生产。

(三) 任务流程

企业成品质检的基本流程如图4-5所示。在现实中,不同的企业在具体的流程和操作上不尽相同,但总体的思路是一致的。

(四) 任务操作

1. 车间管理员查阅《企业生产管理制度》

通过查阅《企业生产管理制度》,了解成品检验流程及检验方式,掌握不同检验结果下的记录控制和授权审批控制。

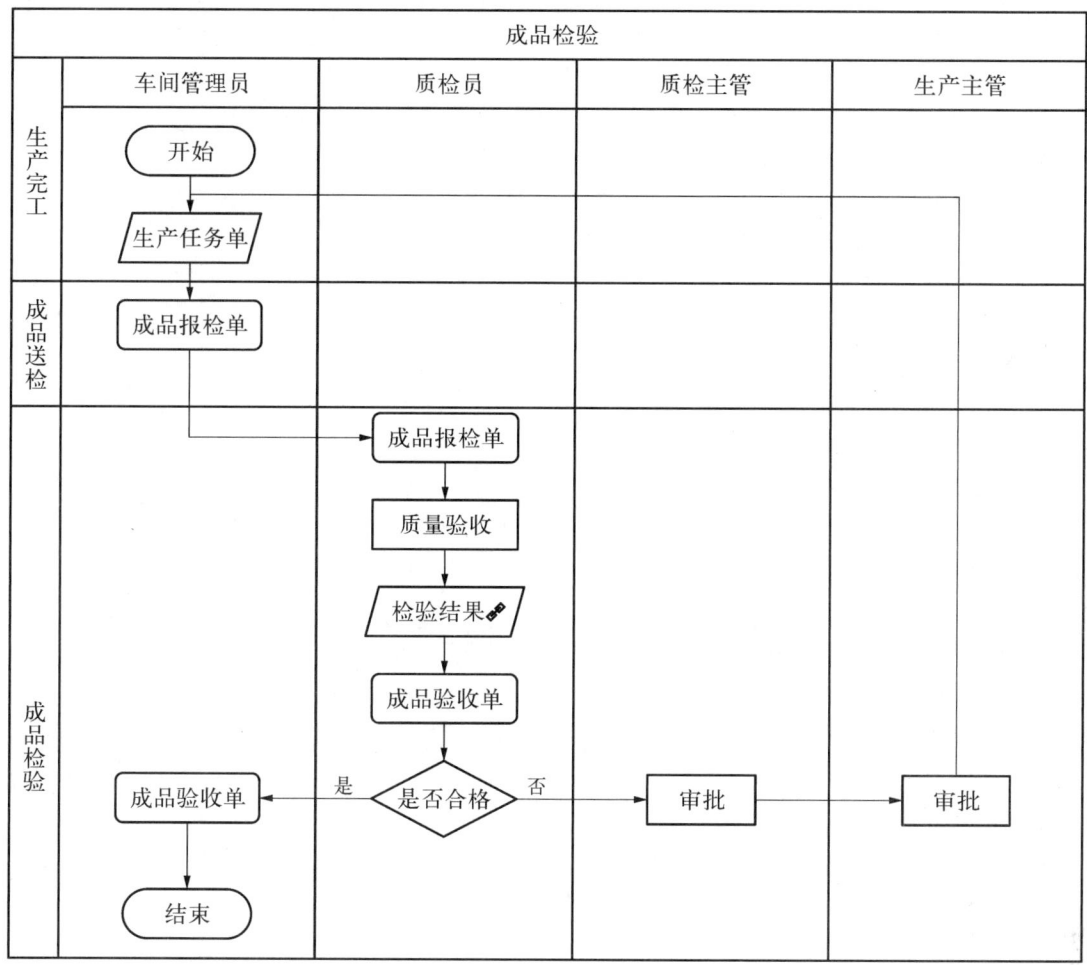

图 4-5 成品质检流程图

2. 车间管理员填写成品报检单（表 4-4、表 4-5）

表 4-4 成品报检单

报检日期：2025-01-22　　报检单号：CPBJ20251070　　任务单号：SC20251070　　报检部门：生产中心

序号	产品编号	产品名称	产品规格	产品单位	计划生产量	报检数量	
1	P001	瀚海 V30	128 GB	部	1 040	1 040	第一联：车间联
2							
3							
4							
5							

制单人：王辉

表 4 - 5　成品报检单联次说明

联　次	联次名称	用　途
第一联	车间联	生产中心留存用
第二联	质检联	质检部产品检验依据

3. 车间管理送交成品报检单

将填写完整的成品报检单(质检联)连同待检产品一并交给质检员,办理成品验收如图 4 - 6 所示。

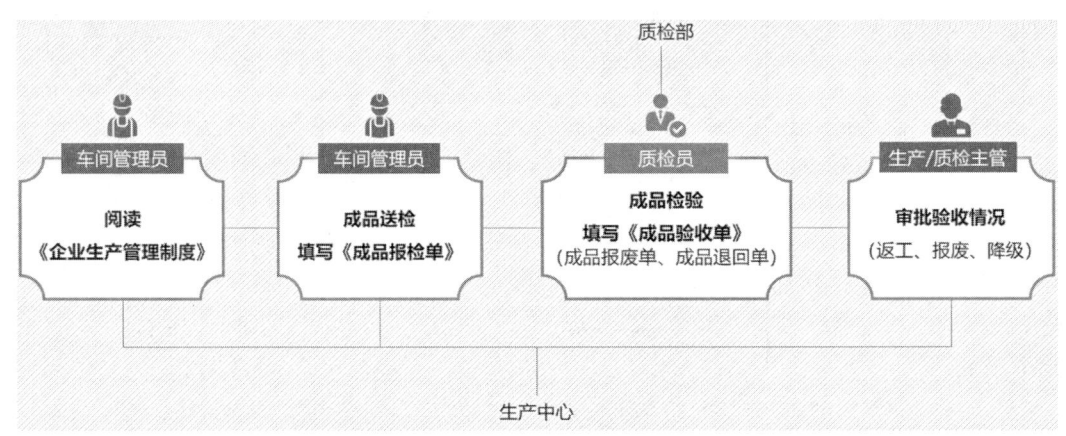

图 4 - 6　成品检验流程

4. 质检员填写成品验收单(表 4 - 6、表 4 - 7)

5. 质检员通知缴库

将填写完整的成品验收单(车间联、仓库联)连同检验合格的产品交由车间管理员,办理缴库。若存在检验不合格的产品,质检员对不合格品评审作出报废或返工返修处置建议,交由质检主管和生产主管审批后,连同检验不合格的产品交由车间管理员。

表 4 - 6　成品验收单

验收日期:2025 - 01 - 22　　　　验收单号:CPYS20251071　　　　报检单号:CPZJ20251071
检验方式:全检　　　　　　　　报检部门:生产中心

序号	产品编号	产品名称	产品规格	产品单位	合格数量	不合格数量	不合格原因及处理意见
1	P002	瀚海 H5	128 GB	部	880		
2							
3							
4							
5							

第一联:车间联

制单人:张文

表4-7　成品验收单联次说明

联　　次	联次名称	用　　途
第一联	车间联	生产中心留存用
第二联	质检联	质检部留存用
第三联	仓库联	仓储部入库依据

 知识链接

检 验 方 式

（1）全数检验，是指根据质量标准对送交检验的全部货物逐件进行试验测定，从而判断每一件货物是否合格的检验方法，又称全面检验，普遍检验。全数检验一般应用于：重要的、关键的和贵重的货物；对以后工序加工有决定性影响的货物；质量严重不均的工序和货物；不能互换的装配件；批量小、不必抽样检验的货物。全数检验的主要优点：能提供物料完整的检验数据和较为充分、可靠的质量信息。全数检验的缺点：检验的工作量相对较大，检验的周期长；需要配置的资源数量较多（人力、物力、财力），检验涉及的费用也较高，增加质量成本；可能导致较大的错检率和漏检率。

（2）抽样检验，又称抽样检查，是从一批物料中随机抽取少量货物（样本）进行检验，据以判断该批货物是否合格的统计方法。它与全面检验不同之处在于，后者须对整批货物逐个进行检验，把其中的不合格品拣出来，而抽样检验则根据样本中的货物检验结果来推断整批货物的质量。如果推断结果为该批货物符合预先规定的合格标准，就予以接收；否则就拒收。

抽样检验的方法有三种：简单随机抽样、系统抽样和分层抽样。抽样检验主要适用于质量特性比较稳定、批量大、不能全数检验的货物。

（3）免检，是指对符合规定条件的产品免于实施质量检验。免检适用于大量低值辅助性材料、从经认定的免检企业采购的物资以及因生产急用而特批免检的产品。

四、成品缴库

（一）任务目标

（1）能够对检验合格的成品及时办理缴库、审核入库，满足销售及时交货，提高市场占有率。

（2）能够及时、准确地更新成品库存信息，加强产品库存量控制，降低库存成本。

（二）任务分析

产品缴库准确及时，可保证产品库存信息及时更新，是销售及时发货的保障。

1. 确定成品缴库数量

根据成品验收结果，区分检验合格产品和不合格产品，准确确定成品缴库数量。

2. 核对产品入库信息

入库时，需要核对成品信息（品名、规格、数量等）与质量验收、缴库记录等单据信息的

一致性。根据在《企业生产管理制度》中对成品缴库环节内控点的规定,仓库保管员应根据以下标准进行审核:

(1) 成品缴库单中产品数量与验收合格的产品数量一致。

(2) 成品缴库单中产品品种与对应生产任务单中的产品品种一致。

3. 执行成品缴库程序

根据企业管理要求,准确、及时填写相关单据,并将相应联次送交相应人员,完成成品缴库程序,加强对产品的合理分类,并对库存产品进行定期盘点。

(三) 任务流程

企业成品缴库的基本流程如图 4-7 所示。在现实中,不同的企业在具体的流程和操作上不尽相同,但总体的思路是一致的。

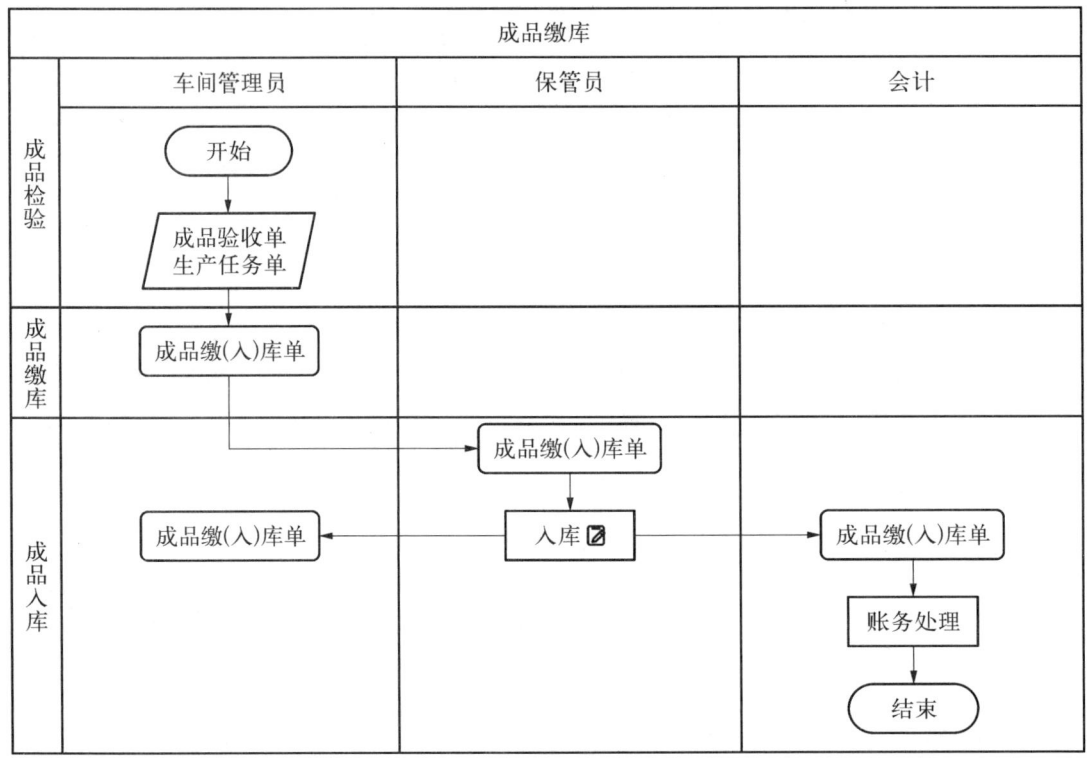

图 4-7　成品缴库流程图

(四) 任务操作

1. 车间管理员查阅《企业生产管理制度》

通过查阅《企业生产管理制度》,了解成品缴库流程,掌握成品缴库数量和入库核对依据。

2. 车间管理员填写成品缴(入)库单(表 4-8、表 4-9)

3. 车间管理员通知入库

将填写完整的成品缴(入)库单(车间联、仓库联、财务联)和成品验收单(仓库联)交由仓库保管员,办理成品入库。

表 4 - 8 成品缴(入)库单联次说明

联　次	联次名称	用　途
第一联	车间联	生产车间留存用
第二联	仓库联	仓储部入库依据
第三联	财务联	财务部记账依据

表 4 - 9 成品缴(入)库单

缴库日期：2025 - 01 - 22　　　　　　缴库单号：CPJK2025012201

序号	任务单号	缴库部门	仓　库	产品编号	产品名称	产品单位	数量	
1	SC20251070	生产中心	成品库	P001	瀚海 V30	部	1 040	第一联：车间联
2	SC20251071	生产中心	成品库	P002	瀚海 H5	部	880	
3								
4								
5								

仓库：孙伟　　　　　　　　　　　　制单人：王辉

4. 仓库保管员审核入库

仓库保管员签字入库后,将成品缴(入)库单(车间联)退回给车间管理员;然后,将成品缴(入)库单(财务联)交由财务部会计人员,办理账务处理,如图 4 - 8 所示。

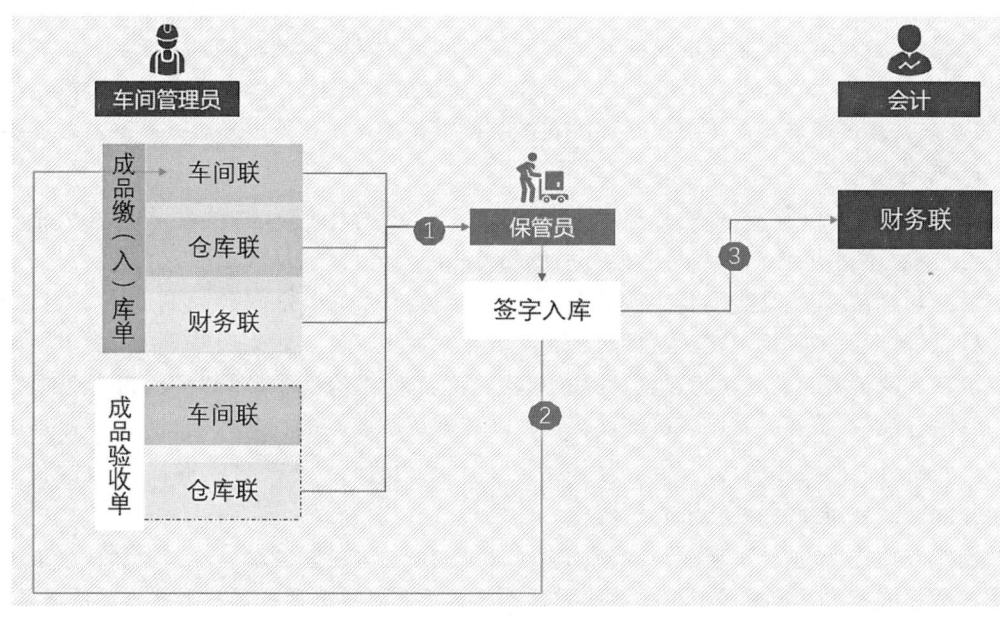

图 4 - 8 仓库保管员审核入库

 知识链接

在产品、半成品和产成品

1. 在产品

在产品就是处在生产过程中尚未最终加工完成的产品,包括广义在产品和狭义在产品。狭义在产品是指正在某车间或工序上加工中的在制品;广义在产品是指没有完成全部加工过程的产品,包括正在加工中的在制品、加工告一段落的半成品和等待入库的完工产品、返修的废品等。在产品一般不可以直接销售。

2. 半成品

半成品是指经过一定生产过程并已检验合格交付半成品仓库保管,但尚未制造完工成为产成品,仍需进一步加工的中间产品。半成品未进行整理、包装或产品的形态只是一半。半成品是可以直接对外销售的。

3. 产成品

产成品又称成品,是指企业已经完成全部生产过程并已验收入库合乎标准规格和技术条件,可以按照合同规定的条件送交订货单位,或者可以作为商品对外销售的产品。

五、产品成本计算

(一)任务目标

(1)能够根据企业生产特点和管理要求,正确选择成本核算方法。

(2)能够将产品制造过程中的生产耗费,准确、及时地归集和分配到各产品中去,为企业产品成本分析、产品定价和盈利核算提供成本信息。

(二)任务分析

计算产品成本是企业产品成本分析、产品定价和盈利核算的基础,而确定产品成本计算对象是计算产品成本的前提。成本计算对象是指成本计算过程中归集、分配费用的对象,即生产费用的承担者。计算产品成本的具体思路如下:

1. 确定成本计算方法

(1)确定成本计算对象和成本计算期。确定成本计算对象,不仅要考虑以产品品种为主要对象,还要考虑企业不同生产类型的特点和成本管理的具体要求。

因公司在成本管理上不要求提供每一生产步骤或者每一批次产品的成本资料,只要求计算每种产品的成本,按产品品种收集生产耗费,所以在《企业生产管理制度》中明确规定采用品种法计算产品成本。在品种法下,以产品品种作为成本计算对象,每月月末定期进行成本计算。

(2)确定生产费用分配标准。为了加强生产耗费管理,设置的成本核算项目和生产费用分配标准要准确反映产品成本构成。

企业在成本管理上要求把原材料和生产工人相关成本直接计入产品成本;对不能直接计入产品成本的车间管理人员工资、设备折旧费、专利摊销费、水电费等,采用机器工时比例法分配计入。

2.确定各成本项目的成本

(1)确定直接材料成本。企业生产产品耗用的各种材料,月末应根据领用材料的各种凭证和具体用途,进行归集和分配。属于某一种产品(或劳务)耗用的材料费用,可按产品进行归集计入直接材料成本;属于几种产品(或劳务)共同耗用的材料费用,需要采用一定的分配方法,分配后分别计入产品成本。公司按照生产任务单领料,根据生产领料记录查找各产品耗用材料的数量和单位成本,确定产品的直接材料成本。

(2)确定直接人工成本。制造企业发生的人工费用,应按成本计算对象来归集,并分析生产工人工资费用是否需要在几种产品之间进行分配。因公司分生产线配置工人,而每条生产线生产固定的产品,所以根据生产线工人工资汇总信息可直接确认各产品的直接人工成本。

(3)确定制造费用。制造费用项目较多,如果产生的制造费用不能直接区分是哪种产品所产生的,则需要在几种产品之间选择适当的分配标准进行分配,然后对应计入产品成本。

因公司采用高水平机械化生产,所以采用机器工时比例法更为合理,这已在《企业生产管理制度》中作出明确规定。将生产管理人员工资、设备折旧费、专利摊销费、水电费、维修费等费用以实际耗用的机器工时为标准进行分配,也更符合成本效益原则。

3.计算产品总成本与单位成本

在品种法下,月末应将全部归集的生产费用在完工产品与在产品之间分配,以确定完工产品总成本及单位成本。因公司是一家手机制造业企业,所以手机制造的生产周期很短,月末无在产品。

4.记录产品生产成本

根据会计账务处理程序,进行制造费用分配及完工产品成本结转相关账务处理,加强会计记录控制。

(三)任务流程

企业产品成本计算的基本流程如图4-9所示。在现实中,不同的企业在具体的流程

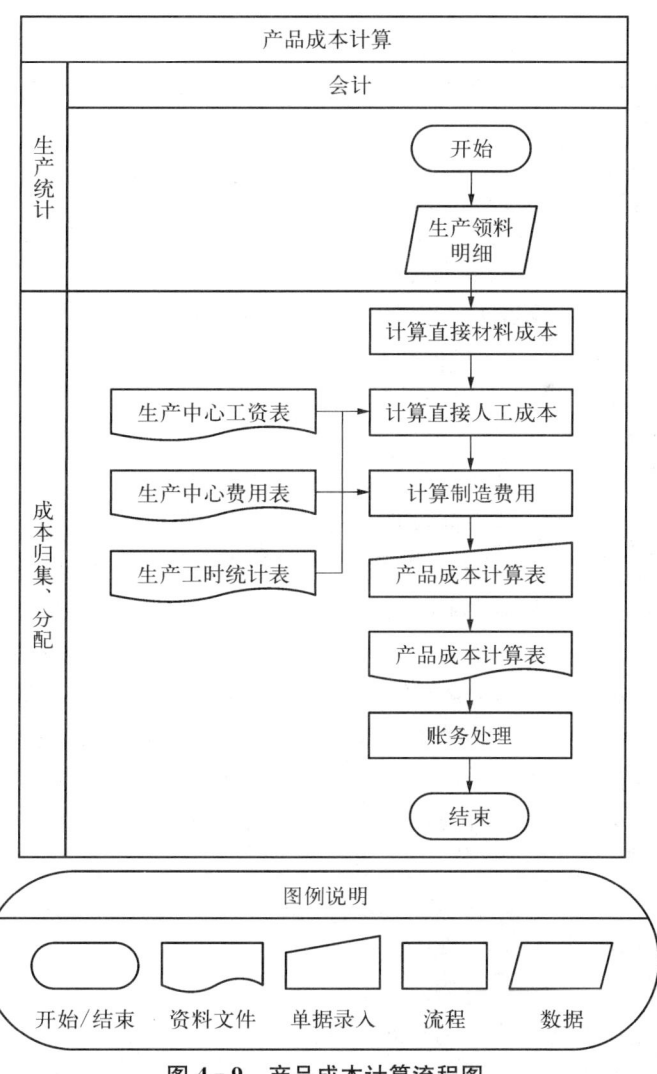

图4-9　产品成本计算流程图

和操作上不尽相同,但总体思路是一致的。

(四) 任务操作

1. 会计查阅《企业生产管理制度》

通过查阅《企业生产管理制度》,掌握企业的产品成本计算方法,以及成本项目的归集和分配标准。

2. 会计填写制造费用分配表(表4-10)

表4-10 制造费用分配表

日期: 金额单位:

序号	分配对象	分配标准/小时	分配率	分配金额
1				
2				
3				
4				
5				
合 计				

3. 会计人员填写产品成本计算表(表4-11)

表4-11 产品成本计算表

日期: 金额单位:

序号	产品编号	产品名称	产品规格	产品单位	完工数量	实际耗用工时	实际总成本				实际单位成本
							直接材料	直接人工	制造费用	总成本	
1											
2											
3											
4											
5											
合 计											

4. 会计人员进行产品成本核算的账务处理

根据制造费用分配表及产品成本计算表进行账务处理,加强会计记录控制。

知识链接

成本核算方法和制造费用分配方法

1. 成本核算方法

成本核算,是指通过一定的方法将生产产品过程中发生的各项生产耗费记录下来并计算产品的生产总成本和单位成本。

(1) 品种法。

在大量大批单步骤生产企业里,由于成本计算对象是产品,生产费用是按品种归集与分配的,这种成本计算方法被称为品种法。某些大量大批多步骤生产企业,无法清楚地划分产品的生产批次,加之管理上只要求提供最终产品成本,因此该类企业也应采用品种法计算产品成本。

(2) 分步法。

在大量大批多步骤生产企业里,由于成本计算对象是产品及其所经过的各个加工步骤,生产费用是按步骤来归集分配的,因此,这种成本计算方法被称为分步法。

(3) 分批法。

在单件小批生产企业中,由于成本计算对象是单件产品或生产批别,生产费用是按每件产品或一批产品归集的,因此,这种成本计算方法称为分批法。

2. 制造费用分配方法

制造费用分配通常采用生产工人工时比例法(或生产工时比例法)、生产工人工资比例法(或生产工资比例法)、机器工时比例法和按年度计划分配率分配法等。其计算公式为:

制造费用分配率＝应分配的制造费用总额÷各种产品分配标准之和

某种产品应分配的制造费用＝该种产品所用分配标准×制造费用分配率

(1) 生产工人工时比例法。生产工人工时比例法(或生产工时比例法)是按各种产品所耗生产工人工时的比例分配制造费用的一种方法。

(2) 生产工人工资比例法。生产工人工资比例法(或生产工资比例法)是按照计入各种产品成本的生产工人工资比例分配制造费用的一种方法。采用这一方法的前提是各种产品生产机械化的程度应该大致相同,否则机械化程度低的产品所用工资费用多,负担的制造费用也多,而机械化程度高的产品负担的制造费用较少,从而影响费用分配的合理性。

(3) 机器工时比例法。机器工时比例法是按照各种产品所用机器设备运转时间的比例分配制造费用的一种方法。这一方法适用于生产机械化程度较高的产品,因为这类产品的机器设备使用、维修费用大小与机器运转的时间有密切联系。采用这一方法的前提条件是必须具备各种产品所耗机器工时的完整原始记录。

(4) 年度计划分配率分配法。年度计划分配率是按照年度开始前确定的全年度适用的计划分配率分配制造费用的一种方法。采用这种方法,不论各月实际发生的制造费用是多少,每月各种产品成本中的制造费用都是按年度计划确定的计划分配率分配的。年度内如果发现全年制造费用的实际数额和产品的实际产量与计划数值产生了较大的差额,应及时调整计划分配率。

例题 4-2 在分析生产需求时,物料的可用库存量计算公式是(　　)。

A. 可用库存量=现有库存量+在制量-未发量+安全库存量

B. 可用库存量=现有库存量+在途量-未发量+安全库存量

C. 可用库存量=现有库存量+在途量-未发量-安全库存量

D. 可用库存量=现有库存量+在制量-未发量-安全库存量

答案: C

解析: 根据企业生产管理制度,可用库存量=现有库存量+在途量-未发量-安全库存量。

例题 4-3 下列关于生产提前期与生产周期表述中,正确的有(　　　　)。

A. 生产提前期是以产成品的出产日期作为基准的

B. 生产提前期是保证各工艺阶段相互衔接和保证合同交货期的重要依据

C. 生产周期=生产提前期+生产保险期

D. 生产提前期=生产周期+生产保险期

答案: ABD

解析: 生产提前期是以产成品的出产日期作为基准的,它是保证各工艺阶段相互衔接和保证合同交货期的重要依据。

例题 4-4 某企业只生产和销售甲产品,2024 年 4 月月初,在产品成本为 3.5 万元。4 月份发生如下费用:生产耗用材料 6 万元,生产工人工资 2 万元,行政管理部门人员工资 1.5 万元,制造费用 1 万元。月末在产品成本为 3 万元,该企业 4 月份完工甲产品的生产成本为(　　)万元。

A. 9　　　　　　B. 12.5　　　　　　C. 11　　　　　　D. 9.5

答案: D

解析: 该企业 4 月份完工甲产品的生产成本=3.5+6+2+1-3=9.5(万元),行政管理部门人员的工资应该记入"管理费用"科目,不在"生产成本"科目中进行归集。

例题 4-5 某企业为增值税一般纳税人,本期购入一批商品 100 千克,进货价格为 100 万元,商品验收时发现短缺 25%,其中合理损失 15%,另 10% 的短缺无法查明原因。不考虑其他因素,该批商品的单位成本为(　　)万元。

A. 1　　　　　　B. 1.4　　　　　　C. 1.25　　　　　　D. 1.2

答案: D

解析: 商品购进过程中发生的非合理损失应计入当期损益,合理损耗不影响存货总成本,但由于入库数量减少,导致存货单位成本上升,所以商品入库的总成本=100×(1-10%)=90(万元),商品实际入库的数量=100×(1-25%)=75(千克),商品单位成本=90÷75=1.2(万元),所以选 D。

任务四　赛证能力拓展：生产业务一体化设计

一、业务背景

北京 N 汽车有限公司于 2020 年 8 月成立，近年来随着业务发展，为了加强公司内部管理，规范生产车间领料行为，公司相关部门对生产领料流程从安排生产任务至生产领料环节进行梳理。

经过梳理，安排生产任务至生产领料环节的发起人与执行人有以下岗位参与：一车间生产员、车间主任、生产经理、物流经理、仓管员。

安排生产任务至生产领料环节涉及的表单有《生产任务单》和《领料单》。

二、业务流程设计说明

业务流程设计如表 4-12 所示。

表 4-12　生产业务流程设计

节点名称	第1节点	第2节点	第3节点	第4节点	第5节点	第6节点	第7节点
任务名称	安排生产任务	上级审批	填写＊＊	车间主任审批	＊＊审批	物流经理审批	＊＊确认
任务类型	开始任务	普通任务	转填任务	普通任务	普通任务	普通任务	结束任务
执行人	指定角色：车间主任	指定角色：生产经理	指定角色：一车间生产员	指定角色：车间主任	自行判断	指定角色：物流经理	自行判断
表单	生产任务单	无	自行判断	无	无	无	无
前置条件	无	无	无	无	无	无	无
其他说明	消息提醒：下一步	回退方式：上一步 处理方式：抢先 不满足条件时：结束流程 消息提醒：下一步	处理方式：抢先 不满足条件时：结束流程 消息提醒：下一步	回退方式：上一步 处理方式：抢先 不满足条件时：结束流程 消息提醒：下一步	回退方式：上一步 处理方式：抢先 不满足条件时：结束流程 消息提醒：下一步	回退方式：上一步 处理方式：抢先 不满足条件时：结束流程 消息提醒：下一步	回退方式：上一步 处理方式：抢先 不满足条件时：结束流程 消息提醒：上一步，发起人

三、操作结果

生产业务流程设计如图 4-10 所示。

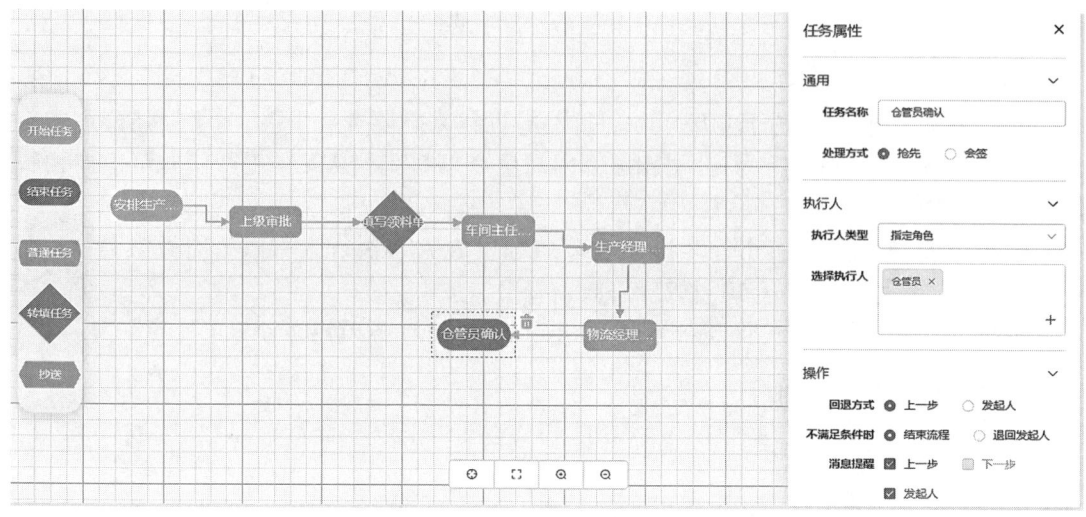

图 4-10　生产业务流程图

 项目测试

一、单项选择题

1. 按成本性态,成本费用可分为(　　　)。
   A. 变动成本和固定成本　　　　　　B. 直接成本和间接成本
   C. 生产成本和非生产成本　　　　　D. 变动制造费用和固定制造费用

2. 按材料消耗流程,领料申请单必须经由的审核人员是(　　　)。
   A. 生产车间负责人　　　　　　　　B. 仓库管理员
   C. 财务部门负责人　　　　　　　　D. 生产副经理

3. 下列选项中,属于表单设计时应考虑的要求是(　　　)。
   A. 事前有申请、审核、审批
   B. 事中有控制
   C. 事后有分析
   D. 事前有申请、审核、审批,事中有控制和事后有分析

4. 领用材料申请单下方,除填制人应签字外,还应签字的是(　　　)。
   A. 车间负责人　　　　　　　　　　B. 财务人员
   C. 仓库管理员　　　　　　　　　　D. 生产副经理

5. 下列属于动力使用部门应完成的工作是(　　　)。
   A. 抄录动力用量参数,编制用量清单　　B. 编制动力用量统计表
   C. 编制外购动力分配表　　　　　　D. 进行外购动力费用核算

6. 因工废、料废等事项形成的废料,或盘存过程中形成的盘盈物料,需要按相应物料管理制度采取具体的手段,经现场计量、确认后,填写( )。

    A. 退料申请单　　　　B. 请验单　　　　　C. 销售单　　　　　D. A 和 B

7. 下列不属于企业生产成本的是( )。

    A. 车间机物料消耗　　　　　　　　B. 生产人员工资

    C. 销售人员工资　　　　　　　　　D. 车间设备折旧

二、多项选择题

1. 下列选项中,属于生产计划与生产进度缺陷表现的可能有( )。

    A. 不按销售计划及时调整生产计划

    B. 不标记生产时间

    C. 产品生产混乱,产销不协调

    D. 生产、库存的管理成本上升

2. 领料生产环节可以采取的控制措施有( )。

    A. 健全物料出库手续

    B. 严格审核领料单

    C. 加强对领料业务的会计系统控制

    D. 以销定产,采用订单生产的管理模式

3. 在成本核算流程中,下列属于生产部门编制的单据有( )。

    A. 领料单　　　　　　　　　　　B. 产量记录表

    C. 工时记录表　　　　　　　　　D. 各部门水电费消耗记录表

4. 在生产成本核算业务中,涉及的部门有( )。

    A. 业务部门　　　　　　　　　　B. 会计部门

    C. 质检部门　　　　　　　　　　D. 仓库管理部门

5. 以成本为基础的定价方法中,可以作为定价基础的成本有( )。

    A. 变动成本　　　　　　　　　　B. 制造成本

    C. 完全成本　　　　　　　　　　D. 销售费用

6. 下列说法中,属于完全成本加成定价法的优点有( )。

    A. 计算方法简便易行,资料容易取得

    B. 根据完全成本定价,能够保证企业所耗费的全部成本得到补偿,并在正常情况下能获得一定的利润

    C. 有利于保持价格的稳定。当消费者需求量增大时,按此方法定价,产品价格不会提高,而固定的加成,也使企业获得较稳定的利润

    D. 同一行业的各企业如果都采用完全成本加成定价,只要加成比例接近,所制定的价格也将接近,可以减少或避免价格竞争

7. 下列属于材料消耗过程中主要风险的有( )。

    A. 不按生产进度申请与审核所需材料

    B. 不按流程与标准使用材料

    C. 不按手续及时办理退库手续

    D. 按生产流程和生产任务等提出申请,并按标准使用

8. 下列属于材料消耗业务应提供的信息有（　　　　　）。
   A. 实际消耗量　　　　　　　　　　　B. 退补料次数
   C. 材料费用用量差异　　　　　　　　D. 材料费用价格差异

9. 在人工费用核算与管控中，流程中除可提供实际产量下的生产工时、工时标准或工时定额、员工出缺勤记录等信息外，还有（　　　　　）。
   A. 实际人工费用　　　　　　　　　　B. 人工费用效率差
   C. 人工费用工资率差　　　　　　　　D. 绩效工资信息及绩效考评结果

10. 为核算人工费用，各部门应编制与审核的单据有（　　　　　）。
    A. 考勤记录表　　　　　　　　　　　B. 工时统计表
    C. 考勤汇总表　　　　　　　　　　　D. 产量记录单

11. 生产需求分析的主要风险有（　　　　　）。
    A. 产品需求确定方法不合理　　　　　B. 产品需求时间不准确
    C. 物料需求分析不合理　　　　　　　D. 物料需求时间不准确

12. 产品成本计算环节的主要风险有（　　　　　）。
    A. 成本核算方法不合理
    B. 产品制造耗费信息不能及时获取
    C. 产品制造耗费不能准确及时分配入产品成本
    D. 产品成本计算错误

三、判断题（正确打"√"，错误打"×"）

1. 成本核算与控制只需要通过建立健全成本核算与控制的各项制度即可，无须考虑业财融合的企业文化。　　　　　　　　　　　　　　　　　　　　　　　　　（　　　）

2. 按不相容岗位相分离和授权审批原则，销售人员可负责编制与审核销售计划。
　　　　　　　　　　　　　　　　　　　　　　　　　　　　　　　　　　　（　　　）

3. 质检人员应按质检标准和企业质量检验制度对采购物资进行质量检验，并出具质检报告。　　　　　　　　　　　　　　　　　　　　　　　　　　　　　　　　　（　　　）

4. 车间之间进行物料转移时，不需要办理移交手续。　　　　　　　　　　　　（　　　）

5. 生产成本控制就是对生产过程中发生的成本费用通过制定相应的措施加以管理。
　　　　　　　　　　　　　　　　　　　　　　　　　　　　　　　　　　　（　　　）

6. 在通常情况下，每月结束后，财务部门应出具生产成本控制分析报告，并将其直接传递给生产部门。　　　　　　　　　　　　　　　　　　　　　　　　　　　　　（　　　）

四、思考题

1. 请说明品种法、分批法和分步法分别适用于什么行业，并比较三种方法在成本核算方面的特点。

2. 请简述生产业务流程对企业的重要意义，并指出企业在设计生产业务流程时需要注意哪些要点。

项目五　采购业务流程与内容设计

学习目标

知识目标

1. 了解采购业务的特点和风险；

2. 熟悉采购业务的流程；

3. 掌握采购业务的风险控制目标和措施。

技能目标

1. 能够对采购数量、价格、交期、付款方式等进行授权审批，避免合同签订不当引起的法律风险；

2. 能够运用数量折扣策略，准确确定采购数量和采购单价，降低采购成本；

3. 能够根据采购需求时间和采购提前期，确定下达采购订单的时间；

4. 能够按照规范的物料验收标准和程序，进行采购物料检验，确保物料质量符合同规定的标准；

5. 能够根据入库工作流程，及时办理入库手续，保证入库数量、金额准确。

素养目标

1. 培养防范舞弊的意识，树立正确的价值观和人生观；

2. 树立按时纳税申报、诚信纳税、为国聚财的意识；

3. 培养良好的会计职业道德，形成遵守行业规范的工作意识。

导入案例

3·15 老坛酸菜风波

号称老坛工艺、足时发酵的酸菜，却是在土坑里腌制出来的。

据央视"3·15"晚会报道，插旗菜业是湖南省华容县较大的蔬菜再加工企业，为多家知名企业代加工酸菜制品，也为一些方便面企业代加工老坛酸菜包，号称"老坛工艺，足时发酵"。

然而记者实地探访得知，该企业标准化腌制池腌出来的酸菜是用来加工出口的，老坛酸菜包里的酸菜则是从外面收购来的"土坑酸菜"。在农田里腌制这些酸菜的土坑周围,工人们有的穿着拖鞋、有的光着脚,踩在酸菜上,有的甚至一边抽烟一边干活,抽完的烟头直接扔到酸菜上。在车间里,大批的酸芥菜被直接卸在地上。某食品有限公司负责人表示"现在我们做的这个酸菜,里面的防腐剂是超标的,夏天一般会超过 2 至 10 倍。"而这些酸菜在被插旗菜叶收购时,插旗菜业并没有对卫生指标进行检测。

在"3·15 老坛酸菜"被送上微博热搜第一的同时,康师傅等众多知名企业都因是插旗官网的合作客户而卷入这场风波中。

在"3·15"晚会曝光后不久,康师傅电商平台旗舰店已下架老坛酸菜牛肉面相关产品。康师傅方便面投资(中国)有限公司发布声明称:湖南插旗菜业有限公司是我司酸菜供应商之一,已立即中止其供应商资格,取消一切合作,封存其酸菜包产品,积极配合监管部门调查与检测。同时声明称,此次事件是管理的失误,辜负了消费者的信任,深表歉意并将引以为戒。

虽说康师傅发布了道歉声明,股价还是下跌了,一度下跌超 15%。

谈及食品安全问题,人们常常看到的是某企业在食品卫生安全与产品生产质量方面把控不够严格、在生产过程中出现纰漏等问题。

但这次"3·15 老坛酸菜"事件,暴露出食品安全并非仅仅是插旗菜业这类食材生产商质量不过关的问题,还有康师傅这类企业对供应链环节把控不严的等问题。

思考:

假如康师傅能够制定并完善供应链政策,加强供应链监管,在采购流程中做好供应商考核工作,并对采购的物料进行严格的卫生检测,结果会怎样呢?

任务一　采购业务风险控制

一、采购业务的特点、业务流程及风险

《企业内部控制应用指引第 7 号——采购业务》中所称采购,是指企业购买物资(或接受劳务)及支付款项等相关活动。其中,物资主要包括企业的原材料、商品、工程物资、固定资产等。采购是企业生产经营的起点,既是企业"实物流"的重要组成部分,又与"资金流"密切关联。众所周知,采购物资的质量和价格、供应商的选择、采购合同的订立、物资的运输、验收等供应链状况,在很大程度上决定了企业的生存与可持续发展。采购流程的环节虽不很复杂,但潜藏的风险是巨大的。基于以上考虑,《企业内部控制应用指引第 7 号——采购业务》对采购的主要流程进行了梳理,明确了采购业务的主要风险点,针对性地提出了相应的控制措施。

(一)采购业务的特点

采购业务是企业支付货币取得物资或劳务的过程,是企业生产经营管理中一个重要环节,也是一个薄弱环节。其特点表现为如下几个方面:

1. 采购要在生产和销售计划的指导下进行

采购作为企业生产的准备工作，应以生产需要为依据。材料采购部门必须十分熟悉整个企业的生产经营情况，使得采购材料的品种、数量既满足生产需要，又最低限度地占用企业的资金。应把采购原料或商品业务与生产和销售计划密切联系起来，根据这些计划来开展采购业务。

2. 采购业务控制与货币资金控制密切相关

购买商品或劳务必然伴随款项的支付，企业偿付货款的方式多种多样，但一般会导致货币资金减少。要防止实物计量、会计计算的错误，或者人为修改实物或劳务的数量而使企业在支付一定的现金后，不能得到相应的物资或劳务；还要防范将企业享有的折扣隐匿起来占为己有的行为。因此，在购买环节，要将采购业务控制与货币资金支出控制结合起来运用。

3. 采购业务导致的负债在企业全部负债中占较大比重，可能影响企业资信度

企业为了扩大销售，往往采取赊销方式。对于采购方来说，如果能够争取到赊购，则意味着在信用期内无偿占用销售方资金。然而，如果赊购业务频繁发生，且业务量较大，赊购所产生的负债在企业负债总额中就会占相当大的比重，从而对企业诸如偿债能力等方面的财务状况产生一定的影响。因此，真实、客观地反映采购业务相关的负债是采购业务内部控制的目标之一。

（二）采购业务的流程及风险

采购业务流程主要涉及编制需求计划和采购计划、请购、选择供应商、确定采购价格、订立框架协议或采购合同、管理供应过程、验收、退货、付款、会计控制等环节，如图 5−1 所示。该图列示的采购流程适用于各类企业的一般采购业务，具有通用性。企业在实际开展采购业务时，可以参照此流程，并结合自身情况予以扩充和具体化。

1. 编制需求计划和采购计划

采购业务从计划（或预算）开始，包括需求计划和采购计划。企业实务中，需求部门一般根据生产经营需要向采购部门提出物资需求计划，采购部门根据该需求计划归类汇总平衡现有库存物资后，统筹安排采购计划，并按规定权限和程序审批后执行。该环节的主要风险有：需求或采购计划不合理、不按实际需求安排采购或随意超计划采购，甚至与企业生产经营计划不协调等。

2. 请购

请购是指企业生产经营部门根据采购计划和实际需要，提出的采购申请。该环节的主要风险有：缺乏采购申请制度，请购未经适当审批或超越授权审批，可能导致采购物资过量或短缺，影响企业正常生产经营。

3. 选择供应商

选择供应商，也就是确定采购渠道。它是企业采购业务流程中非常重要的环节。该环节的主要风险有：供应商选择不当，可能导致采购物资质次价高，甚至出现舞弊行为。

4. 确定采购价格

如何以最优"性价比"采购到符合需求的物资，是采购部门的永恒主题。该环节的主要风险有：采购定价机制不科学，采购定价方式选择不当，缺乏对重要物资品种价格的跟踪监控，采购价格不合理，可能造成企业资金损失。

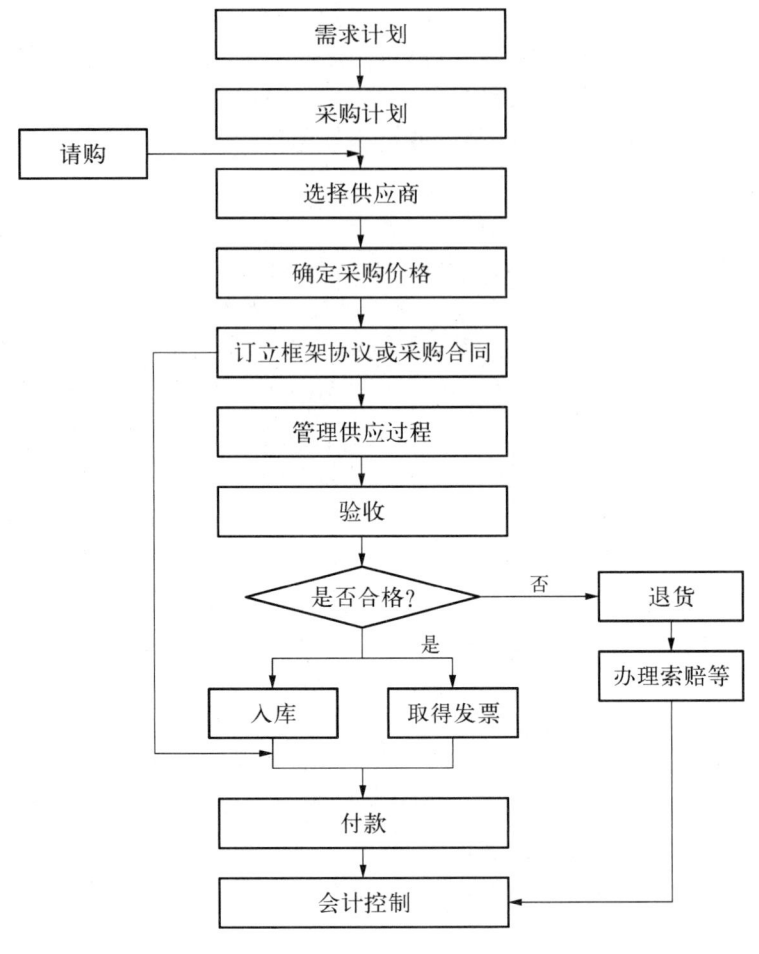

图 5‑1　采购业务流程

5.订立框架协议或采购合同

框架协议是企业与供应商之间为建立长期物资购销关系而作出的一种约定。采购合同是指企业根据采购需要、确定的供应商、采购方式、采购价格等情况与供应商签订的具有法律约束力的协议,该协议对双方的权利、义务和违约责任等情况作出了明确规定(企业向供应商支付合同规定的金额、结算方式,供应商按照约定时间、期限、数量与质量、规格交付物资给采购方)。该环节的主要风险有:框架协议签订不当,可能导致物资采购不顺畅;未经授权对外订立采购合同,合同对方主体资格、履约能力等未达要求、合同内容存在重大疏漏和欺诈,可能导致企业合法权益受到侵害。

6.管理供应过程

管理供应过程,主要是指企业建立严格的采购合同跟踪制度,科学评价供应商的供货情况,并根据合理选择的运输工具和运输方式,办理运输、投保等事宜,实时掌握物资采购供应过程的信息。该环节的主要风险有:缺乏对采购合同履行情况的有效跟踪、运输方式选择不合理、忽视运输过程保险风险,可能导致采购物资损失或无法保证供应。

7. 验收

验收是指企业对采购物资和劳务的检验接收,以确保其符合合同相关规定或产品质量要求。该环节的主要风险有:验收标准不明确、验收程序不规范、对验收中存在的异常情况不作处理,可能造成账实不符、采购物资损失。

8. 付款

付款是指企业在对采购预算、合同、相关单据凭证、审批程序等内容审核无误后,按照采购合同规定及时向供应商办理支付款项的过程。该环节的主要风险有:付款审核不严格、付款方式不恰当、付款金额控制不严,可能导致企业资金损失或信用受损。

9. 会计控制

会计控制主要是指采购业务会计系统控制。该环节的主要风险有:缺乏有效的采购会计系统控制,未能全面真实地记录和反映企业采购各环节的资金流和实物流情况,相关会计记录与相关采购记录、仓储记录不一致,可能导致企业采购业务未能如实反映,以及采购物资和资金受损。

10. 采购业务的后评估

由于采购业务对企业生存与发展具有重要影响,《企业内部控制应用指引第 7 号——采购业务》强调企业应当建立采购业务后评估制度。因此,企业应当定期对物资需求计划、采购计划、采购渠道、采购价格、采购质量、采购成本、协调或合同签约与履行情况等物资采购供应活动进行专项评估和综合分析,及时发现采购业务薄弱环节,优化采购流程,同时,将物资需求计划管理、供应商管理、储备管理等方面的关键指标纳入业绩考核体系,促进物资采购与生产、销售等环节的有效衔接,不断防范采购风险,全面提升采购效能。

二、采购业务与付款业务的控制目标

采购业务控制应围绕采购申请、合同签订、验收入库以及货款结算等环节进行。其具体控制目标有如下几个方面:

（一）采购业务要与生产和销售的要求一致

采购环节控制制度应使采购材料的一切活动,包括订货要求的提出和审批、供应商报价、材料和商品验收等,严格按照生产和销售的要求进行,防止诸如购入或生产与销售要求不符的原料及商品等损害企业利益的行为发生。

（二）支付款项后获得相应的物资和劳务

购买环节款项的支付应以获得相应的物资或劳务为条件,内部控制制度的建立和实施应保证一切购买活动在这一条件下进行。防止错计和篡改实物或劳务的数量和金额,保证账面记录与实际获得的物资或劳务一致。

（三）保证会计核算资料的合法性、真实性和完整性

采购业务必须按照国家有关法律法规进行,根据企业具体规定在授权范围内开展,未经批准或授权不得进行采购活动。财务部门应按企业内部管理制度和会计制度的规定处理采购业务,正确编制会计凭证,及时记录会计账簿,全面、完整地反映采购业务的来源、单价、金额及费用等发生情况,合理提示单位应享有的折扣和折让,保证采购业务及时、准确地被记录,并对采购业务的合法性与合理性进行有效监督。

（四）保证货款按期归还，维护企业的信誉

能否及时偿还采购资金直接关系到企业的对外信誉。企业应合理调度资金，保证足额偿还债务。企业应制定严格的资金计划或预算，合理布置、安排付款业务流程，保证支付环节畅通，防范支付风险。企业应配合供应商的对账或查询工作，保证付款业务的效率和质量。

（五）力求节约成本，提高资金使用效率

采购成本在产品成本中占较大比重。进行采购业务控制除满足生产和销售的需求外，还应加强采购成本控制，包括确定采购单价、选择供应商和采用对企业最有利的付款方式等。如果对方提供现金折扣，企业还必须合理地分析是否享受折扣。另外，加强各种物资最低储备限额的确定，有利于减少企业存货的资金占用，从而加快资金周转速度，提高资金使用效率。

（六）保证采购业务合法有效

所有材料采购业务的发生都必须经过适当的授权和批准，未经授权或批准不得进行采购。采购计划和临时性采购必须经过企业有关主管人员批准才能执行。采购人员必须在授权范围内签订采购合同，不得越权采购，所有采购业务都必须符合国家有关规定和计划的要求，不得套购紧俏物资。

三、采购业务主要环节的控制措施

（一）制定采购计划

制定采购计划的主要管控措施：第一，生产、经营、项目建设等部门，应当根据实际需求准确、及时编制需求计划。需求部门提出需求计划时，不能指定或变相指定供应商。对独家代理、专有、专利等特殊产品应提供相应的独家、专有资料，经专业技术部门研讨后，经具备相应审批权限的部门或人员审批。第二，采购计划是企业年度生产经营计划的一部分，在制定年度生产经营计划过程中，企业应当根据发展目标和实际需要，结合库存和在途情况，科学安排采购计划，防止采购数量过高或过低。第三，采购计划应纳入采购预算管理，经相关负责人审批后，作为企业刚性指令严格执行。

（二）合同审查与签订

合同审查与签订的主要管控措施：第一，健全采购定价机制，采取协议采购、招标采购、询比价采购、动态竞价采购等多种方式，科学合理地确定采购价格。对标准化程度高、需求计划性强、价格相对稳定的物资，通过招标、联合谈判等公开、竞争方式签订协议。第二，根据确定的供应商、采购方式、采购价格等情况，拟订采购合同，准确描述合同条款，明确双方权利、义务和违约责任，按照规定权限签署采购合同。对于影响重大、涉及较高专业技术或法律关系复杂的合同，应当组织法律、技术、财会等专业人员参与谈判，必要时可聘请外部专家参与相关工作。第三，对重要物资验收数量与合同数量之间允许的差异，应当作出统一规定。

（三）下达采购订单

下达采购订单的主要管控措施：实际采购中可根据供应商的报价政策，参考净需求量，利用数量折扣或批量采购原则进行操作，以便获得规模效益，节约运输与采购成本。下单后，采购员应紧密跟踪供应商的生产备货情况，必要时可派出代表，以保证订单的正常执行和物料质量。实行全过程的采购登记制度或信息化管理,确保采购过程的可追溯性。

（四）采购验收与入库

采购验收与入库的主要管控措施:第一,制定明确的采购验收标准,结合物资特性确定必检物资目录,规定此类物资出具质量检验报告后方可入库。第二,验收机构或人员应当根据采购合同及质量检验部门出具的质量检验证明,重点关注采购合同、发票等原始单据与采购物资的数量、质量、规格型号等核对一致。对验收合格的物资,仓储部门按照采购订单、采购验收单的信息与实物进行核对,确认入库物料名称、规格和数量,加盖物资"收讫章",登记实物账,并及时将入库凭证传递给财会部门。物资入库前,采购部门必须检查质量保证书、商检证书或合格证等证明文件。验收时涉及技术性强的、大宗的和新、特物资,还应进行专业测试,必要时可委托具有检验资质的机构或聘请外部专家协助验收。第三,对于验收过程中发现的异常情况,如无采购合同或大额超采购合同的物资、超采购预算采购的物资、毁损的物资等,验收机构或人员应当立即向企业有权管理的相关机构报告,相关机构应当查明原因并及时处理。对于不合格物资,采购部门依据检验结果办理让步接收、退货、索赔等事宜。对延迟交货造成生产建设损失的,采购部门要按照合同约定索赔。第四,根据采购合同、采购订单、入库单、发票等相关单据,财务部门进行采购入库的会计记录,保证采购记录、仓储记录、会计记录的一致性。

（五）供应商考核

供应商考核的主要管控措施:第一,建立科学的供应商评估和准入制度,对供应商资质信誉情况的真实性和合法性进行审查,确定合格的供应商清单,健全企业统一的供应商网络。企业新增供应商的市场准入、供应商新增服务关系及调整供应商物资目录,都要由采购部门根据需要提出申请,并按规定的权限和程序审核批准后,纳入供应商网络。企业可委托具有相应资质的中介机构对供应商进行资信调查。第二,建立供应商管理信息系统和供应商淘汰制度,对供应商提供物资或劳务的质量、价格、交货及时性、供货条件及其资信、经营状况等进行实时管理和考核评价,根据考核评价结果,提出供应商淘汰和更换名单,经审批后,对供应商进行合理选择和调整,并在供应商管理系统中作出相应记录。

企业供应商
考核制度

例题 5-1　某公司主要经营中小型机电类产品的生产和销售,目前主要采用手工会计系统。通过对该公司内部控制的了解,记录了所了解的和购货与付款循环的内部控制程序,部分内容摘录如下:

（1）采购部收到经批准的请购单后,由其职员 A 进行询价并确定供应商,再由其职员 B 负责编制和发出预先连续编号的订购单。订购单一式四联,经被授权的采购人员签字后,分别送交供应商、负责验收的部门、提交请购单的部门和负责采购业务结算的应付凭单部门。

（2）采购人员 D 根据请购单向公司的长期供应商（C 公司）发出订购单,采购人员 F 长期以来一直负责向 C 公司采购材料。

（3）根据仓库部门记录,C 公司虽然经常出现交货不及时、数量不符等问题,但由于从 C 公司采购的材料价格相对较低,因此财务部门指定 C 公司为 B 公司材料的主要供应商。

（4）验收部门根据订购单上的要求对所采购的材料进行验收,完成验收后,将原材料交由仓库人员存入库房,并编制预先未连续编号的验收单交仓库人员签字确认。验收单一式三联,其中两联分送应付凭单部门和仓库,一联留存验收部门。

试逐一判断上述每一业务环节是否有内控缺陷。

(1) 存在内部控制缺陷,因为询价和确定供应商属于不相容的两个岗位,而在该公司却由一人担任,这是不正确的。

(2) 存在内部控制缺陷,因为企业应根据具体情况对办理采购业务的人员进行定期轮岗,防范采购人员利用职权和工作便利收受商业贿赂,进而损害企业利益的风险。

(3) 存在内部控制缺陷,企业应该建立供应商评价制度,由采购、请购、生产、财务、仓储等部门共同对供应商提供商品的质量、价格、交货及时性、付款条件及供应商的资质等进行评价,并根据相应的评价调整供应商。

(4) 存在内部控制缺陷,因为验收单应当预先连续编号。

任务二　采购管理制度设计

为了控制采购作业风险,降低采购作业风险带来的损失,通常企业会依据前述采购作业的风险分析和相应风险控制措施的解读,设计采购管理制度。企业在设计采购管理制度时,可以依据采购作业的特点分环节设计制度,如采购管理制度可以包括采购计划编制制度、申请采购制度、合同审查与签订制度、下达采购订单制度、采购验收制度、采购入库制度等。

一、撰写总则

在各环节制度之前通常需要撰写总则,总则用于概括说明企业制定相关制度的目的、目标以及适用范围。如采购管理制度总则的撰写,可参考如下内容进行设计:

第一章　总　则

第一条　为加强采购管理,规范采购工作,保障企业经营活动所需物料的正常持续供应,降低采购成本,特制定本制度。本制度适用于企业对外采购与生产经营有关的经营性固定资产、物料及非经营性固定资产、办公用品、劳保用品。

二、职责权限制度的设计

微课:采购管理制度设计

采购作业由于涉及企业部门较多,风险控制涉及面较广。通常在各环节制度之前可以增加职责权限制度,以此强调相关部门和个人的权限和职责。具体的制度行文可参考如下内容:

【部门职责权限】

1. 采购部门职责

(1) 根据企业办公用品和劳务用品需求采用定期订货法编制采购计划。

(2) 每月采购办公用品一次,采购劳保用品两次。

(3) 根据生产物料需求特性,向供应商询价,筛选供应商,报总经理审批确认。

(4) 对审批确认的供应商,采购部门应与其谈判协商,草拟采购合同。其中,对于涉税事务的处理,须先经财务部门审核确认,然后报总经理审批确认。

（5）根据仓储部门编制的物料库存表,核实仓库存量,结合物料安全库存,审核各部门的采购申请单,确定采购数量和采购时间,下达采购订单,报经采购主管和总经理批准后组织采购。

（6）采购物料运抵公司后,清点物料,并根据公司内部控制流程的规定,签发送检单,交由质检部进行质量验收。对合格品办理入库手续,对不合格品办理让步接收、退货、索赔等事宜。

（7）对现款采购的物料,付款时审核供应商的结算凭证、本企业的入库凭证,经审核无误后,签字确认,报送财务部门及总经理审批付款。

（8）对赊购物料在本企业规定的挂账结算日,审核入库单、发票、退货凭证等,根据采购合同规定条款,编制付款申请单,报送财务部门和总经理审核、审批。

（9）设置供应商资料档案,做好采购合同备案管理工作和供应商考核工作。

2. 相关部门职责

（1）仓储部门职责。凡购进的各种物料,必须及时按入库单验收点数,并填写实收数,及时登记保管账。对赊购采购的物料,在挂账结算日,认真审核是否有退货资料,避免给本企业造成经济损失。

（2）质检部门职责。质检部根据规范的采购物料质量管理制度、明确的物料检验标准、规范的验收程序,从外观、包装、规格、功能等方面对供应商的样品或购入的物料进行检验。

（3）其他部门职责。其他部门因生产、经营、管理需要,需采购相关物料时,必须编制申请单,报经有关部门审核后,交供应部门办理采购事务。

【个人职责权限】

1. 采购员的岗位职责

（1）参与编制采购计划与采购预算,并交由采购主管、财务主管、总经理审核及审批。

（2）收集、汇总并分析供应商信息,并具体实施供应商评估与选择。

（3）供应商询价、议价及采购谈判。

（4）采购协议、合同签订与履行。

（5）制作采购订单,确认、安排发货及交货日期跟踪。

（6）制作物料入库相关单据,参与协助采购物料收货、验货与入库办理。

（7）应付账款记录、采购付款申请、退货、款项索赔等其他事项。

2. 采购主管的岗位职责

（1）参与编制采购年度计划与采购预算,并严格控制采购费用。

（2）组织采购专员实施供应商信息收集、供应商评估与选择工作。

（3）参与供应商谈判,签订和送审采购合同。

（4）审核采购订单、付款申请单等单据。

（5）分派、指导和监督采购人员日常工作。

三、采购计划编制的设计

采购计划先行于采购业务,计划制定指导着采购业务进行。编制采购计划的制度中通常包括计划编制的依据、原则以及编制步骤。采购计划的编制依据和原则每个企业可以根据企业自身的特点设定。采购计划的编制步骤通常包括采购计划数据的计算方法、计划编制完成后的审批流程。采购计划的编制步骤制度行文可参考以下内容：

3. 采购计划的编制步骤

（1）每月1日采购员确定办公用品和劳保用品的可用库存，并结合正常日需求量订购周期、采购提前期计算本月需要采购的数量

$$定期采购数量＝正常日需求量×（采购提前期＋订购周期）－可用库存量$$

（2）采购员根据办公、劳保用品价格指导信息查询市场平均单价，拟定采购计划中的采购预算。

（3）每月1日采购一次办公用品，每月1日和16日分两次采购劳保用品。

$$最迟交货日期＝预计采购日期＋采购提前期$$

（4）采购员将采购计划表的全部联次交给采购主管进行审批。采购主管主要审核采购计划的基础信息和数量是否准确，审批无误后将采购计划表的全部联次交给采购员。

（5）采购员将采购计划表的全部联次交给财务主管进行审批，财务主管主要审核采购单价和金额是否符合价格预测中的市场平均单价，审批无误后将采购计划（财务联）留存，以此作为编制财务部资金预算的依据，将采购计划表（采购联）交给采购员。

（6）采购员将审批通过的采购计划表（采购联）留存，待到采购日期执行采购计划。

四、请购单制度的设计

请购单制度通常包括请购单的填制流程和审批制度，主要表现为授权审批控制和流程控制。具体制度行文可参考如下：

1. 请购单填制

使用部门、仓储部门及其他相关部门根据公司采购预算、实际经营需要等提出采购申请，经部门负责人签字后及时向采购部门提出采购申请。

2. 请购单审批

采购经理、财务总监、总经理根据规定的职责权限和程序对采购申请进行审核、审批。

（1）采购预算内采购额在10万元以内的，采购经理审批；采购额在10万元至50万元的，由财务总监审批；采购额在50万元以上的，由财务总监审核，总经理审批。

（2）采购预算及计划外采购项目均由财务总监审核，并由总经理审批。

（3）对不符合规定的采购申请，审批人应当要求请购人员调整采购内容或拒绝批准。

五、合同审查与签订制度的设计

通常，合同审查与签订制度包含采购合同的签订类型和签订流程，通过授权审批制度和合同管理办法约束采购合同的审查与签订，从而降低该环节的风险。企业可以依据企业的合同管理办法制定合同审查与签订制度的具体行文。

六、采购订单制度的设计

下达采购订单制度,主要涉及采购订单的下达、审批和流转。该环节的制度主要体现单据流转控制制度和授权审批制度。下达采购订单制度具体行文可参考如下内容:

第十八条

采购员须将采购订单全部联次提交采购主管审批,采购金额超过5万元的还应经总经理审批。采购主管和总经理对采购订单的数量、单价、金额、时间等关键要素进行审批。

第十九条

采购员将审批后的采购订单(供应商回执联和供应商存根联)交给供应商进行确认。供应商确认其准确性、合理性及交付性,确认无误将采购订单(供应商回执联)返还给本公司采购员。

七、采购验收与入库制度的设计

采购验收和采购入库制度,主要包括采购物料的验收和入库。根据前述风险分析和相应措施的应对,在这两个环节的制度中主要通过授权审批制度、流程控制制度和单据流程控制实现风险的控制。具体行文以采购验收为例,可参考如下内容:

第二十条　采购物料运到本公司的当天,先由采购部门对照采购订单和送货清单进行物料品种及数量的清点,经确认无误后开具采购送检单,将采购送检单(质检联)交由质检部进行质检。

第二十一条　企业生产性物料采用全检的方式,质检员按照一定的质检标准从外观、包装、规格、功能等方面对物料进行检验。对于经检验合格的物料,质检员于外包装上贴上合格标签;对于验收不合格的物料,质检员应贴上不合格标签,经质检主管核实后确定不合格品处理意见,根据检验结果填写采购验收单。

第二十二条　质检员将采购验收单(采购联、仓库联和供应商联)交予采购员办理入库或退换货手续。

第二十三条　采购员根据采购验收单的验收结果,合格的部分办理入库手续,不合格的部分应联系供应商退换。

八、附则的设计

除各部分制度正文之外,一般在制度的结尾会附上附则。附则旨在对制度给予附加说明,如制度的解释权、实施日期和适用范围等。

例题 5-2　某公司对4名会计人员作出如下工作分工:

(1) 会计甲负责收入成本核算和应缴税金核算。

(2) 会计乙负责往来款项核算,并对应收款项进行账龄分析和催收工作。

(3) 出纳丙负责银行账户管理,负责保管财务专用章和银行预留个人名章。

(4) 出纳丁负责现金业务,兼做费用账和固定资产明细账的登账工作。

请分析该公司上述分工是否符合货币资金控制内部控制规范。

出纳丙负责银行账户管理,不应再负责保管财务专用章和银行预留个人名章。按照货币资金控制规定,严禁由一人保管银行业务所需全部印鉴。

出纳丁负责现金业务兼做固定资产明细账的登账工作正确,兼做费用账的登记工作不正确。

任务三　业财一体化采购流程构建

一、制定采购计划

（一）任务目标

（1）能够确定采购品种、数量和采购时间,使采购计划科学有效。

（2）能够制定科学的采购预算,优化采购管理中的资源调配,有效控制采购资金的流向和流量。

（二）任务分析

采购计划与预算是进行采购工作的基础,且直接关系到企业采购成本,所以采购计划与预算管理工作非常重要。编制采购计划的具体思路如下:

1. 确定采购品种、采购数量、采购时间

（1）采购数量的确定方法主要有公式法、定量订货法、定期订货法、经济订货批量法、批对批法、物料需求计划法。

（2）对于实行定期订货法的企业来说,需要根据企业采购物资的当前可用库存、平均日正常需求量、订购周期和采购提前期,确定采购物资的种类、数量和时间。

公司采用定期订货法采购办公用品和劳保用品,采购部根据各办公用品和劳保用品的平均日正常需求量、可用库存、采购提前期和订购周期,计算各办公用品和劳保用品采购的数量。计算公式为:

$$订货量＝平均日正常需求量×（采购提前期＋订购周期）－可用库存量$$

（3）采购时间。定期订货法按预先确定的订货周期按期进行订货,订货周期一般根据经验确定,常取一个月或一个季度作为库存检查周期。

公司的办公用品每月采购一次,定期采购时间（即预计采购日期）为每月 1 日;劳保用品每月采购两次,定期采购时间（即预计采购日期）为每月 1 日和 16 日,最迟交货时间＝预计采购日期＋采购提前期。

2. 确定资金预算

资金需要量涉及采购预算的编制。根据历史交易价格、预期价格变动趋势及时更新价格预测表,拟定采购预算。

公司采购部根据市场行情预测办公用品和劳保用品的平均市场单价,并拟定价格预测表,进而根据价格预测表确定采购单价和采购金额。

3. 执行采购计划审批程序

采购计划经部门主管、财务主管等相关人员审批。

4. 采购计划存档

采购计划审批通过后,由采购员存档,待到采购日下达采购计划。

（三）任务流程

企业制定采购计划的基本流程如图 5-2 所示。在现实中，不同的企业在具体的流程和操作上不尽相同，但总体的思路是一致的。

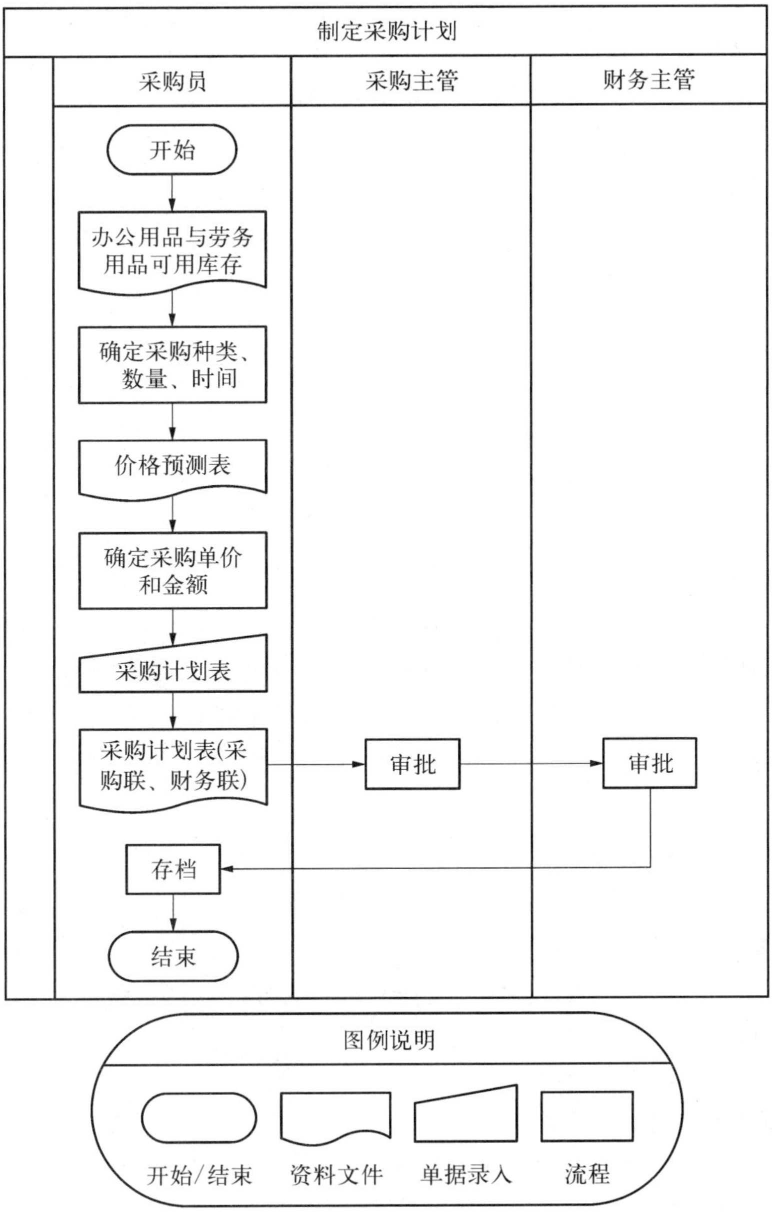

制定采购计划		
采购员	采购主管	财务主管

开始

办公用品与劳务用品可用库存

确定采购种类、数量、时间

价格预测表

确定采购单价和金额

采购计划表

采购计划表(采购联、财务联) → 审批 → 审批

存档

结束

图例说明

开始/结束　　资料文件　　单据录入　　流程

图 5-2　制定采购计划流程图

（四）任务操作

1. 采购员查阅《企业采购管理制度》

通过查阅《企业采购管理制度》，了解企业编制采购计划的具体流程，掌握编制采购计划应考虑的因素及其数据信息来源。

企业采购管理制度

2. 采购员编制采购计划表(表 5-1)

表 5-1 采购计划表

填表日期: 填表部门:

序号	编号	名称	规格	单位	数量	采购预算金额		预计采购日期	最迟供货时间	用途
						预计单价	金额			
合 计								—	—	—

总经理: 财务主管: 采购主管: 编制人:

3. 审批采购计划表

根据《企业采购管理制度》的规定,采购主管审批采购计划表中的采购种类、数量、预计采购执行日期和最迟交货时间,只有以上信息符合《企业采购管理制度》的规定及定期订货法的计算结果才能审核通过,否则需退回重新填写;财务主管审批采购计划表中的采购单价及金额,只有采购单价及金额结果符合价格指导信息才能审核通过,否则需退回重新填写。

4. 采购员保存采购计划

将审批通过的采购计划存档。

知识链接

采购计划的种类和影响因素

1. 采购计划的种类

按照计划期的长短,采购计划可分为年度采购计划、季度采购计划和月度采购计划等;按照物料属性可分为金属材料采购计划、非金属材料采购计划等;按照物料使用方向可分为生产用物料采购计划、维修用物料采购计划、基本建设用物料采购计划等。企业可根据自身实际的物料需求、管理需求划分采购计划并编制各项采购计划。

2. 影响采购计划编制的因素

在生产企业中,采购计划是根据生产计划进行编制的;在流通企业中,采购计划可根据销售计划进行编制。影响采购计划编制的因素有采购环境、销售计划、生产计划、物料需求计划、采购提前期等因素。在执行采购计划时,系统会根据物料需求时间、采购提前期,推算出应当进行采购的日期,应当进行采购的日期=物料需求时间—采购提前期。

二、下达采购订单

(一) 任务目标

(1) 能够运用数量折扣策略,准确确定采购数量和采购单价,降低采购成本。

(2) 能够根据采购需求时间和采购提前期,确定下达采购订单的时间,在保证及时交货的前提下降低库存成本。

(3) 能够及时将采购订单下达给供应商,并跟踪采购订单的执行情况,督促供应商按时、按质、按量供货。

(二) 任务分析

采购订单是存货在采购业务中流动的起点,通过它可以直接向供应商订货并可查询采购订单的收货情况和订单执行状况,通过采购订单的关联跟踪,采购业务的处理过程可一目了然。下达采购订单的主要思路如下:

1. 确定采购订单中的关键信息

采购订单中关键的信息有采购物料品种、数量、单价和采购时间。

(1) 确定采购品种和数量。结合销售订单、产品可用库存、BOM 清单、物料可用库存复核采购申请单中采购物料品种、数量的准确性,再依据供应商的报价政策,采用数量折扣策略调整采购数量,使之满足成本效益原则。

(2) 确定采购单价。根据供应商的报价政策和确定的采购数量,确定采购单价。公司根据采购政策中的与采购数量对应的含税单价确定采购单价。

(3) 确定采购时间。根据要求的物料交货时间和采购提前期进行计算。物料交货时间一般在物料需求时间之前,以免物料延迟交货影响企业的生产活动。物料采购时间(即下达采购订单的时间)=物料交货时间-采购提前期。

2. 执行采购订单审核程序

按照公司制度规定的下达采购订单内部控制审批权限,审批采购订单中单价、数量、金额的准确性和合理性。

根据公司在《企业采购管理制度》中对下达采购订单审批环节内控要素的规定,采购主管、总经理应根据以下标准对采购订单进行审批:

(1) 采购订单中的数量必须符合采购申请单和数量折扣策略的要求。

(2) 采购订单的单价必须与供应商报价数量范围对应的单价一致,且必须注明单价是否含税。

(3) 采购订单的数量合计、金额合计填写正确,且金额大小写要一致。

3. 下达采购订单

采购订单填写完成之后,要将采购订单的相应联次传递给供应商,让供应商确认采购订单的可接受性,主要是确认在交货时间内能否完成订单数量。供应商确认采购订单可接受之后,采购员还要及时进行采购订单跟踪,随时掌握订单状况,确保采购物料的及时到位。

(三) 任务流程

企业下达采购订单的基本流程如图 5-3 所示。在现实中,不同企业在具体的流程和操作上不尽相同,但总体思路是一致的。

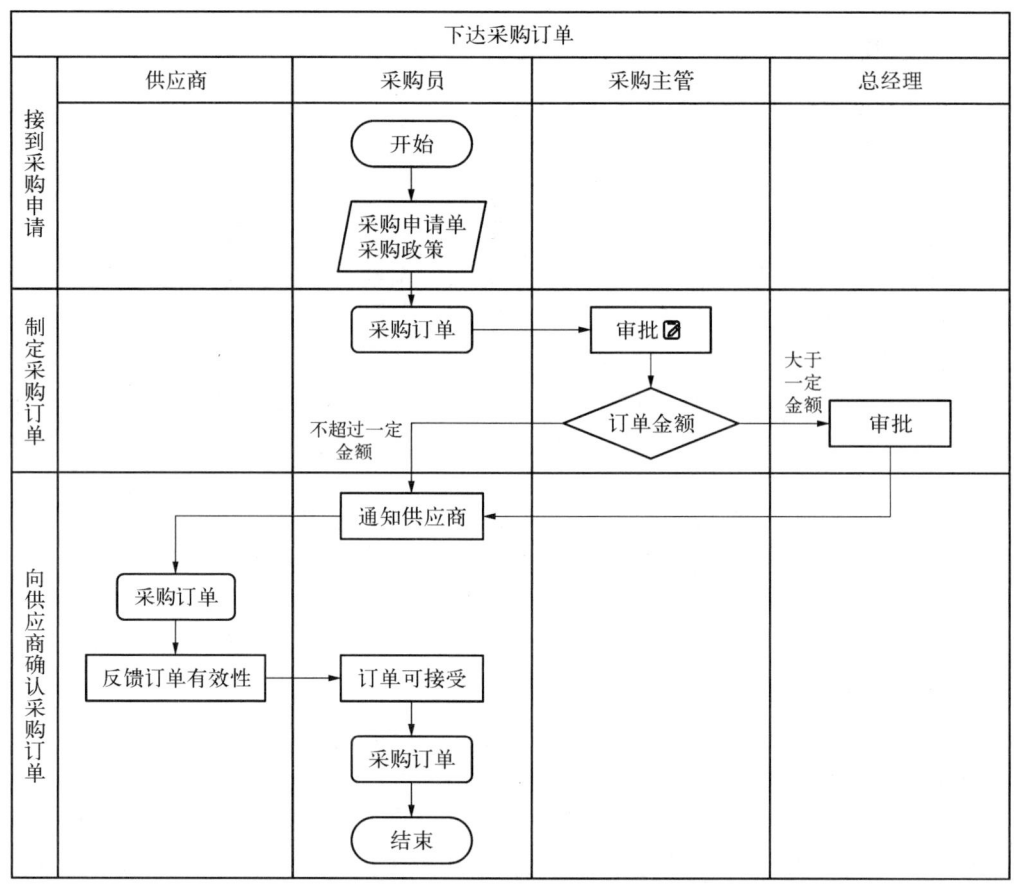

图 5-3 下达采购订单流程图

（四）任务操作

1. 采购员查阅《企业采购管理制度》

通过查阅《企业采购管理制度》，了解企业下达采购订单的具体流程，掌握企业对于采购数量、采购时间确定原则以及采购订单审批要素的规定。

2. 采购员填写采购订单

首先，查询采购政策，确定每种物料的数量折扣点；其次，根据采购申请单和《企业采购管理制度》中的数量折扣策略，确定合理的采购数量，实现经济采购的目的。然后，根据确定的采购数量，结合采购政策和供应商基础资料（表 5-2），确定每种物料对应的含税单价，从而计算出每种物料的税额和含税金额。最后，根据确定的采购数量、单价和时间等信息，填写采购订单（表 5-3）。

3. 采购员找相关领导审批采购订单

将采购订单全部联次交给采购主管和总经理审批。

4. 采购主管审批采购订单

采购主管根据《企业采购管理制度》对采购数量、采购时间的规定和采购申请单的申请数量，对采购订单中的单价、数量、金额的准确性和合理性进行审批。只有单价、数量、金额三要素全部填写准确的采购订单，才能审批通过，否则需退回重填。

表 5 - 2　供应商基础资料

序号	编号	名称	地址	所供物资	联系人	联系方式	银行账号	开户行	法人	结算周期	付款方式	税率/%	纳税人类型
1	gys01	J 电子有限公司	东昌市高新区丽园路 125 号	主板组件 A、主板组件 B、功能组件 A、功能组件 B	汪小强	15600000000	6252412552684975253	中国建设银行东昌高新支行	刘小栋	当月 30 日月结	网银转账	13	一般纳税人
2	gys02	L 科技有限公司	东昌市江华区汇丰路 27 号	外观件 A、外观件 B、电池	章小磊	17300000000	6286869241583028569	中国建设银行东昌江华支行	李小明	当月 30 日月结	网银转账	13	一般纳税人
3	gys03	G 信息技术有限公司	东昌市经济开发区民主路 16 号	螺丝钉、磨砂手机壳、包装件	李小宏	18600000000	6285369525853258365	中国建设银行东昌经济开发区支行	吴小天	当月 30 日月结	网银转账	13	一般纳税人

注：本表及书中公司及人物相关信息均为虚拟的信息，仅供教学使用。

表 5 - 3　采购订单

交货日期：2025 - 1 - 6　　　　　采购日期：2025 - 1 - 3　　　申请单号：CG2025107
供应商名称：L 科技有限公司　　　采购单号：CGDD2025107

序号	物料编号	品　名	规格	单位	数量	含税单价/元	税额/元	含税金额/元	备注
1	B005	外观件 A	SQ	套	1 040	248.60	29 744	258 544.00	
2	B006	外观件 B	DQ	套	1 000	113.00	13 000	113 000.00	
3	B007	电池		块	2 000	41.81	9 620	83 620.00	
4									
5									
6									
7									
8									

第一联：采购联

5. 总经理审批采购订单

总经理根据《企业采购管理制度》，当采购订单的金额超过一定金额时，需要总经理进行审批。总经理根据《企业采购管理制度》对采购数量、采购时间的规定和采购申请单的申请数量，对采购订单中的单价、数量、金额的准确性和合理性进行审批。只有单价、数量、金额三要素全部填写准确的采购订单才能审批通过，否则需退回重填。

6. 采购员下达采购订单给供应商

将审批通过的采购订单（供应商留存联、供应商回执联）发送给供应商。

7. 供应商确认采购订单的可接受性

供应商复核采购订单内容的准确性、合理性及交付性，供应商确认无误后，将采购订单（供应商回执联）返还给采购方。

三、采购验收

微课：采购验收

（一）任务目标

（1）能够按照规范的物料验收标准和程序，严格进行采购物料检验，确保物料质量符合合同规定标准或物料质量要求。

（2）能够根据采购验收结果，对合格物料办理入库手续，对不合格物料办理让步接收、退货、索赔等事宜。

（3）能够根据采购验收结果，记录供应商的供货及时率和合格率，为供应商考核提供依据。

（二）任务分析

物料验收，不仅关系到企业财产的安全，还关系到企业切身的经济利益。因此，验收人员必须具有高度的责任心，严格按制度、规定、标准和手续，认真进行检验。物料验收的具体思路如下：

1. 确定送检数量和时间

采购员接到物料到货通知后，确认供应商交货与验收日期，比对采购订单，确定物料名称、规格等;点数物料数量,确保数量准确;检查物料包装是否完整、牢固,有无破损、受潮、油污等异状。如果有异常,原则上不允许签收,特别情况下需由主管指示处理。如果没有异常,根据物料属性,确定检验方式。采用全面检验方式时,送检数量应与到货数量一致。采用抽检方式时,则根据《公司采购管理制度》确定每批物料送检的数量,送检时间按照企业管理规定及时送检,在生产领用前保证产品质量。

2. 记录检验结果

由质检部根据规范的采购物料质量管理要求、明确的物料检验标准、规范的验收程序从外观、包装、规格、功能等方面对物料进行检验。

3. 执行采购验收程序

根据企业管理要求,准确、及时地填写相关单据,并将相应联次送交相应人员,完成物料送检、验收程序。若存在不合格的物料,采购部门应依据检验结果办理让步接收、退货、索赔等事宜。对延迟交货造成生产建设损失的,采购部门应按照合同约定索赔。

4. 记录供应商信用

根据供应方的供货情况,记录本次供应商的履约情况,包括供货及时性和质量合格率,为供应商考核做参考依据。

(三) 任务流程

企业采购验收的基本流程如图5-4所示。在现实中,不同企业在具体的流程和操作

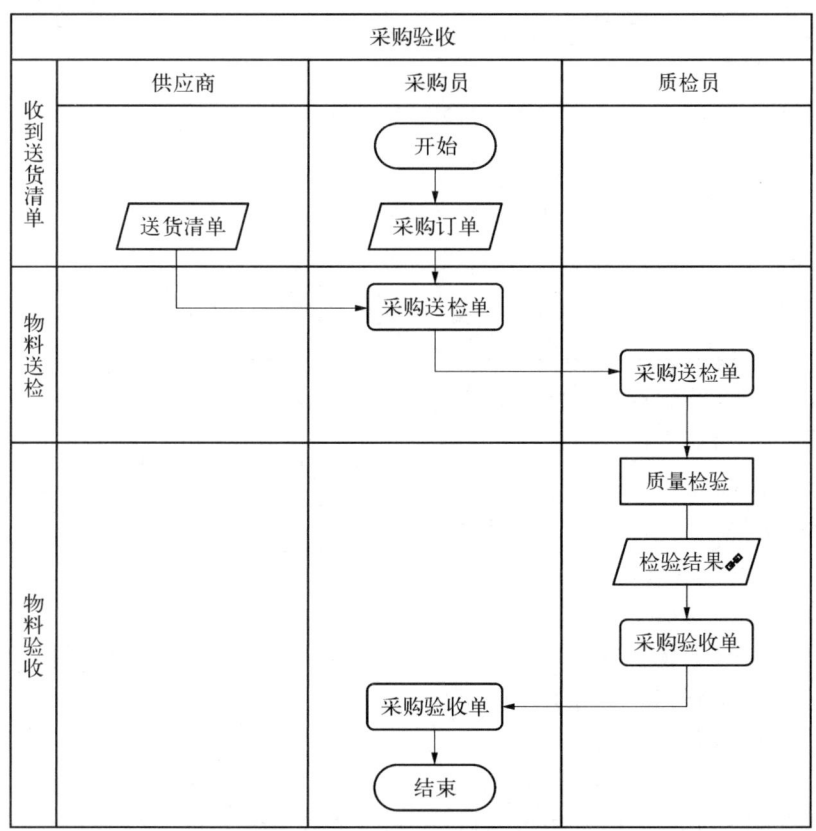

图 5-4　采购验收流程图

上不尽相同,但总体思路是一致的。

(四) 任务操作

1. 采购员查阅《企业采购管理制度》

通过查阅《企业采购管理制度》,了解企业采购验收的流程,明确检验的方式和验收结果的处理。

2. 采购员填写采购送检单

根据物料信息确定物料编号;然后,根据核对后的送货清单和《企业采购管理制度》中关于物料检验方式的规定,确定送检物料的名称、规格、数量等信息。结合以上信息,填写采购送检单(表5-4、表5-5)。

表5-4　采购送检单

厂商名称:J电子有限公司　　送检日期:2025-01-06　　采购单号:CGDD20251070

序号	编　号	名　　称	规　格	数　量	单　位	备　注
1	B001	主板组件 A	C845-G501	1 040	套	
2	B002	主板组件 B	C855-G502	1 000	套	
3	B003	功能组件 A	S6400	1 040	套	
4	B004	功能组件 B	S4800	1 000	套	
5						
6						
7						
8						

第一联:采购联

表5-5　采购送检单联次说明

联　次	联次名称	用　途
第一联	采购联	采购部门留存用
第二联	质检联	质检部提供检验依据

3. 采购员通知验收

将采购送检单(采购联)留存后,将采购送检单(质检联)连同待检物料一并交由质检员,办理物料验收,如表5-6所示。

4. 质检员填写采购验收单

质检人员按照一定的质量检验标准、方法,从外观、包装、规格、功能等方面对物料进行检验,根据物料检验结果中各物料的检验情况,确定各物料的合格数量与不合格数量,填写采购验收单。

表 5 - 6　采购验收单

采购单号	CGDD20251070	检验单号	ZJD20251070	供货商名称		J 电子有限公司		
验收日期	2025 - 1 - 6	验收单号	YSD20251070	验收部门	质检部	验收人		张文
验收情况记录								
序号	编号	品　名	规　格	检验数量	合格量	不合格量	合格率	不合格品处理意见
1	B001	主板组件 A	C845-G501	1 040	1 040		100%	
2	B002	主板组件 B	C855-G502	1 000	1 000		100%	
3	B003	功能组件 A	S6400	1 040	1 040		100%	
4	B004	功能组件 B	S4800	1 000	1 000		100%	
5								
6								
7								
8								
9								

第一联：质检联

5. 质检员通知入库

将填写完整的采购验收单(采购联、仓库联、供应商联)连同合格的物料交给采购员,办理入库。

6. 采购员记录供应商履约情况

根据采购订单的合计数量、交货日期确定计划到货数量和计划到货时间;再根据送货清单、采购验收单的结果,确定实际到货数量、实际到货时间、质量合格率。结合以上信息,填写采购订单跟踪表,如表 5 - 7 所示。

表 5 - 7　采购订单跟踪表

日期	采购订单号	供应商	到货数量		到货时间		质量情况
			计划	实际	计划	实际	平均合格率

知识链接

物料异常处理

物料异常项目及其处理方法如表5-8所示。

表5-8　物料异常处理

异常项目	处 理 方 法
来货错误	货物确实不是本公司采购的,将货物定为待处理,做好记录,不得私自动用,及时查找货物的产权部门,主动与发货人联系,查清货物来源,作出相应处理
数量不符	根据数量相差的范围作出处理,如果在允许的误差范围内,按正常方式入库。相差太大时:过少要求供货单位补货,过多则退还或者追加货款
单据手续不全	将单据手续不全的物料放到待确定区,证件齐全后进行验收;与供货方及时沟通,查找证件缺失的原因;如果欠缺关键的单据手续,应拒绝验收,避免违规物料进入仓库
价格不符	价格与合同上出现差距时,按照合同规定支付,如果协调无果应拒绝支出多出的部分;联系发货方,沟通相关问题
物料损坏	按物料损坏状况如实填写验收记录;将损坏物料单独放置;保管好验收记录,查明物料损坏的原因及环节;与供货方联系,协调处理问题
物料未按时到达	对于规定时间内未到达的货物,及时与供货方联系,询问未能及时送抵的原因,进一步协调送货时间;对未按时送达的货物,需求方有权拒绝签收
品质存在问题	查明品质存在问题的物料数量是否在公司规定范围之内,如果在范围之内可以签收,并将检查出的不合格品放入不合格区,避免发出;如果超出范围应及时与发货方沟通,让对方补发欠缺部分;不合格品太多时,有权拒收

例题 **5-3** 下列各项中,属于采购订单联次的有(　　　　)。

A. 采购联 　　　　　　　　　　　　B. 供应商回执联

C. 记账联 　　　　　　　　　　　　D. 供应商留存联

答案: ABD

解析: 采购订单包含三联:采购联、供应商回执联和供应商留存联。

四、采购入库

(一) 任务目标

(1) 能够根据入库工作步骤和工作标准,及时办理入库手续,保证入库数量准确。

（2）能够根据实际入库数量，计算入库成本，保证入库成本的准确性。

（3）能够根据采购订单、入库情况，及时准确地记录采购事项，保证采购记录、仓储记录和会计记录的一致性。

（二）任务分析

物料及时入库是保证生产顺利进行、正确统计入库数量及成本和准确核算产品成本的前提。因此，企业应当重视物料入库工作。采购入库的具体思路如下：

1. 确定入库数量

仓储部门按照采购订单、采购验收单的信息与实物进行核对，确认入库物料名称、规格、数量。根据采购验收结果，区分检验合格物料和不合格物料，准确确定物料入库数量。

2. 确定材料成本

物料成本由买价、运杂费、运输途中的合理损耗、入库前的挑选整理费用等构成。在确定入库成本时须注意合同单价中是否包含运杂费。计算材料成本的依据有发票、采购合同或采购订单、采购验收单等。

3. 执行采购入库程序

按照企业入库的流程，根据确定的入库数量和入库成本准确、及时地填写入库单，并交给仓储部门进行审核。仓储部门依据发票、验收单、实物，审核物料的名称、规格、数量、金额是否正确，审核完成后完成物料入库程序。

根据公司在《企业采购管理制度》中对采购入库环节内控点的规定，仓库保管员应根据以下标准进行审核：

（1）入库单的物料名称、规格必须与企业物料信息一致。

（2）入库单的物料数量必须与采购验收单上验收合格的数量一致。

（3）入库单的单价金额须准确。

4. 进行采购立账

根据实际入库情况、实际开票情况，准确、及时填写采购立账单，记录应付账款的增加。公司在《企业采购管理制度》中应规定以发票立账。

5. 进行会计记录

将采购合同、采购订单、入库单、发票等相关单据交给财务部门，由财务部门进行采购入库的会计记录，保证采购记录、仓储记录，会计记录的一致性。

（三）任务流程

企业采购入库的基本流程如图 5-5 所示。在现实中，不同的企业在具体的流程和操作上不尽相同，但总体思路是一致的。

（四）任务操作

1. 通过采购员查阅《企业采购管理制度》

通过查阅《企业采购管理制度》，了解企业采购入库的具体流程，掌握采购入库核对的依据和赊购物料应进行的采购立账程序。

2. 采购员填写入库单（表 5-9）

3. 采购员通知入库

将填写好的入库单全部联次、采购验收单（仓库联）交给仓库保管员，如表 5-10 所示。

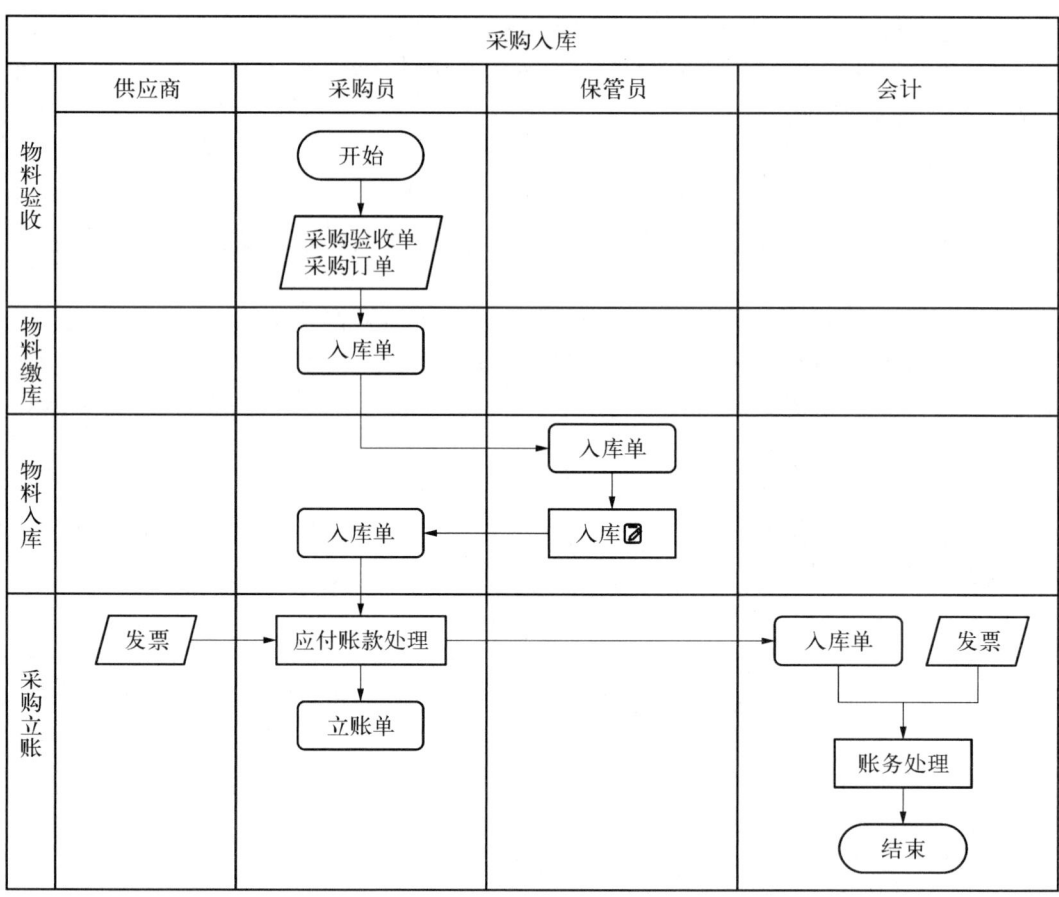

图 5-5 采购入库流程图

表 5-9 入库单

入库日期：2025-1-6　　　　验收单号：YSD20251070　　　　采购单号：CGDD20251070
交来单位：J 电子有限公司　　　入库单号：RKD20251070

序号	编码	名　称	规　格	单位	数量	不含税单价/元	不含税金额/元	备注
1	B001	主板组件 A	C845-G501	套	1 040	470	488 800.00	
2	B002	主板组件 B	C855-G502	套	1 000	220.00	220 000.00	
3	B003	功能组件 A	S6400	套	1 040	602.0	626 080.00	
4	B004	功能组件 B	S4800	套	1 000	504.0	504 000.00	
5								
6								
7								
合计							1 838 880.00	

制单人：张磊　　　　　　　　　　仓库：孙伟

第一联：采购联

表 5‐10　入库单联次

联　次	联次名称	用　途
第一联	采购联	采购部门申请付款的依据
第二联	财务联	财务部门记账的依据
第三联	仓库联	仓储部门入库的依据

4. 仓库保管员审核入库单

根据采购验收单确认入库数量是否正确,审核通过后在入库单上签字,将入库单(采购联、财务联)交给采购员。

5. 采购员填写采购立账单(表 5‐11)

表 5‐11　采购立账单

立账日期:2025‐1‐6　　　　立账单号:CCLZD20251070　　入库单号:CGDD20251070
立账供应商:J 电子有限公司　　发票号码:92270003

序号	物料编码	物料名称	应开含税金额/元	已开含税金额/元	本次含税金额/元
1	B001	主板组件 A	552 344		552 344
2	B002	主板组件 B	248 600		248 600
3	B003	功能组件 A	707 470.4		707 470.4
4	B004	功能组件 B	569 520		569 520
5					
6					
合　计			2 077 934.4		2 077 934.4

填写人:张磊

6. 采购员将单据送交会计人员

将入库单(财务联)和发票(抵扣联和发票联)交给会计人员,会计人员进行账务处理。

7. 会计记录采购业务

根据收到的入库单、发票等原始单据,结合采购订单,审核采购数量、价格等关键信息的准确性,记录采购业务。

例题 5-4　根据采购管理制度,下列各项中,企业可以计入物料采购成本的有(　　)。

A. 购买材料的价款　　　　　　　　B. 入库后的挑选整理费
C. 相关运杂费　　　　　　　　　　D. 运输途中的合理损耗

答案:ACD

解析:入库后的挑选整理费不计入物料采购成本,应当计入当期损益(管理费用)。

赛证能力拓展：采购业务一体化设计

一、业务背景

福建 T 电气有限公司成立于 2021 年，公司主要生产配电中低压智能开关柜和配电系统整体解决方案。为了适应时代发展，实现移动办公，从而提高工作效率，公司管理层决定引进业财一体化设计平台作为公司的流程管理系统。

公司管理层需要在业财一体化设计平台中，对采购环节进行设计。根据附件《采购与付款管理办法》，提取有效的信息，设计从生产物料采购申请单填写至采购合同会签流程的节点。

二、业务流程设计说明

业务流程的设计可参考以下内容：

第 1 条　请购申请

(1) 生产物料请购（含原材料、辅料等生产物料）。

生产物料的请购，生产部车间主任根据公司制定的销售计划编制生产计划，车间主任根据生产计划结合现有物料库存及交货周期填写《请购单》，并提交生产经理审批，生产经理审批后提交总经理审批，审批通过后同时消息提醒车间主任。

(2) 办公用品请购。

公司办公用品统一由行政部进行请购，各部门每月 20 日提交次月办公用品需求，经行政专员统计并填写《请购单》，经行政经理审批后，提交财务经理审批，审批通过后同时消息提醒行政专员。

第 2 条　采购申请

(1) 生产物料采购申请。

采购专员根据审批后的《请购单》填写《采购申请单》并提交采购经理审批，采购经理审批后提交财务经理审批，最后由总经理审批，同时消息提醒发起人。

(2) 办公用品采购申请。

行政专员根据审批后的《请购单》填写《采购申请单》并提交行政经理审批，行政经理审批后提交财务经理审批，如单次采购金额大于 3 000 元（含 3 000 元）还需总经理进行审批。

第 3 条　合同签订

生产物料采购合同，由采购专员根据审批后的《采购申请单》制定《合同审批单》，《合同审批单》经财务经理、采购经理、法务会签方可签订，同时消息提醒发起人。

办公用品采购合同与供应商签订长期框架合同，采购实施无须签订合同。

三、操作结果

采购业务流程设计如图 5-6 所示。

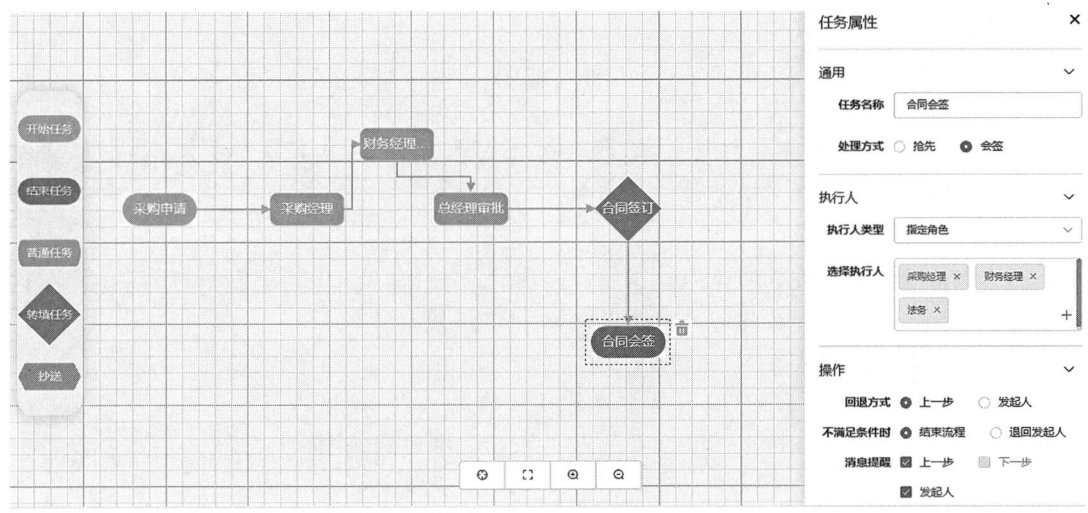

图 5-6　采购业务流程图

 项目测试

一、单项选择题

1. 以下不属于请购业务风险的是(　　)。

    A. 请购依据不充分、不合理,导致企业资源浪费

    B. 请购与审核、审批部门不分离,容易产生徇私枉法行为,造成资产流失

    C. 请购未经适当审批或超越授权审批,可能产生重大差错或舞弊、欺诈行为,使企业遭受损失

    D. 集中采购,获得数量折扣、服务优惠等机会

2. 企业订货时,如果定价机制不科学、定价方式选择不当,可能产生的后果是(　　)。

    A. 采购物资损失或无法保证供应

    B. 物资采购不顺畅

    C. 采购价格不合理,造成企业资金损失

    D. 采购物资过量或短缺,影响企业正常生产经营

3. 在设计订货业务流程与内容时,无论采用何种采购方式,涉及的必不可少的部门是(　　)。

    A. 采购部门　　　　B. 销售部门　　　　C. 财务部门　　　　D. 以上都是

4. "供应商发货后提供物料清单—采购人员核对物料清单—采购人员填写收货通知单—仓库保管人员编制入库单—会计人员登记账簿",这个流程属于(　　)业务的设计流程。

    A. 请购　　　　　　B. 订货　　　　　　C. 验收　　　　　　D. 付款

5. 付款业务流程不合理,在单证不全的情况下付款,导致的风险是(　　)。

    A. 未有实物购进而有资金流出,甚至被骗走货款

131

B. 引起法律纠纷

C. 信用受损

D. 资金效益的流失

6. 采购成本分析是分析订货成本、物资材料成本、储存成本和缺货成本,其中订货成本不包括(　　　)。

　　A. 采购人员工资

　　B. 采购设备及场所的折旧

　　C. 采购办公机构发生的办公用品消耗和通信费

　　D. 仓库人员的工资

7. 下列供应商考核指标中,不属于质量指标的是(　　　)。

　　A. 供货批次合格率　　　　　　　　　B. 准时交货率

　　C. 供货抽检缺陷率　　　　　　　　　D. 供货免检率

8. 供应商考核是企业采购管理中的一项重要活动,下列有关供应商考核的说法中,正确的是(　　　)。

　　A. 供应商考核是企业在选择供应商时对资质、信誉、价格、质量等的考察

　　B. 供应商考核是对供应商供货能力与积极性的综合评估过程

　　C. 供应商考核是对现有的供应商供货的实际表现进行不定期的监测、考核的静态管理活动

　　D. 供应商考核的结果是初次选择合格供应商的依据

9. 采购人员审核供应商拟定的采购合同草稿,从条款内容是否明确的角度,以下合同条款中需要提出修改意见的是(　　　)。

　　A. 乙方未按时交货的,每逾期一日,应向甲方支付货款2‰的违约金

　　B. 本合同履行过程中产生争议的,双方可协商解决,协商不成的,应向甲方所在地人民法院提起诉讼解决

　　C. 甲方接收产品后,应在收到产品之日起3日内及时对产品进行质量检验

　　D. 乙方提供产品的质量,应符合甲方的要求

10. L科技有限公司与东昌瀚海科技有限公司签订了一份物料采购合同,采购主管在审核时,审核要点不合理的是(　　　)。

　　A. 审查合同是否写清产品全称、牌号、规格、型号

　　B. 审查合同是否明确标的物的数量和计量方法,如一件、一箱、一打

　　C. 审查合同是否明确标的物的质量标准

　　D. 审查合同中是否明确验收的时间、验收的方式、验收的标准

二、多项选择题

1. 请购环节的风险主要有(　　　　　)。

　　A. 缺乏采购申请制度　　　　　　　　B. 请购未经适当审批

　　C. 超越授权审批　　　　　　　　　　D. 不按实际需求安排采购

2. 确定采购价格环节存在的主要风险是(　　　　　)。

　　A. 采购定价机制不科学

　　B. 采购定价方式选择不当

C. 缺乏对重要物资品种价格的跟踪监控

D. 供应商选择不当

3. 采购业务具体控制目标有( )。

A. 采购业务要与生产销售要求一致

B. 支付款项后获得相应的物资和劳务

C. 采购业务合法有效

D. 会计核算资料的合法性、真实性和完整性

4. 采购的基本业务流程有( )核心环节。

A. 请购   B. 订货   C. 收货   D. 付款

5. 设计合理的采购业务流程及内容的作用有( )。

A. 规避采购风险,加强内部控制   B. 防止资金的不当使用

C. 防止资金的闲置   D. 提供采购决策相关信息

6. 企业的请购人员可以有( )。

A. 物资需求部门的人员或其归口管理部门的人员

B. 后勤部门人员

C. 专门设立的请购部门的人员

D. 采购人员

7. 在进行采购业务流程及内容的设计时,应该将涉及的不相容岗位进行分离,以下属于不相容岗位的有( )。

A. 请购与审批   B. 供应商的选择与审批

C. 采购、验收与相关记录   D. 付款的申请、审批与执行

8. 在设计订货业务流程与内容时,应该为企业内部管理决策提供供应商详细信息,该信息的作用有( )。

A. 帮助企业选择合适的供应商

B. 判断采购人员和供应商是否存在利益交换以及商业贿赂等行为,从而防止企业遭受欺诈

C. 保证采购到质量过硬、价格合理的物资

D. 反映出仓库职责的履行情况

9. "采购记录、仓储记录与会计记录是否一致"的信息,可以反映出( )。

A. 采购业务流程各环节是否保持一致

B. 采购业务流程各环节是否可以相互制约和相互印证

C. 采购资金是否合理使用

D. 会计信息的客观性和真实性

10. 设计采购付款通知单时,对付款进行授权审批的人员可能有( )。

A. 采购部门负责人   B. 财务部门负责人

C. 总经理   D. 仓库部门负责人

11. 东海天辰化工有限公司购买需要安装的设备一套,已完成安装,结算时会计人员需要审核的资料有( )。

A. 购销合同   B. 购入设备的发票

  C. 设备安装时取得的发票　　　　　D. 采购订单

 12. 合同签订过程中,采购员必须掌握的要点有(　　　　　)。

  A. 审核合同主体资格　　　　　　B. 审核合同中的商品(劳务)定价

  C. 审核对方提供发票类型与税率　　D. 审核合同中货款结算方式

三、判断题(正确打"√",错误打"×")

 1. 批对批定购法下,需求量就是订货量。　　　　　　　　　　　　　　(　　)

 2. 采用询价采购,被询价的供应商能提供多次报价。　　　　　　　　　(　　)

 3. 请购单是一份具有法律效力的书面文件。　　　　　　　　　　　　　(　　)

 4. 不同的采购方式其重点管控的风险点相同,管理决策需要的信息也相同。(　　)

 5. 企业的原材料采购会影响生产的进度,所以,可以根据生产的需要,不经过请购环节而直接订货。　　　　　　　　　　　　　　　　　　　　　　　　　　(　　)

 6. 请购是否在采购预算范围内、请购是否符合生产经营的需要、请购物资的详细情况、请购是否经过适当审批等,都属于进行请购业务流程与内容设计应该提供的信息。

                        (　　)

 7. 订货环节的不相容职务分离,可以防止一个岗位控制多个环节的现象。　(　　)

 8. 采购人员核对请购单、合同、订单、购货发票、运输发票及入库单,核对一致后,根据合同规定的付款方式,出具付款通知单。　　　　　　　　　　　　　　　(　　)

 9. 采购员依据付款申请单申请付款,财务人员只要看到有公司领导的审批,就可以直接付款。　　　　　　　　　　　　　　　　　　　　　　　　　　　　　(　　)

四、实训题

 甲公司是一家上市集团公司,公司经营范围涵盖家用电器、电子产品及零配件等多种业务。甲公司于 2015 年建立了传统的财务共享服务中心,迈出了财务转型的第一步。目前,财务共享服务中心主要负责资金核算业务,将逐步推广到整个集团的其他业务。

 该财务共享服务中心设有七个部门,包括总账报表部、应收结算部、应付结算部、费用报销部、统计结算部、运营管理部、综合管理部;其目标是最大程度地提升集团整体管控水平,降低财务成本。2024 年,乙会计师事务所接受委托,对甲公司内部控制有效性进行审计,发现问题:① 甲公司对全集团的业务活动、流程和单据进行梳理和统一,并且要求采购和付款流程通常以采购申请为起点,根据企业的实际业务发生情况和内控要求进行设计和个性化配置。例如,当突发金额较大的采购业务时,取消采购控制的集体决议制度,改为总经理审批,或者改为由采购经理预先审批,由总经理补签字的方式。② 甲公司对全集团范围的销售和收款流程进行了梳理和标准化,根据企业的实际情况和内控要求进行设计。规定销售与收款流程以销售合同的录入为起点展开,销售经理应对客户的信用状况作出充分评估,并在确认符合条件后审批签订销售合同,并负责在信息系统中录入销售合同。

 假定不考虑其他因素,要求:

 (1) 根据资料①,从企业内部控制角度分析甲公司采用的传统财务共享服务是否存在缺陷并说明理由。

 (2) 根据资料②,从企业内部控制角度分析甲集团公司的销售和收款流程是否存在缺陷,并说明理由。

项目六 资金结算业务流程与内容设计

 学习目标

知识目标

1. 了解资金结算业务的特点和风险；
2. 熟悉资金结算业务的流程；
3. 掌握资金结算业务的风险控制目标和措施。

技能目标

1. 能够准确分析客户欠款的账龄；
2. 能够准确划分费用类型，保证业务部门预算与执行相匹配；
3. 能够合理选择资金筹集方式，降低筹资成本；
4. 能够准确确定筹资金额，避免产生闲置资金。

素养目标

1. 培养正确的金钱观念；
2. 培养节约意识，通过合理规划与高效实施实现企业降本增效；
3. 培养严谨细致、认真负责的工匠精神。

导入案例

违规报销差旅费

某省某区行政单位安排两名领导干部参加本省在北戴河举办的培训班，培训时间为 2020 年 8 月 7 日至 12 日。培训通知写明：7 日报到，12 日结束，学习培训期间食宿、培训费由举办单位负责，往返交通、食宿费用由学员所在单位负责。

返回单位，出差人将报销单据交由单位办公室副主任兼出纳代为填报，经办公室主任签字审批后报销差旅费用 10 474 元，其中包括报销培训期间（8 月 8 日至 11 日）的伙食补助费 800 元和参观博物馆门票 119 元、餐费 213 元，计 1 132 元。因接送二人往返机场时，与司机在机场用餐，又填报了 8 月 6 日、8 月 14 日 2 天的伙食补助费 400 元，用于冲抵用餐费用。

次年，所在市开展落实中央八项规定精神情况专项督查，督查组在查账时发现，二人到北京、承德市等地参加培训,差旅费报销单中未附有关文件通知,经调查核实差旅费报销的填报、审批过程,并按有关规定对应报销差旅费进行核算,最终确认二人多报销伙食补助费、市内交通费及应由个人承担的费用共计 1 132 元。随后,市纪委党风政风监督室将此问题线索移交给市纪检监察部门立案调查,最后市纪委根据调查结果分别给予二人党内警告处分,违规报销的差旅费 1 132 元退回单位财务;办公室主任对票据审核不严,负有重要领导责任,进行诚勉谈话。

思考:

此类单位内部应如何制定有效措施保证差旅费报销的真实性、合法性、合理性?

任务一　资金结算业务风险控制

一、资金结算作业的特点、业务流程及风险

《企业内部控制应用指引第 6 号——资金活动》第二条指出:"资金活动,是指企业筹资、投资和资金营运等活动的总称。"资金是企业生存和发展的重要基础,被视为企业生产经营的血液,一直受到企业的高度重视。本次国际金融危机爆发后,全球经济萧条,大量企业陷入困境,资金链断裂导致很多企业经营困难甚至破产倒闭,如何防范资金风险、维护资金安全、提高资金效益成了社会广泛关注的热点问题。

(一)资金结算业务的特点

1. 筹资业务的特点

企业筹资业务具有以下特点:

(1)容易受到外部环境的影响。筹资业务基本上是对外进行的,会不可避免受到外部环境的影响,如市场季节性变化、经济波动、通货膨胀及政府管制等。

(2)筹资对企业影响较大。筹资交易金额通常较大,对企业影响也较大。漏记或不恰当的会计处理将会导致重大错误,对企业会计报表的公允反映会产生较大影响。

(3)涉及账户不多,但会计处理却比较复杂。筹资活动取得的资金及其产生的利息、股利与负债、所有者权益直接相关,并且应付债券溢价、折价需要经过复杂的计算、调整和会计处理等。

(4)筹资渠道及方式较多。筹资方式包括向银行借款,向社会发行债券、股票等。企业可以根据自身情况通过不同渠道采取不同方式筹集所需的资金;但是,如果缺乏完善的筹资控制,致使所筹资金没有发挥其应有的作用,则不仅没有解决企业的资金需求,反而使企业背上沉重的还债包袱,甚至破产。

2. 投资业务的特点

企业投资业务的特点主要体现在以下几个方面:

(1)投资是指通过让渡某项资产而获得另一项资产。企业将拥有的现金、固定资产等让渡给其他企业,以换取债权或股权投资,此时企业的现金、固定资产等资产减少,债权

投资或股权投资增加。

（2）投资是企业在生产经营过程之外持有的资产。投资的这一特点，表明企业的投资活动应该在保证正常生产经营的前提下进行，不能舍本逐末。

（3）投资是一种以权利为表现形式的资产。不同的投资为企业带来经济利益的方式不同。对内投资通常能为企业带来直接的经济利益；而对外投资可能通过分配取得经济利益，或者通过投资改善贸易关系，或者通过投资影响而获得额外收益等。

（4）投资是一种具有财务风险的资产。企业应当根据投资目标和规划，合理安排资金投放结构，科学确定投资项目，拟定投资方案，重点关注投资项目的收益和风险。如果盲目扩张可能导致企业资金链断裂，引发财务风险。

3. 营运资金的特点

营运资金是指维持企业日常生产经营所需的资金，是企业财务管理的重点。营运资金具有以下特点：

（1）周转时间短。根据这一特点，企业在营运过程中出现临时性资金短缺时，可以通过短期融资等方式获取资金；当资金出现短期闲置时，在保证安全性和流动性的前提下，可以通过购买国债等多种方式，提高资金效率。

（2）非现金形态的营运资金容易变现。非现金形态的营运资金（如应收账款、短期有价证券）容易变现，这一点对企业应对临时性的资金需求有重要意义。

（3）数量具有波动性。流动资产或流动负债容易受内外条件的影响，数量的波动往往很大，因而营运资金也是波动的。一个企业要维持正常的运转就必须拥有适量的营运资金，要做好营运资金管理必须解决好流动资产和流动负债两个方面的问题。

（二）资金结算业务的业务流程及风险

1. 筹资活动的业务流程及风险

筹资活动是企业资金活动的起点，也是整个企业经营活动的基础。通过筹资活动，企业取得投资和日常生产经营活动所需的资金，从而使企业投资、生产经营活动能够顺利进行。企业应当根据经营和发展战略的资金需要，确定融资战略目标和规划，结合年度经营计划和预算安排，拟定筹资方案，明确筹资用途、规模、结构和方式等相关内容，对筹资成本和潜在风险作出充分估计。如果是境外筹资，还必须考虑所在地的政治、经济、法律和市场等因素。

企业的生产经营活动过程，是一个人力资源作用于物质资源的过程。在这个过程中，物质资源的运动一方面表现为有形的货币和实物资产的周转运动，另一方面表现为物质资源运动中蕴藏的无形的资金价值运动。因此，对企业生产经营活动中物质资源运动过程的内部控制，就是对有形的货币和实物资产周转运动的内部控制，以及对这个过程中体现出来的无形的资金价值周转运动的内部控制。

筹资活动的内部控制，不仅决定着企业能不能顺利筹集生产经营和未来发展所需资金，还决定着企业筹集资金筹资成本时能以什么样的筹资风险筹集所需资金，并决定着企业所筹集资金最终的使用效益。较低的筹资成本、合理的资本结构和较低的筹资风险，能够使企业应付自如、进退有据，不至于背负沉重的压力，可以从容地追求长期目标，实现可持续发展；而较高的筹资成本、不合理的资本结构和较高的筹资风险，常常使企业经营压力倍增。企业一方面要保持更高的资金流动性以应对不合理资本结构带来的财务风险，另一方面要追求更高的投资收益以补偿高额的筹资成本。因此,企业难以追求长期目标,往往过度追求短期利益,饮鸩止渴或者铤而走险,发展战略不能得到很好的执行,经营活动的可持续性得不到保证,企业经营和发展难以为继,财务风险很大,企业正常发展受到严重制约。

　　(1)筹资活动的业务流程。企业筹资活动的内部控制,应该根据筹资活动的业务流程,区分不同筹资方式,按照业务流程中不同环节体现出来的风险,结合资金成本与资金使用效益情况,采用不同措施进行控制。因此,设计筹资活动的内部控制制度,首先要深入分析筹资业务流程。筹资活动的业务流程如图6-1所示。

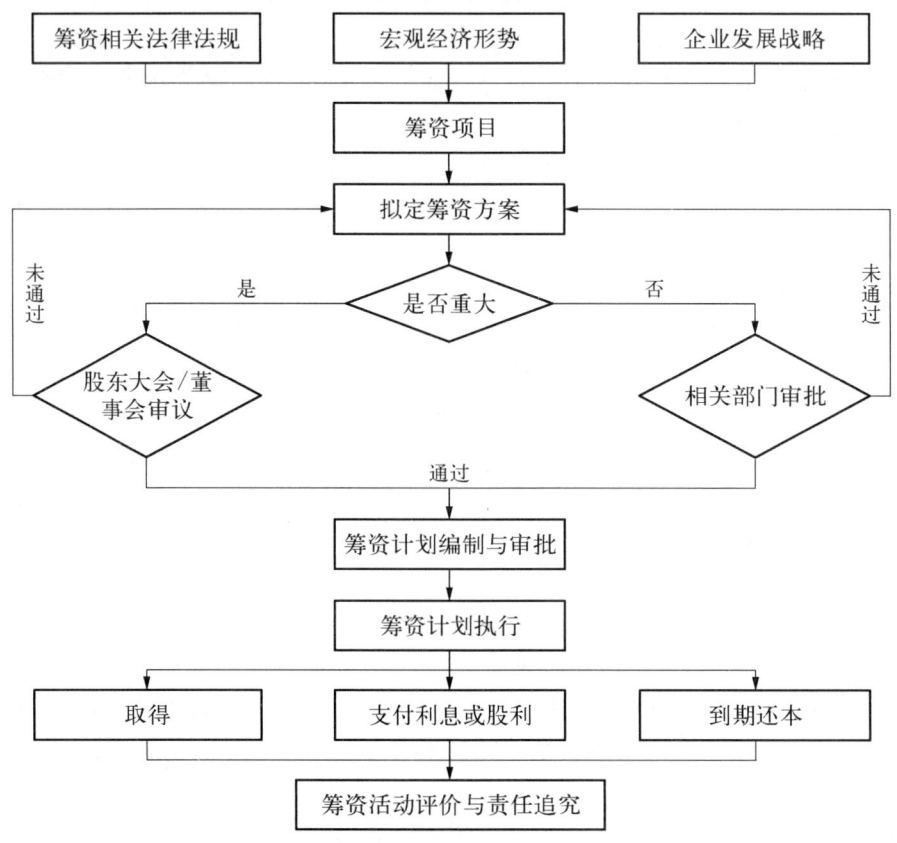

图6-1　筹资活动流程图

　　通常情况下,筹资活动业务流程如下:

　　第一,提出筹资方案。一般由财务部门根据企业经营战略、预算情况与资金现状等因素,提出筹资方案。一个完整的筹资方案应包括筹资金额、筹资形式、利率、筹资期限、资金用途等内容,提出筹资方案的同时还应与其他生产经营相关业务部门沟通协调,在此基础上才能形成初始筹资方案。

　　第二,筹资方案论证。初始筹资方案还应经过充分的可行性论证。企业应组织相关专家对筹资项目进行可行性论证,可行性论证是筹资业务内部控制的重要环节。一般可以从下列几个方面进行分析论证:一是筹资方案的战略评估。主要评估筹资方案是否符合企业整体发展战略;控制企业筹资规模,防止因盲目筹资而给企业造成沉重的债务负担。企业应对筹资方案是否符合企业整体战略方向进行严格审核,只有符合企业发展需要的筹资方案才具有可行性。另外,筹资规模也不可过于贪多求大。资金充裕是企业发展的重要保障,然而任何资金都是有成本的,企业在筹集资金时一定要有战略考虑,切不可盲目筹集过多的资金,造成资金闲置同时给企业增加财务负担。二是筹资方案的经济性评估。主要分析筹资方案是否符合经济性要求,是否以最低的筹资成本获得所需的资金,是否还有降低筹资成本的空间及更好的筹资方式,筹资期限等是否经济合理,利息、股息等水平是否在企业可承受的范围之内。例如,筹集相同的资金,选择股票与选择债券方式,就会面临不同的筹资成本;选择不同的债券种类或者期限结构,也会面临不同的成本,所以企业必须认真评估筹资成本,并结合收益与风险进行筹资方案的经济性评估。三是筹资方案的风险评估。对筹资方案面临的风险进行分析,特别是对于利率、汇率、货币政策等重要条件进行预测分析,对筹资方案面临的风险作出全面评估,并有效地应对可能出现的风险。例如,若选择债权方式筹资,其按期还本付息对于企业来说是一种刚性负担,带给企业的现金流压力较大;若选择股权筹资方式,在股利的支付政策上企业有较大的灵活性,并且不需要归还本金,因而企业的现金流压力较小,但股权筹资的成本较高,可能会使得企业面临较大的控制权风险。所以,企业应在不同的筹资风险之间进行权衡。

第三,筹资方案审批。通过可行性论证的筹资方案,需要在企业内部按照分级授权审批的原则进行审批,重点关注筹资用途的可行性。重大筹资方案,应当提交股东(大)会审议,筹资方案需经有关管理部门批准的,应当履行相应的报批程序。审批人员与筹资方案编制人员应适当分离。在审批中,应贯彻集体决策的原则,实行集体决策审批或者联签制度。在综合正反两方面意见的基础上进行决策,而不应由少数人主观决策。筹资方案发生重大变更的,应当重新履行可行性研究及相关审批程序。

第四,筹资计划编制与执行。企业应根据审核批准的筹资方案,编制较为详细的筹资计划,经财务部门批准后,严格按照相关程序筹集资金:通过银行借款方式筹资的,应当与有关金融机构进行洽谈,明确借款规模、利率、期限、担保、还款安排、相关的权利义务和违约责任等内容。双方达成一致意见后签署借款合同,据此办理相关借款业务。通过发行债券方式筹资的,应当合理选择债券种类(如普通债券或可转换债券等),并对还本付息方案作出系统安排,确保按期、足额偿还到期本金和利息。通过发行股票方式筹资的,应当依照《中华人民共和国证券法》等有关法律法规和证券监管部门的规定,优化企业组织架构,进行业务整合,并选择具备相应资质的中介机构,如证券公司、会计师事务所、律师事务所等协助企业做好相关工作,确保符合股票发行条件和要求。同时,企业应当选择合理的股利支付方式,兼顾投资者的近期与长远利益,调动投资者的积极性,避免分配不足或过度;股利分配方案最终应经股东大会审批通过,如果是上市公司还必须按信息披露要求进行公告。另外,企业应通过及时足额还本付息,以及合理分配和支付股利,保持企业良好的信用记录,这一点对于企业顺利进行再融资具有重要意义。

第五,筹资活动的监督、评价与责任追究。要加强筹资活动的检查监督,严格按照筹资方案确定的用途使用资金,确保款项的收支、股息和利息的支付、股票和债券的保管等符合有关规定。筹资活动完成后要按规定进行筹资后评价,对存在违规现象的,严格追究其责任。

（2）筹资活动的主要风险。企业筹资业务可能面临的重要风险类型较多，企业在相应的内控活动中应注意识别关键风险，设计相关内控制度，有效地进行风险控制。

第一，因缺乏完整的筹资战略规划而导致的风险。企业在筹资活动中，应以企业在资金方面的战略规划为指导，具体包括资本结构、资金来源、筹资成本等。在企业具体的筹资活动中，应贯彻既定的资金战略，以目标资本结构为指导，协调企业的资金来源、期限结构、利率结构等；如果忽视战略导向，缺乏对目标资本结构的清晰认识，很容易导致盲目筹资，使得企业资本结构、资金来源结构、利率结构等处于频繁变动中，给企业的生产经营带来巨大的财务风险。

第二，因缺乏对企业资金现状的全面认识而导致的风险。企业在筹资之前，应首先对企业的资金现状有一个全面正确的了解，并在此基础上结合企业战略和宏、微观形势等提出筹资方案。如果资金预算和资金管控工作不到位，使得企业无法全面了解资金现状，将使得企业无法正确评估资金的实际需要及期限等，很容易导致筹资过度或者筹资不足。特别是对于大型企业集团来说，如果没有对全集团的资金现状进行过深入完整的了解，很可能出现一部分企业资金结余，而其他部分企业仍然对外筹资的情况，使得集团的资金利用效率低下，增加了不必要的财务成本。

第三，因缺乏完善的授权审批制度而导致的风险。筹资方案必须经过完整的授权审批流程方可正式实施，这一流程既是一个企业上下沟通的过程，又是各个部门、各个管理层次对筹资方案进行审核的重要风险控制程序。审批流程中，每一个审批环节都应对筹资方案的风险控制等问题进行评估，并认真履行审批职责。完善的授权审批制度有助于对筹资风险进行管控，如果忽略这一完善的授权审批制度，则有可能忽视筹资方案中的潜在风险，使得筹资方案草率决策、仓促上马，给企业带来严重的潜在风险。

第四，因缺乏对筹资条款的认真审核而导致的风险。企业在筹资活动中，都要签订相应的筹资合同、协议等法律文件，筹资合同一般应载明筹资数额、期限、利率、违约责任等内容，企业应认真审核、仔细推敲筹资合同的具体条款，防止因合同条款而给企业带来潜在的不利影响，使得企业在未来可能发生的经济纠纷或诉讼中处于不利地位。在这一方面，企业可以借助专业的法律中介机构来进行合同文本的审核。

第五，因无法保证支付筹资成本而导致的风险。任何筹资活动都需要支付相应的筹资成本。对于债权类筹资活动来说，相应的筹资成本表现为固定的利息费用，是企业的刚性成本，企业必须按期足额支付，用以作为资金提供者的报酬。对于股权类筹资活动来说，虽然没有固定的利息费用且没有还本的压力，但是保证股权投资者的报酬一样不可忽视，企业应认真制定好股利支付方案，包括股利金额、支付时间、支付方式等。若股利支付不足，或者对股权投资者报酬不足，将会导致股东抛售股票，从而使得企业股价下跌，给企业的经营带来重大不利影响。

第六，因缺乏严密的跟踪管理制度而导致的风险。企业筹资活动的流程很长，不仅包括资金的筹集到位，还要包括资金使用过程中的利息、股利等筹资费用的计提支付，以及最终的还本工作，这一流程一般贯穿企业整个经营活动的始终，是企业的一项常规管理工作。企业在筹资跟踪管理方面应制定完整的管理制度，包括资金到账、资金使用、利息支付、股利支付等，并时刻监控资金的动向。如果缺乏严密的跟踪管理，可能会使企业资金管理失控，因资金被挪用而导致财务损失，也可能因此导致没有及时支付利息而被银行罚息,这些都会使得企业面临不必要的财务风险。

2.投资活动的业务流程及风险

企业投资活动是筹资活动的延续,也是筹资的重要目的之一。投资活动作为企业一种盈利活动,对于筹资成本补偿和企业利润创造,具有举足轻重的意义。企业应该根据自身发展战略和规划,结合企业资金状况以及筹资可能性,拟定投资目标,制定投资计划,合理安排资金投放的数量、结构、方向与时机,慎选投资项目,突出主业,谨慎从事股票或衍生金融工具等高风险投资。境外投资还应考虑政治、经济、金融、法律、市场等环境因素。如果采用并购方式进行投资,应当严格控制并购风险,注重并购协同效应的发挥。

(1)投资活动业务流程。企业投资活动的内部控制,应该根据不同投资类型的业务流程,以及流程中各个环节体现出来的风险,采用不同的具体措施进行投资活动的内部控制。投资活动的业务流程如图6-2所示。

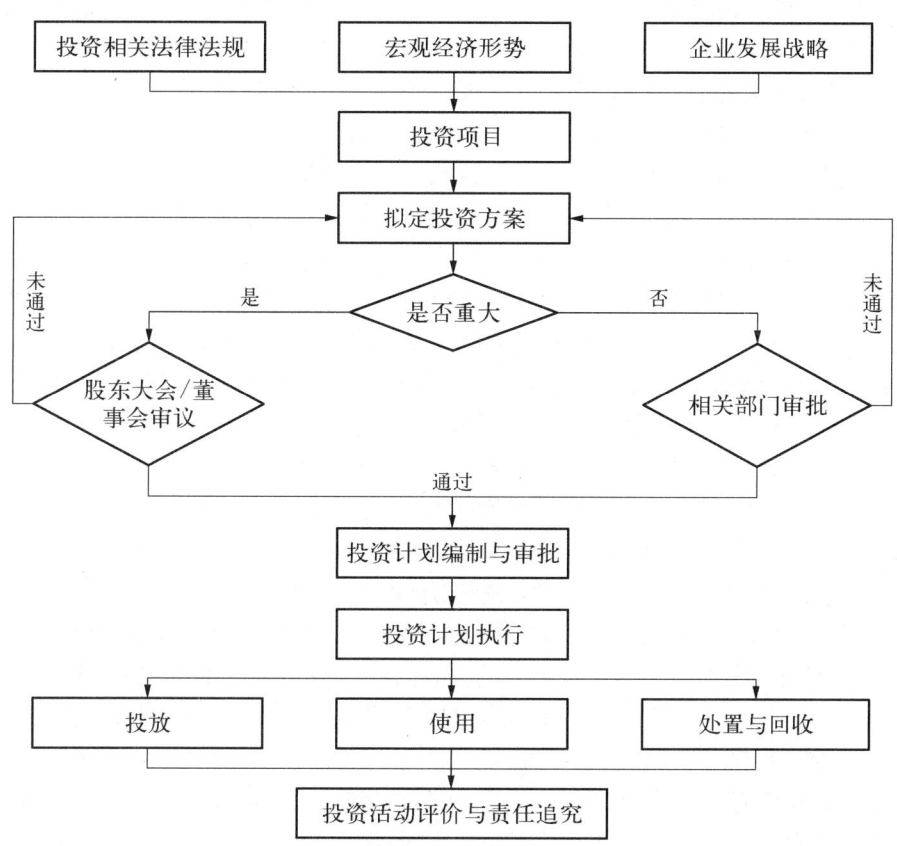

图6-2　投资活动业务流程图

通常情况下,投资活动业务流程如下:

第一,拟定投资方案。应根据企业发展战略、宏观经济环境、市场状况等,提出本企业的投资项目规划。在对规划进行筛选的基础上,确定投资项目。

第二,投资方案可行性论证。对投资项目应进行严格的可行性研究与分析。可行性研究需要从投资战略是否符合企业的发展战略、是否有可靠的资金来源、能否取得稳定的投资收益、投资风险是否处于可控或可承担范围内、投资活动的技术可行性、市场容量与前景等方面进行论证。

第三,投资方案决策。按照规定的权限和程序对投资项目进行决策审批,要通过分级审批、集体决策来进行。决策者应与方案制定者适当分离。重点审查投资方案是否可行、投资项目是否符合投资战略目标和规划、是否具有相应的资金能力、投入资金能否按时收回、预计收益能否实现,以及投资和并购风险是否可控等。重大投资项目应当报经董事会或股东(大)会批准。投资方案需要经过有关管理部门审批的,应当履行相应的报批程序。

第四,投资计划编制与审批。根据审批通过的投资方案,与被投资方签订投资合同或协议,编制详细的投资计划,落实不同阶段的资金投资数量、投资具体内容、项目进度、完成时间、质量标准与要求等,并按程序报经有关部门批准,签订投资合同。

第五,投资计划实施。投资项目往往周期较长,企业需要指定专门机构或人员对投资项目进行跟踪管理,进行有效管控。在投资项目执行过程中,必须加强对投资项目的管理,密切关注投资项目的市场条件和政策变化,准确做好投资项目的会计记录和处理。企业应及时收集被投资方经审计的财务报告等相关资料,定期组织投资效益分析,关注被投资方的财务状况、经营成果、现金流量及投资合同履行情况;发现异常情况的,应当及时报告并妥善处理。同时,在项目实施中,还必须根据各种条件,准确对投资价值进行评估,根据投资项目的公允价值进行会计记录。如果发生投资减值,应及时提取减值准备。

第六,投资项目到期处置。对已到期投资项目的处置同样要经过相关审批流程,妥善处置并实现企业最大的经济收益。企业应加强对投资收回和处置环节的控制,对投资收回、转让、核销等决策和审批程序作出明确规定;重视投资到期本金的回收;转让投资应当由相关机构或人员合理确定转让价格,报授权审批部门批准,必要时可委托具有相应资质的专门机构进行评估;核销投资应当取得不能收回投资的法律文书和相关证明文件。

(2)投资活动的主要风险。其包括五个方面:

第一,投资活动与企业战略不符带来的风险。企业发展战略是企业投资活动、生产经营活动的指南和方向。企业投资活动应该以企业发展战略为导向,正确选择投资项目,合理确定投资规模,恰当权衡收益与风险。要突出主业,妥善选择并购目标,控制并购风险;要避免盲目投资,或者贪大贪快,乱铺摊子,以及投资无所不及、无所不能的现象。

第二,投资与筹资在资金数量、期限、成本与收益上不匹配的风险。投资活动的资金需求,需要通过筹资予以满足。不同的筹资方式,可筹集资金的数量、偿还期限、筹资成本不一样,这就要求投资者量力而为,不可超过企业资金实力和筹资能力进行投资;投资的现金流量在数量和时间上要与筹资现金流量保持一致,以避免财务危机发生;投资收益要与筹资成本相匹配,保证筹资成本的足额补偿和投资盈利性。

第三,投资活动忽略资产结构与流动性的风险。企业的投资活动会形成特定资产,并由此影响企业的资产结构与资产流动性。对企业而言,资产流动性和盈利性是相互矛盾的,这就要求企业投资中要恰当处理资产流动性和盈利性的关系,通过投资保持合理的资产结构,在保证企业资产适度流动性的前提下追求最大盈利性,这也就是投资风险与收益均衡问题。

第四,缺乏严格的授权审批制度和不相容职务分离制度的风险。授权审批制度是保证投资活动合法性和有效性的重要手段,不相容职务分离制度则通过相互监督与牵制,保证投资活动在严格控制下进行,这是堵塞漏洞、防止舞弊的重要手段。没有严格的授权审批制度和不相容职务分离制度,企业投资就会呈现出随意、无序、无效的状况,导致投资失误和企业生产经营失败。因此,授权审批制度和不相容职务分离制度是投资内部控制、防范风险的重要手段。同时,与投资责任制度相适应,还应建立严密的责任追究制度,使责权利得到统一。

第五,缺乏严格的投资资产保管与会计记录的风险。投资是直接使用资金的行为,也是形成企业资产的过程,容易发生各种舞弊行为。在严密的授权审批制度和不相容职务分离制度以外,是否有严密的投资资产保管制度和会计控制制度,也是避免投资风险、影响投资成败的重要因素。企业应建立严密的资产保管制度,明确保管责任,建立健全账簿体系,严格通过账簿记录对投资资产进行详细、动态反映和控制。

企业资金管理制度

3. 资金营运活动的业务流程及风险

企业资金营运内部控制的主要目标:第一,保持生产经营各环节资金供求的动态平衡。企业应当将资金合理安排到采购、生产、销售等各环节,做到实物流和资金流的相互协调、资金收支在数量上与在时间上相互协调。第二,促进资金合理循环和周转,提高资金使用效率。资金只有在不断流动的过程中才能带来价值增值。加强资金营运的内部控制,就是要提升资金正常周转效率,为短期资金寻找的适当投资机会,避免出现资金闲置和沉淀等低效现象。第三,确保资金安全。企业的资金营运活动大多与流动资金尤其是货币资金密切相关,这些资金由于流动性很强,出现错弊的可能性更大,因此保护资金安全的要求更迫切。

(1) 资金营运活动的业务流程。企业资金营运活动是一种价值运动,为保证资金价值运动的安全、完整、有效,企业资金营运活动应按照设计严密的流程进行控制。

第一,资金收付需要以业务发生为基础。企业资金收付,应该有相应的根据,不能凭空付款或收款。所有收款或者付款需求,都因特定的业务引起,因此,有真实的业务发生,是资金收付的基础。

第二,授权部门审批。收款方应该向对方提交相关业务发生的票据或者证明,收取资金。资金支付涉及企业经济利益流出的,应严格履行授权分级审批制度。不同责任人应该在自己授权范围内,审核业务的真实性、金额的准确性,以及申请人提交票据或者证明的合法性,严格监督资金支付。

第三,财务部门复核。财务部门收到经过企业授权部门审批签字的相关凭证或证明后,应再次复核业务的真实性、金额的准确性,以及相关票据的齐备性与相关手续的合法性、完整性,并签字认可。

第四,出纳或资金管理部门在收款人签字后,根据相关凭证支付资金。

(2) 资金营运活动的主要风险。其包括七个方面:

第一,银行账户管理风险。如果银行账户的开立、审批、使用等违反国家法律法规规定,可能使企业遭受外部处罚,给单位造成经济损失和信誉损失。

第二,资金管理业务涉及流程不合理风险。资金管理业务流程设计不合理或控制不当,可能导致企业对资金监控不力,管理混乱,资金被非法挪用、盗用,出现差错、舞弊和经济犯罪而遭受损失。

第三,现金日常管理存在缺陷风险。企业持有现金不能应付日常经营活动开支,会导致企业经营受阻,发生损失,不能及时抓住获利机会或为筹集资金付出额外开支。

143

第四,债权类款项无法及时收回风险。大量赊销、货款不能及时回收或超过预期还不能确认回收金额,导致坏账风险,同时产生债权资金的机会成本,增加企业应收账款的管理费用。

第五,存货周转周期较长风险。存货积压或变现受到影响,导致企业资金周转不畅、短期偿债压力加大。

第六,流动资产处置不当风险。流动资产内部应收账款与存货占地过大,货币资金及短期投资比率过小,会导致企业日常支付能力减弱,偿债能力下降。

第七,对报销凭证等票据管理缺失风险。有关票据的遗失、变造、伪造、被盗用以及非法使用印章,可能使企业遭受资产损失、控制法律诉讼或信用损失。

二、资金结算业务的控制目标

根据资金活动相关业务的特点及企业财务管理要求,资金活动内部控制制度建设应实现以下目标。

(一)保证资金活动相关业务的合法性

企业在制定资金活动相关业务内部控制制度时,必须体现国家相关法律、法规对业务活动的规定,以保证各项筹资活动、投资活动及资金收付业务合法合规。

(二)保证资金活动相关业务经过适当的审批程序

按照企业内部控制的要求,资金活动相关业务在预算编制、计划执行、收付申请等环节必须经过适当的审批程序才能进行,以确保资金活动有序、有效地开展。

(三)保证资金活动相关业务核算准确可靠

企业筹资业务、投资业务必须按照国家统一的会计核算制度要求进行确认、计量、记录和报告,正确编制会计凭证,及时登记会计账簿,使资金活动在会计账簿和会计报表上准确列示,保证资金业务会计核算资料准确可靠。

(四)保证资金安全和使用效益

资金活动内部控制系统应能保证所有资金的收入和支出都得到真实的记录和反映,防止非法侵占、挪用等行为的发生,保证资金安全完整。资金活动内部控制应保证合理筹集、使用资金,使筹资成本最小化、投资效益最大化、资金占用合理化,提高资金活动效果。

三、资金结算作业主要环节的控制措施

(一)应收账款催收

应收账款催收的主要管控措施:销售部门负责应收款项的催收,财会部门进行督促和配合,催收记录(包括往来函电)应妥善保存。建立应收账款账龄分析和逾期催收制度,严格区分并明确收款责任,建立合理的清收奖励、责任追究和处罚制度。按客户设置应收账款台账,及时登记并评估每一客户应收账款的余额变动和信用额度的使用情况。催收无效的逾期账款可通过法律程序来解决。

(二)销售收款

销售收款的主要管控措施:第一,结合公司销售政策,选择恰当的结算方式,加快款项回收,提高资金的使用效率。对于商业票据,根据销售政策和信用政策,明确应收票据的受理范围和管理措施。第二,建立票据管理制度,特别是加强商业汇票的管理:一是对

票据的取得、贴现、背书、保管等活动予以明确规定;二是严格审查票据的真实性和合法性,防止票据欺诈;三是由专人保管应收票据,对即将到期的应收票据,及时办理托收,定期核对盘点;四是票据贴现、背书应经恰当审批。第三,加强赊销管理:一是需要赊销的商品,应由信用管理部门按照客户信用等级审核,并经具有相应权限的人员审批。二是赊销商品一般应取得客户的书面确认,必要时,要求客户办理资产抵押、担保等收款保证手续。三是应完善应收款项管理制度,落实责任、严格考核、实行奖惩。第四,加强代销业务款项的管理,及时与代销商结算款项。第五,收取的现金、银行本票、汇票等应及时缴存银行并登记入账。防止由销售人员直接收取款项,如必须由销售人员收取的,应由财会部门加强监控。

(三) 采购付款

采购付款的主要管控措施:企业应当加强采购付款的管理,完善付款流程,明确付款审核人的责任和权力,严格审核采购预算、合同、相关单据凭证、审批程序等相关内容,审核无误后按照合同规定,合理选择付款方式,及时办理付款。要着力关注以下方面:第一,严格审查采购发票等票据的真实性、合法性和有效性,判断采购款项是否确实应予支付,如审查发票填制的内容是否与发票种类相符合、发票加盖的印章是否与票据的种类相符合等。企业应当重视采购付款的过程控制和跟踪管理,如果发现异常情况,应当拒绝向供应商付款,避免出现资金损失和信用受损。第二,根据国家有关支付结算的相关规定和企业生产经营的实际,合理选择付款方式,并严格遵循合同规定,防范付款方式不当带来的法律风险,保证资金安全。除了不足转账起点金额的采购可以支付现金外,采购价款均应通过银行办理转账。第三,加强预付账款和定金管理,涉及大额或长期的预付款项,应当定期进行追踪核查,综合分析预付账款的期限、占用款项的合理性、不可收回风险等情况,发现有疑问的预付款项,应当及时采取措施,尽快收回款项。

(四) 费用报销

费用报销的主要管控措施:第一,根据费用用途,准确划分费用类别和金额,明确各费用项目的具体内容,确保业务部门预算与执行相匹配,避免超预算得不到控制,预算制度形同虚设。第二,费用的经办、审核、审批、支付、预提等各个环节应当建立严格的授权批准制度,明确各环节审批人的授权批准方式、权限、程序、责任和相关控制措施,规定经办人的职责范围和工作要求,保证费用报销业务的不相容岗位相互分离、制约和监督。第三,根据费用单据和费用的实际用途,准确、及时填写相关报销单,并将相应联次传达给相应人员,按授权完成费用提交、审核、审批程序。第四,根据收到的费用单据,及时准确记录费用发生、报销业务,保证账实一致。

(五) 营运资金管理

营运资金管理的主要管控措施:第一,审核控制:制定资金的限制接近措施,经办人员进行业务活动时应该得到授权审批,任务未经授权的人员不得办理资金收支业务;使用资金的部门应提出用款申请,记载用途、金额、时间等事项;经办人员在原始凭证上签章;经办部门负责人、主管总经理和财务部门负责人审批并签章。第二,复核控制:资金营运活动会计主管审查原始凭证反映的收支业务是否真实合法,经审核通过并签字盖章后才能填制原始凭证;凭证上的主管、审核、出纳和制单等印章是否齐全。第三,收付控制:出纳人员按照审核后的原始凭证收付款,并对已完成收付的凭证加盖戳记,并登记日记账;

主管会计人员及时准确地记录在相关账簿中,定期与出纳人员的日记账核对。第四,出纳人员根据资金收付凭证登记日记账,会计人员根据相关凭证登记有关明细分类账;主管会计登记总分类账,并进行账证核对、账账核对、账表核对、账实核对等。印章的保管要贯彻不相容职务分离的原则,严禁将办理资金支付业务的相关印章和票据由一人集中保管,印章要与空白票据分管,财务专用章要与企业法人章分管。

(六) 资金筹措审批

资金筹措审批的主要管控措施:第一,根据最佳现金持有量、现有现金持有量,确定需要筹集的资金余额;根据不同筹集方式的优缺点,筹集资金使用期间等,选择合适的筹集方式,形成筹资方案。第二,通过可行性论证的筹资方案,需要在企业内部按照分级授权审批的原则进行审批,重点关注筹资用途的可行性。第三,重大筹资方案,应当提交股东(大)会审议,筹资方案需经有关管理部门批准的,应当履行相应的报批程序。审批人员与筹资方案编制人员应适当分离。在审批中,应贯彻集体决策的原则,实行集体决策审批或者联签制度。在综合正反两方面意见的基础上进行决策,而不应由少数人主观决策。第四,筹资方案发生重大变更的,应当重新履行可行性研究及相关审批程序。

任务二　资金结算管理制度设计

为了控制资金结算风险,降低资金结算风险带来的损失,通常企业会依据前述资金结算业务的风险分析和相应风险控制措施的解读,设计资金结算管理制度。企业在设计资金结算管理制度时,可以将资金结算业务分环节设计制度,如销售收款与应收账款管理制度、采购付款申请与审核制度、费用报销管理制度、现金管理制度、筹资管理制度等。

一、撰写总则

在各环节制度之前通常需要撰写总则,总则用于概括说明企业制定相关资金结算管理制度的目的、目标及适用范围。

二、资金结算制度的设计

资金结算作业涉及的业务较多且各业务涉及部门不尽相同。因此在制度中不再总括规范各部门的职责,而是在各业务中明确相关部门及人员的职责与权限。

三、销售收款与应收账款管理制度的设计

销售收款与应收账款管理制度中首先应根据授权审批控制措施明确相关部门及人员的职责与权限,依据单据流转控制和流程控制措施制定销售收款和应收账款管理步骤。制定会计系统控制制度,通过会计系统详细记录销售收款和应收账款的挂账与收款。应收账款管理制度中,企业可依据各自应收账款管理方法和收账条件自行设定相应制度。该环节的制度行文可部分参考下文:

销售收款:

第十九条　销售员要根据收到的货款填写"收款单",进行货款冲减处理。

第二十条　销售员在收到收款凭据当日,将凭据或者收款信息传递给财务部出纳。

第二十一条　财务部出纳在处理完收款业务后,需要将相关单据传递给会计。

应收账款管理:

第五条　公司销售主管负责应收账款的监督与审查日常工作,职责如下:

(1) 监督销售部应收账款的运行情况。

(2) 制定公司应收账款的奖励与处罚方案。

第六条　销售员负责应收账款管理与控制的日常业务,职责如下:

(1) 监督各区域应收账款的运行情况。

(2) 负责执行公司应收账款的奖励与处罚方案。

第七条　公司财务部门负责应收账款的审查和督促相关部门收回货款工作,具体负责下列日常业务:

(1) 审查应收账款单据建立情况。

(2) 定期以书面通知方式提醒有关部门(销售部)催缴应收账款。

(3) 向上级领导汇报应收账款执行和运作情况。

第十一条　对于逾期的应收账款,各销售部必须及时催收,步骤如下:

(1) 销售员应当每半年进行一次应收账款账龄分析,对已经产生的应收账款拖欠情况进行分析,确定应收账款金额中,已经超过还款期的金额及账龄,填写"应收账款账龄分析表"。

(2) "应收账款账龄分析表"应经销售主管审批。

(3) 销售员根据审批后的"应收账款账龄分析表",向客户送达"应收账款催收函"对逾期款进行催收。

四、采购付款申请与审核制度的设计

首先应根据授权审批控制措施明确相关部门及人员的职责与权限,再依据单据流转控制和流程控制措施制定采购付款申请和审核制度防范采购付款的风险,该环节的制度行文可参考前述风险应对措施,根据企业自身特点设计。

五、费用报销管理制度的设计

费用报销管理分为一般费用报销管理和差旅费报销管理两部分。通常企业的一般费用报销和差旅费报销在管理上会存在较大差异,故在费用报销管理制度设计时建议将它们分开。一般费用报销管理制度通常包括费用报销流程、报销时间限定等。差旅费用报销管理制度则更加复杂,通常包括差旅费报销的范围、报销规则、出差补贴及标准、报销单据的要求、报销流程等。以一般费用报销流程为例,供相关制度设计参考如下:

费用报销流程:

(1) 经办人在报销之前需要根据实际费用发生情况,填写"单据事项说明表"。单据事项说明表随同报销单据一并传递,方便审批人和出纳更好理解费用发生的情况。

(2) 经办人填写"部门支出费用分类表"。经办人应根据费用实际发生情况填写"部门支出费用分类表"。"部门支出费用分类表"是业务部门内部单据,仅限于业务部门内部使用,用于对企业部门预算进行管控,不进行传递。填写"部门支出费用分类表"时不考虑税费因素。

（3）经办人填写报销单。经办人应根据借款情况、费用实际发生情况填写"费用报销单"。

注意："费用报销单"中的退还金额、补付金额、补付方式不属于经办人的填写范围。

（4）出纳审核签字。出纳需要对经办人提交的票据、"费用报销单"的准确性、合规性进行审核。只有经出纳初步审核签字之后的单据才能被执行企业审批流程。

（5）企业审批权限设定。企业按照报销金额对审批权限进行划分，经办人根据实际报销金额完成审批。

（6）出纳进行报销处理。

① 出纳对审批流程进行复核，若未按照流程签字报销，出纳有权拒绝审核、报销。

② 出纳根据实际情况进行报销处理。

③ 完成报销处理后，出纳应将相关单据传递给经办人和会计，会计依据单据进行发票认证和账务处理。

六、现金管理制度的设计

现金管理制度通常包括现金收支范围规定、现金限额管理、现金收取与支出、现金保管、现金盘点与监督管理等。现金收支范围规定、现金限额管理制度设计可以参考中国人民银行《现金管理暂行条例实施细则》。现金收取与支出工作规定、现金保管制度先依据授权审批制度明确各岗位责任人的职责和权限，然后通过单据流转制度和流程控制制度明确现金收支和保管的具体流程。除此之外，对于现金收支和保管中易出现的特殊情况也应在制度中明确，提升制度的实际指导意义。现金盘点和监督管理制度主要是将现金的日清月结管理方法以制度的形式规定清楚。以现金保管制度为例，可供参考的条文如下：

现金保管

（1）现金保管的责任人为出纳。出纳人员应由诚实可为、工作责任心强、业务熟练的会计人员担任，连续担任出纳岗位一般不得超过三年。

（2）超过库存限额的现金应由出纳人员在下班前送存银行。公司的现金不得以个人名义存入银行。银行一旦发现公款私存，可以对相关公司处以罚款，情节严重的，可以冻结单位现金支付。

（3）为加强对现金的管理，除工作需要的少量备用金可放在出纳员的抽屉内之外，其余则应放入出纳员专用的保险柜内，不得随意存放。保险柜应存放在坚固实用、防潮、防水、通风较好的房间里，房间应有铁栏杆、防盗门。

（4）限额内的现金在当日被核对清楚后，一律放在保险柜内，不得放在办公桌内过夜。出纳员自己保管保险柜密码，并严格保密，不得向他人泄露，以防为他人利用。出纳员调动岗位，新出纳员应及时更换成新的密码。

（5）保险柜钥匙、密码丢失或发生故障时，应立即报请领导处理，不得随意找人修理或修配钥匙。

（6）对纸币和铸币，应实行分类保管。出纳员对库存票币分别按照纸币的票面金额和铸币的币面金额，以及整数（大数）和零数（小数）分类保管。

（7）现金应整齐存放，保持清洁，如因潮湿霉烂、虫蛀等问题发生损失的，由出纳员负责。

（8）出纳员向银行提取现金时，应当填写"现金提取单"，并写明用途和金额，由财务部经理批准后提取。

七、筹资管理制度的设计

筹资管理制度通常包括筹资的范围、筹资授权与批准等。在筹资管理制度中重点强调授权与批准，以规避筹资风险。具体制度行文可部分参考如下。

授权与批准内容：

第5条　筹资授权方式

企业筹资授权均需以授权书为准，逐级授权，口头通知与越级授权被视为无效授权。

第6条　筹资授权程序

（1）总经理授权财务经理全权负责筹资活动。

（2）财务部经理授权筹资主管负责具体的筹资行为，包括编制筹资预算与筹资方案。

第7条　筹资预算与筹资方案的批准程序

（1）财务部经理指导筹资主管编制好筹资预算与筹资方案后，签字呈送财务总监。

（2）财务总监对筹资预算和筹资方案进行审核，审核无误后签字呈送总经理。

（3）总经理负责审批筹资预算与筹资方案。

第8条　公司短期借款的审批权

（1）财务部经理审批限额：10万元以内。

（2）财务总监审批限额：10（含）万元至50万元。

（3）总经理办公会审批限额：50（含）万元以上。

第9条　短期借款超过限额标准的由总经理批准。

第10条　超过100万元的筹资需由公司的高级管理层共同审批。

第11条　公司筹资的批准需逐级进行，禁止越级批准。

第12条　对越级批准造成企业损失的人员，情节轻微的公司追究其经济责任并处理，情节严重的将交由司法机关处理。

八、附则的设计

除各部分制度正文之外，一般在制度的结尾会附上附则。附则旨在对制度给予附加说明，如制度的解释权、实施日期和适用范围等。

任务三　业财一体化资金结算流程构建

一、应收账款催收

（一）任务目标

（1）能够准确分析客户欠款的账龄，为货款催收提供依据。

（2）能够按公司规定采取合适的催收方式,完成货款催收。

（二）任务分析

应收账款是否可收回直接影响企业的资金流,对企业的真实财务状况影响很大,因此,对应收账款的管理是整个销售环节中的一个控制重点。准确完成应收账款催收具体思路如下:

1. 确定应收账款拖欠金额及账龄

根据客户销售订单情况、货款回收情况,对客户的应收账款进行分析,确定应收账款余额中,哪些属于未过清偿期的金额,哪些属于客户拖欠的金额,同时对拖欠情况进行分析。

2. 执行应收账款催收程序

根据企业应收账款管理要求,准确、及时填写应收账款催收函,并将相应联次传达给相应人员,完成应收账款的催收程序。

（三）任务流程

企业应收账款催收的基本流程如图6-3所示。在现实中,不同的企业在具体的流程和操作上不尽相同,但总体思路是一致的。

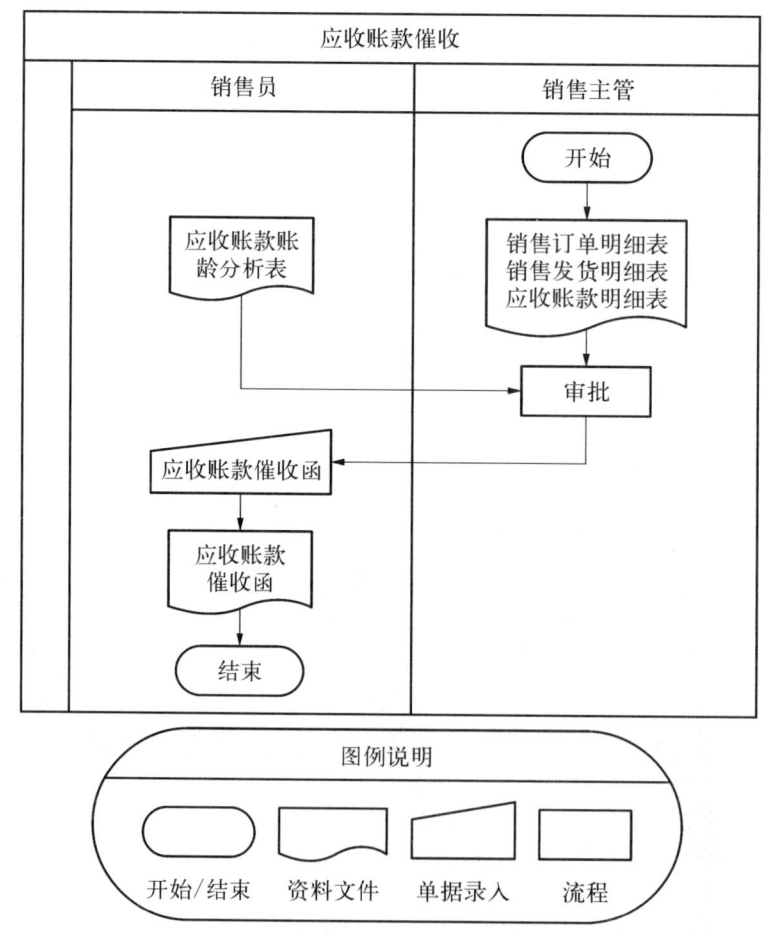

图6-3 应收账款催收流程图

(四) 任务操作

1. 销售主管查阅《企业应收账款管理制度》

通过查阅《企业应收账款管理制度》,了解企业应收账款账龄分析的频率、掌握应收账款催收的方式和流程等。

2. 销售主管审核应收账款账龄分析表

首先,根据应收账款明细表(表6-2),确定各客户应收账款余额;其次,根据2024年销售订单明细表(表6-1)的收款日期.确定客户应收账款余额涉及的每笔订单的收款日期,确定哪几笔订单金额尚未过清偿期,哪几笔订单金额已过清偿期;最后,计算已过清偿期但尚未收到货款的订单的拖欠期。结合以上信息,审查应收账款账龄分析表的准确性,只有应收账款账龄分析表(表6-3)各项内容准确无误才能审核通过:对于填写有误的应收账款账龄分析表,销售主管可进行批改。

3. 销售员填写应收账款催收函

首先,根据应收账款账龄分析表(表6-3),确定拖欠应收账款的客户及拖欠的金额;其次,根据销售订单明细表(表6-1),确定拖欠订单的签订日期;最后,根据企业基本信息(表3-4),确定企业地址、电话、开户银行、账号等基本信息。结合以上信息,填写应收账款催收函并加盖公司财务章,如图6-4所示。

二、销售收款

(一) 任务目标

能够准确、及时执行销售收款流程,保证账实一致。

(二) 任务分析

没有回款,企业很难正常运转,销售回款工作在某种程度上来说,不亚于销售中的任何一个环节。从内部控制和管理的角度出发,执行销售收款程序具体流程为:

1. 结算方式的选择

公司之间的结算方式有:现金、支票、网银转账、本票、汇票等,同城结算可以用网银转账、转账支票、委托收款等,异地结算可以用网银转账、汇兑(信汇,电汇)、托收承付、委托收款、汇票(银行汇票,商业汇票)、本票等。现在企业常用的结算方式为网银转账。

关于货款的结算方式,企业在与客户签订合同时已经明确规定。以M企业与客户D电子手机超市签订的合同为例,销售订单中明确规定,结算方式为网银转账。

2. 明确货款抵消的业务

当收到货款时,应明确该笔货款是客户结算所欠的哪一笔货款,是提前支付的货款,还是支付的其他费用。每一笔货款对应的业务都比较清晰,方便后期查询哪些业务已经结算,哪些业务尚未结算,便于对应收账款进行管理。

以M企业为例,其在《企业销售管理制度》中对货款抵消的规定如下:若客户明确支付的是哪一笔业务,就对应此笔业务做冲销,如果没有对应哪一笔业务,就从第一笔欠款开始冲销。

3. 审核客户付款凭证

在收到客户发来的银行单据或结账信息后,应通过查询销售订单、客户挂账情况等,核对日期、金额、收款方名称、银行账号、付款方签章等银行票据填写内容的正确性,避免因为银行票据错误而延长收款周期。

表 6-1 销售订单明细表

日期：2024 年

序号	受订日期	单 号	客户名称	产品名称	产品规格	产品单位	数量	含税单价/元	税额	含税金额	交货日期	收款日期
1	2024.01.05	XSDD20240105	H通信设备连锁销售有限公司	瀚海 V30	128 G	部	2 300	3 050.65	807 207.39	7 016 495.00	2024.01.30	2024.02.15
2	2024.05.05	XSDD20240505		瀚海 V30	128 G	部	890	3 200.00	327 646.02	2 848 000.00	2024.06.02	2024.06.17
3	2024.08.25	XSDD20240925		瀚海 V30	128 G	部	1 100	3 050.65	386 055.71	3 355 715.00	2024.09.22	2024.10.30
4	2024.12.01	XSDD20241201		瀚海 H5	128 G	部	10 640	2 500.00	3 060 176.99	26 600 000.00	2024.12.31	2025.02.01
5	2024.01.09	XSDD20240109	D电子手机超市	瀚海 V30	128 G	部	2 100	3 050.65	737 015.44	6 406 365.00	2024.01.29	2024.02.03
6	2024.05.01	XSDD20240501		瀚海 V30	128 G	部	850	3 200.00	312 920.35	2 720 000.00	2024.05.22	2024.05.31
7	2024.11.25	XSDD20241125		瀚海 V30	128 G	部	50	3 200.00	18 407.08	160 000.00	2024.12.28	2025.01.01
8	2024.12.02	XSDD20241202		瀚海 H5	128 G	部	35	2 571.43	10 353.98	90 000.00	2024.12.31	2025.02.03

表 6-2 应收账款明细表

日期：2024 年

序号	销货日期	销货单号	客户名称	产品名称	产品规格	产品单位	数量	含税单价/元	税额	含税金额
1	2024.01.28	XH20240128	H通信设备连锁销售有限公司	瀚海 V30	128 G	部	2 300	3 050.65	807 207.39	7 016 495.00
2	2024.05.31	XH20240531		瀚海 V30	128 G	部	890	3 200.00	327 646.02	2 848 000.00
3	2024.09.20	XH20240920		瀚海 V30	128 G	部	1 100	3 050.65	386 055.71	3 355 715.00
4	2024.12.29	XH20241229		瀚海 H5	128 G	部	10 640	2 500.00	3 060 176.99	26 600 000.00
5	2024.01.29	XH20240129	D电子手机超市	瀚海 V30	128 G	部	2 100	3 050.65	737 015.44	6 406 365.00
6	2024.05.22	XH20240522		瀚海 V30	128 G	部	850	3 200.00	312 920.35	2 720 000.00
7	2024.12.28	XH20241228		瀚海 V30	128 G	部	50	3 200.00	18 407.08	160 000.00
8	2024.12.31	XH20241231		瀚海 H5	128 G	部	35	2 571.43	10 353.98	90 000.00

表 6-3　应收账款账龄分析表

日期：2025.1.20

序号	客户编号	客户名称	账面余额	其中					
				未过清偿期	拖欠情况(月份)				
					<3	[3, 6)	[6, 12)	[12, 24)	≥24
1	Kh01	D 电子手机超市	250 000	90 000	160 000				
2	Kh02	H 通信设备连锁销售有限公司	26 600 000	26 600 000					
3									
4									
5									

销售主管：　　　　　　　　　　　　　　　　　　　　　制单人：王涛

应收账款催收函

　　　　　　　　　公司财务部：

　　贵公司于　　　年　　　月　　　日购买　　　　　　　　的货款金额为　　　　元。该货款至今尚未解入我单位账户，影响了我单位资金的正常周转，请在接到本通知的__5__日内进行结算。

　　如果有特殊情况，请及时与我单位财务部联系。

　　我方地址：　　　　　　　　电话：　　　　　　　

　　开户银行：　　　　　　　　账号：　　　　　　　

　　特此专函

　　　　　　　　　　　　　　　　　　　　　　年　　月　　日

图 6-4　应收账款催收函

4. 从业务上冲减货款

根据客户付款凭证、前期应收账款增减情况，准确、及时填写收款单，完成货款回收登记，从业务上冲减应收账款。

5. 完成会计记录

根据收到的银行单据，从会计上准确记录收款业务，保证账实一致。

(三) 任务流程

企业销售收款的基本流程如图 6-5 所示。在现实中，不同企业在具体的流程和操作上不尽相同，但总体思路是一致的。

(四) 任务操作

1. 销售员查阅《企业销售管理制度》

通过查阅《企业销售管理制度》，了解企业销售收款的流程，掌握收款业务的特殊规定、货款冲销的规定、单据流转的特殊规定。

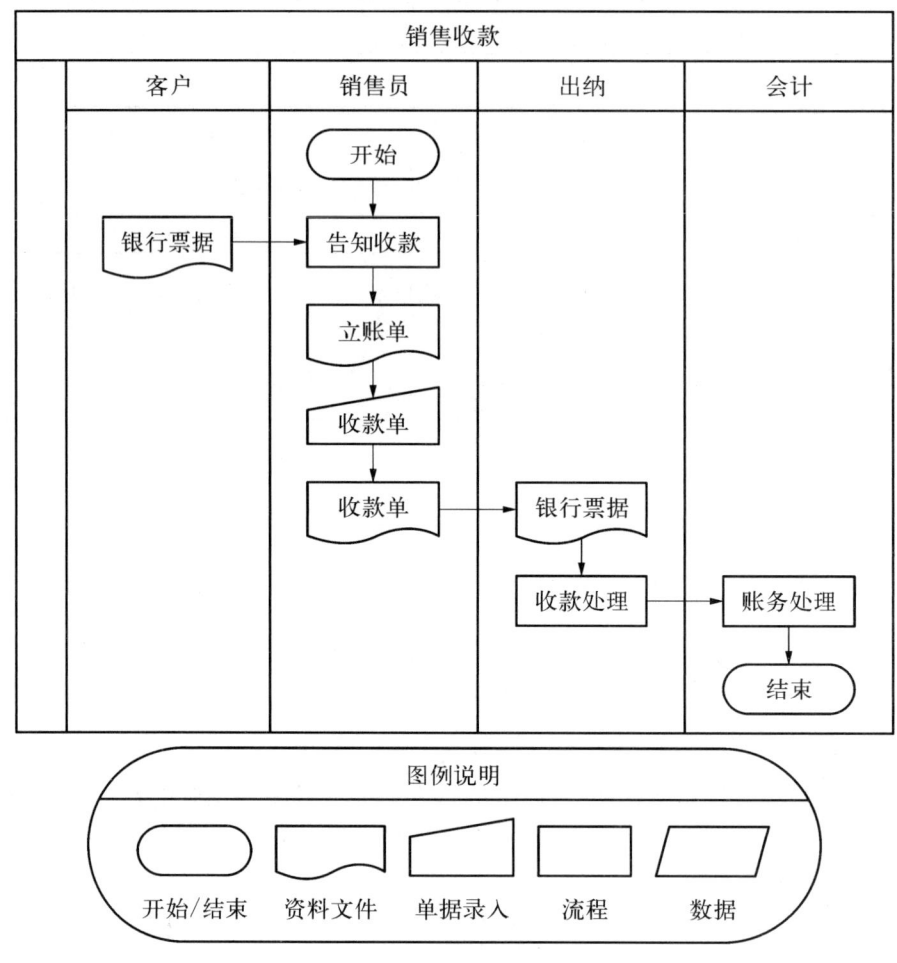

图 6-5　销售收款流程图

2. 销售员填写收款单

首先,根据销售发货信息及付款凭证(图 6-6)的金额,确定本次货款涉及的销货单号、本次收款金额及客户名称。其次,根据对应立账单号的立账单信息,确定立账单号、应

中国建设银行网上银行电子回单				
币别: 人民币	日期: 2025-01-30	凭证号:	账户明细编号-交易 20110004202003301508549970 98 流水号:	
付款人	全　称　D电子手机超市		收款人	全　称　M企业
	账　号　21000530068422223005			账　号　34725028335268125887
	开户行　中国建设银行东海中心支行			开户行　中国建设银行华海市东支行
大写金额　伍佰伍拾肆万零捌佰肆拾元整		小写金额 5540840.00		
用　途　货款				
钞汇标志　钞户				
重要提示:电子回单可重复打印,如您已通过银行柜台取得相应纸质回单,请注意核对,勿重复记账。				

图 6-6　客户付款凭证

收账款金额。最后，通过查询前期收款信息，分析同一立账单号下货款已收回情况，确定已冲金额，计算出未收金额。结合以上信息填写收款单，如图6-7所示。

收　款　单

销货单号：　　　　　　　　　　收款单号：SK2025622
收款日期：　　　　　　　　　　客户名称：

序号	立账单号	应收账款金额/元	已冲金额/元	本次收款金额/元	未收金额/元
1					
2					
3					
合　计					

制单人：

图6-7　收款单

3. 销售员通知收款

及时通知出纳人员收取货款，并将相关收款凭证传递给出纳。出纳人员在处理完结算业务之后，需要将相应的收款凭证传递给会计人员。

4. 会计人员记录收款业务

根据出纳人员交来的银行结算单据，准确记录销售收款业务，根据银行结算单据标明的货款金额冲减客户的应收账款金额。

三、采购付款

(一) 任务目标

(1) 能够准确、及时地履行付款义务。
(2) 能够根据采购付款申请与审批程序，对付款的及时性和准确性进行审核。

(二) 任务分析

为减少结算失误给企业带来的损失，提高企业整体资金的使用效果，企业应加强采购结算的过程管理，做好采购结算的内部控制。采购付款的具体思路如下：

1. 确定付款时间与付款金额

当支付货款时，应明确该笔货款是支付给供应商的哪一笔货款，是属于预付账款，还是月结账款，是单独的一笔订单货款还是支付的其他费用。厘清每一笔付款对应的业务，方便查询哪些业务已经结算，哪些业务尚未结算，便于对应付账款进行管理。

企业应根据供应商基础资料中的结算周期确定各供应商的付款日期，通过查询本月的采购立账单和付款单，确定各供应商剩余应付账款的金额。

2. 进行付款审批

采购员根据《企业采购管理制度》采购付款的流程和职责权限找相关人员授权审批。付款审批的依据主要有采购合同、采购订单、入库单、发票等,查验各类单据是否相符、付款是否符合财务规定等。

根据《企业采购管理制度》中采购付款审批内控要素的规定,采购主管、总经理按照以下标准对收款人信息和付款金额进行审核:

(1) 收款人必须是企业的供应商,其信息与供应商基础资料相符。

(2) 付款申请单中的总金额、已付金额、剩余金额、现付金额必须与供应商的结算周期、来购订单、入库单、发票计算的金额相等。

3. 支付货款

财务部审核付款单据的合法性和合理性,按照与供应商约定的付款方式进行付款。

4. 从业务上冲减应付账款

采购员要及时与供应商核对款项到账情况,并根据财务部付款凭证、前期应付账款的增减情况,准确、及时填写付款单,完成应付账款支付登记,从业务上冲减应付账款。

《企业采购管理制度》中规定,企业以网银转账方式支付货款的,出纳应提供网银转账凭证给采购员,作为已付款凭证,采购员根据网银转账凭证编制付款单,记录本次付款情况。

5. 会计人员进行账务处理

根据收到的付款单据,会计人员准确记录付款业务,保证账实一致。

(三) 任务流程

企业采购付款的基本流程如图 6 - 8 所示。实务中,每个企业的付款流程可能不同。对于长期合作的供应商,可能会月结;对于临时性采购,则可能使用收到发票后立即付款的方式,也有可能使用预付款的方式。本任务选择月结付款。

(四) 任务操作

1. 采购员查阅《企业采购管理制度》

了解企业采购付款的具体流程,掌握付款依据的数据来源及授权审批权限。

2. 采购员确定需要付款的对象

根据本月采购立账单(表 5 - 10),确定需要支付货款给供应商的信息。

3. 采购员编制付款申请单

首先,通过查询供应商基础资料中的供应商名称、银行账号、结算周期、付款方式,确定收款单位的基础信息和具体的付款时间、付款方式;其次,查询本月采购立账单(表5 - 10),确定各供应商的应付账款总金额;最后,查询本月的付款单,确定各供应商的已付金额。根据实际经营业务填写"事由",结合以上信息编制付款申请单,如图 6 - 9 和图6 - 10 所示。

4. 采购员提交审批

采购员将付款申请单交给采购主管和总经理审批。

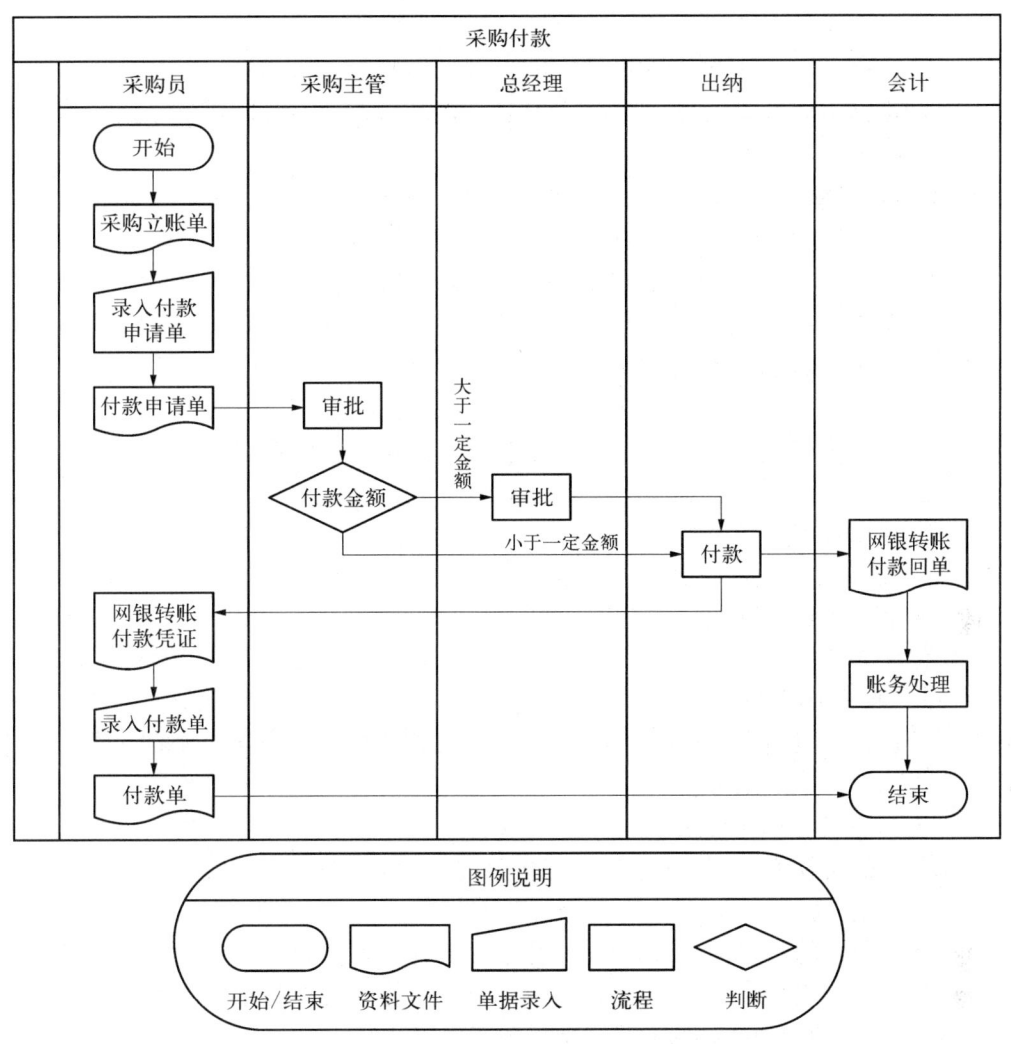

图 6-8　客户需求分析流程图

付款申请单				
申请部门：　　　　　　　　　　　申请时间：　　　　　　　　　付款单编号：FKSQ20258260				
收款单位		总金额		
收款单位账号		已付金额		
收款单位开户行		剩余金额		
事　　　由		现付金额		
		付款方式		
		大写金额		
申请人：　　　　　　　　　　　部门审批：　　　　　　　总经理审批：				

图 6-9　付款申请单

157

付款申请单

申请部门：　　　　　　　　申请时间：　　　　　　　付款单编号：FKSQ20258261			
收款单位		总金额	
收款单位账号		已付金额	
收款单位开户行		剩余金额	
事　　　由		现付金额	
		付款方式	
		大写金额	
申请人：　　　　　　　　部门审批：　　　　　　总经理审批：			

图 6-10　付款申请单

5. 采购主管授权审批

根据供应商基础资料、本月采购立账单统计的金额，对付款申请单中的收款单位、总金额、已付金额、剩余金额、现付金额、付款方式的准确性和合理性进行审批。只有收款单位信息、总金额、已付金额、剩余金额、现付金额、付款方式全部填写准确的付款申请单才能审批通过，否则需退回重填。

6. 总经理授权审批

根据《企业采购管理制度》中采购付款的审批权限，付款金额超过一定金额还需找总经理签字审批。总经理根据供应商基础资料、本月采购立账单统计的金额，对付款申请单中的收款单位信息、总金额、已付金额、剩余金额、现付金额、付款方式的准确性和合理性进行审批。只有收款单位信息、总金额、已付金额、剩余金额、现付金额、付款方式全部填写准确的付款申请单才能审批通过，否则需退回重填。

7. 出纳人员支付货款

根据审批通过的付款申请单，查询供应商基础资料，按照与供应商约定的付款方式办理付款结算，付款之后将网银转账电子回单打印出来交给会计人员，如图 6-11、图 6-12所示，同时将付款凭证交给采购员，如图 6-13、图 6-14所示。

中国建设银行网上银行电子回单

币别：人民币	日期：2025-01-30	凭证号：	账户明细编号-交易　20110004202003301508549940050
			流水号：
付款人	全 称　M企业	收款人	全 称　J电子有限公司
	账 号　34725028335268125887		账 号　6252412552684975253
	开户行　中国建设银行华海市东支行		开户行　中国建设银行东昌高新支行
大写金额　贰佰零柒万柒仟玖佰叁拾肆元肆角整		小写金额　2077934.40	
用 途　货款			
钞汇标志　钞户			
重要提示：电子回单可重复打印，如您已通过银行柜台取得相应纸质回单，请注意核对，勿重复记账。			

图 6-11　网银转账电子回单

中国建设银行网上银行电子回单				
币别：人民币	日期：2025-01-30	凭证号：	账户明细编号-交易流水号	20110004202003301508549994051

付款人	全　称　M企业	收款人	全　称　L科技有限公司
	账　号　34725028335268125887		账　号　62868692415830285692
	开户行　中国建设银行华海市东支行		开户行　中国建设银行东昌江华支行

大写金额　肆拾伍万伍仟壹佰陆拾肆元整　　　　　　小写金额　455164.00

用　途　货款

钞汇标志　钞户

重要提示：电子回单可重复打印，如您已通过银行柜台取得相应纸质回单，请注意核对，勿重复记账。

图 6-12　网银转账电子回单

中国建设银行网上银行电子回单				
币别：人民币	日期：2025-01-30	凭证号：	账户明细编号-交易流水号	20110004202003301508549994050

付款人	全　称　M企业	收款人	全　称　J电子有限公司
	账　号　34725028335268125887		账　号　62524125526849752536
	开户行　中国建设银行华海市东支行		开户行　中国建设银行东昌高新支行

大写金额　贰佰零柒万柒仟玖佰叁拾肆元肆角整　　　　小写金额　2077934.40

用　途　货款

钞汇标志　钞户

重要提示：电子回单可重复打印，如您已通过银行柜台取得相应纸质回单，请注意核对，勿重复记账。

图 6-13　网银转账电子回单(付款凭证)

中国建设银行网上银行电子回单				
币别：人民币	日期：2025-01-30	凭证号：	账户明细编号-交易流水号	20110004202003301508549994051

付款人	全　称　M企业	收款人	全　称　L科技有限公司
	账　号　34725028335268125887		账　号　62868692415830285692
	开户行　中国建设银行华海市东支行		开户行　中国建设银行东昌江华支行

大写金额　肆拾伍万伍仟壹佰陆拾肆元整　　　　　　小写金额　455164.00

用　途　货款

钞汇标志　钞户

重要提示：电子回单可重复打印，如您已通过银行柜台取得相应纸质回单，请注意核对，勿重复记账。

图 6-14　网银转账电子回单(付款凭证)

8.采购员记录付款情况

首先，根据财务部的付款凭证确定付款日期、供应商名称、本次付款金额；然后，根据采购订单确定采购单号，并根据采购立账单确定立账单号、应付账款金额。根据本月的付款单，确定已冲金额，未付金额＝应付账款金额－已冲金额－本次付款金额，据此登记此笔采购订单的付款情况，如图 6-15、图 6-16 所示。

9.会计记录付款业务

根据收到的网银转账电子回单，记录该笔付款业务。

付 款 单

采购单号：　　　　　　　　　　付款单号：FKD053609

付款日期：　　　　　　　　　　供应商名称：

序号	立账单号	应付账款金额/元	已冲金额/元	本次付款金额/元	未付金额/元
1					
2					
3					
4					
合　计					

图 6–15　付款单

付 款 单

采购单号：　　　　　　　　　　付款单号：FKD053610

付款日期：　　　　　　　　　　供应商名称：

序号	立账单号	应付账款金额/元	已冲金额/元	本次付款金额/元	未付金额/元
1					
2					
3					
4					
合　计					

图 6–16　付款单

四、费用报销

（一）任务目标

（1）能够准确划分费用类型，保证业务部门预算与执行相匹配。

（2）能够准确执行费用审批授权程序，避免授权与执行的错位。

（3）能够准确记录费用，提高费用入账的及时率。

（二）任务分析

为加强费用管理和控制，在费用报销环节要把握以下关键控制点：

1. 划分费用类别和金额

根据费用用途，准确划分费用类别和金额，明确各费用项目的具体内容，确保业务部门预算与执行相匹配，避免超预算得不到控制，避免预算制度形同虚设。

2.执行费用报销程序

(1)确定并审批报销信息。根据费用单据和费用的实际用途,准确、及时填写相关报销单,并将相应联次传达给相应人员,按授权完成费用提交、审核、审批程序。

根据《企业费用报销管理制度》中对费用审核环节内控点的规定,相关人员应根据以下标准对费用单据进行审核:

① 费用报销单据须合法、合规、合理。

② 报销单项目的划分须与实际费用用途相符。

③ 报销单项目的金额须与实际费用金额一致。

④ 报销单借款金额须与实际借款情况相符。

⑤ 报销单大小写金额正确且一致。

⑥ 报销单要素填写须完整且符合公司制度规定。

(2)报销费用。根据审批后的报销单,通过对比借款金额和实际费用发生金额,分情况进行报销处理:

① 若借款金额>费用金额,说明报销人预借资金尚有剩余,在报销时要求报销人退回多余借款,根据收回清点无误的现金,填写相关单据。

② 借款金额<费用金额,说明报销人预借资金不足以支付费用金额,在报销时需要支付报销人垫付的资金,根据补付金额的大小选择以现金或者银行存款进行付款处理。

(3)完成会计记录。根据收到的费用单据,及时准确记录费用发生、报销业务,保证账实一致。

(三)任务流程

费用报销的基本流程如图6-17所示。在现实中,不同企业在具体的流程和操作上不尽相同,但总体思路是一致的。

(四)任务操作

1.报销人查阅《企业费用报销管理制度》

通过查阅《企业费用报销管理制度》,了解企业费用报销流程,掌握报销单填写权限、费用报销额度、审批人与审批权限设定、借款退还方式、资金补付方式、出差补贴标准等一系列规定,防止费用超报,控制费用成本。

企业费用报销管理制度

2.报销人填写部门费用支出分类表

根据单据事项说明表(表6-4)、费用发票(图6-18至图6-21),分析费用发生的实际用途,对费用单据进行整理、归类,清楚划分费用类别及金额,填写部门费用支出分类表,如表6-7所示。

备注:编制部门费用支出分类表目的是使业务人员明确各项费用的具体内容,避免在编制费用预算时,出现预算与执行不匹配的情况。部门费用支出分类表作为部门内部单据,仅限于部门内部使用,不进行流转。

3.报销人填写报销单

首先,根据《费用报销管理制度》的规定,确定报销人应在报销单上填写的内容;其次,根据单据事项说明表(表6-4)和费用发票(图6-18至图6-21),结合部门费用支出分类表(表6-5),确定报销的项目和金额;最后,根据借款情况,确定借款金额。结合以上信息填写报销单,如表6-6和表6-7所示。

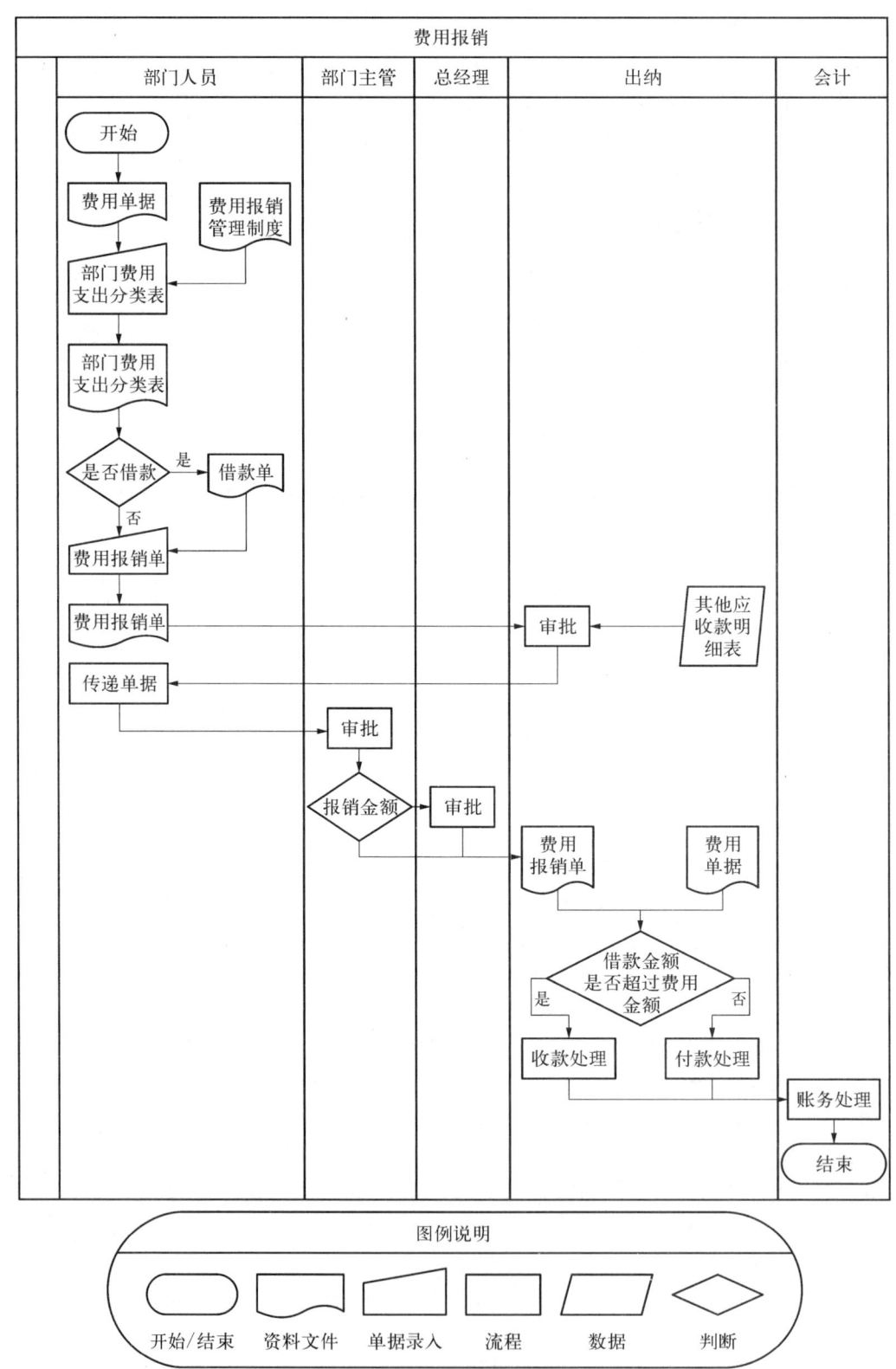

图 6 - 17　费用报销流程图

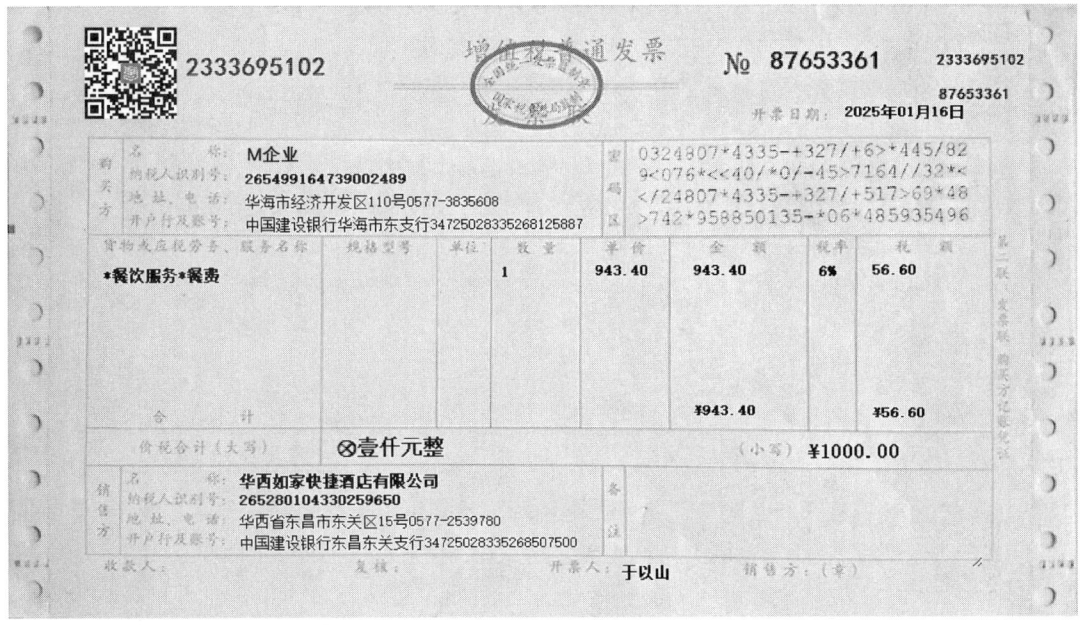

图 6-18　餐费发票

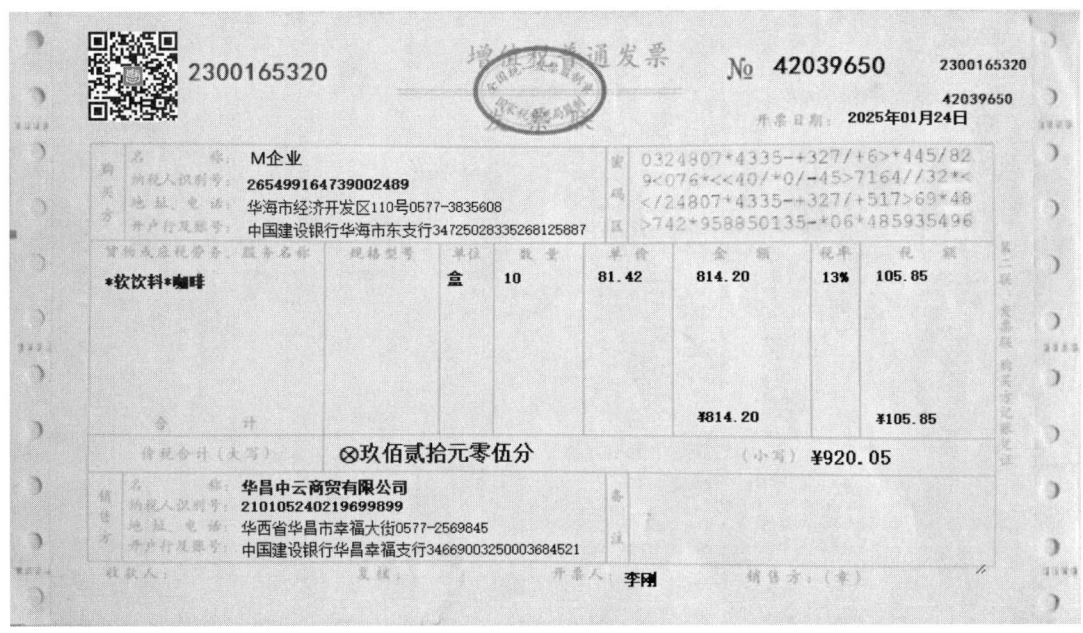

图 6-19　购买物品发票

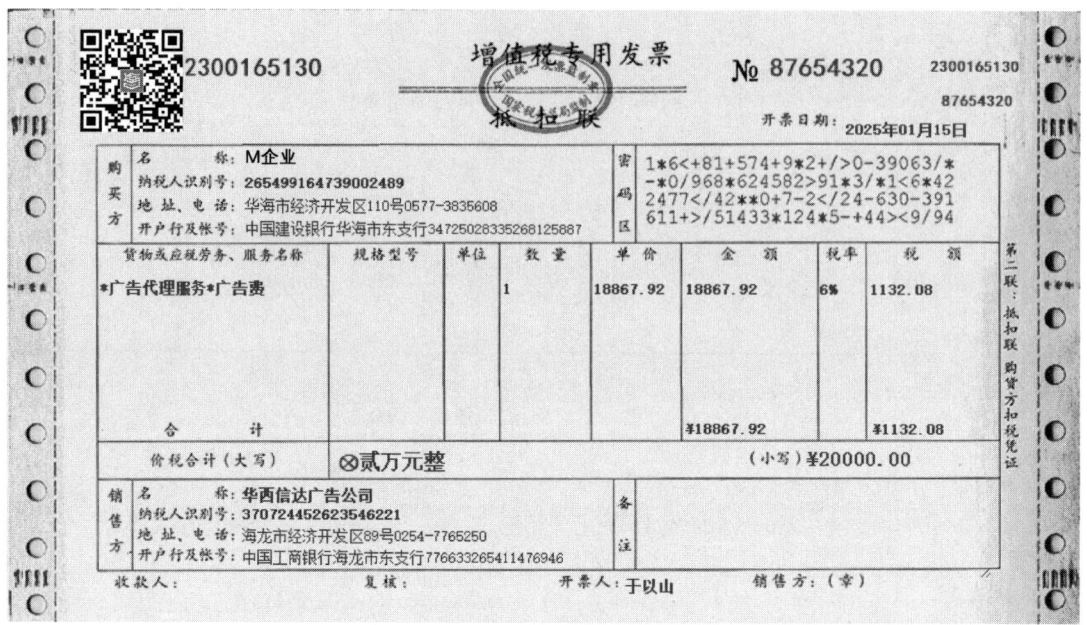

图 6-20　广告费发票

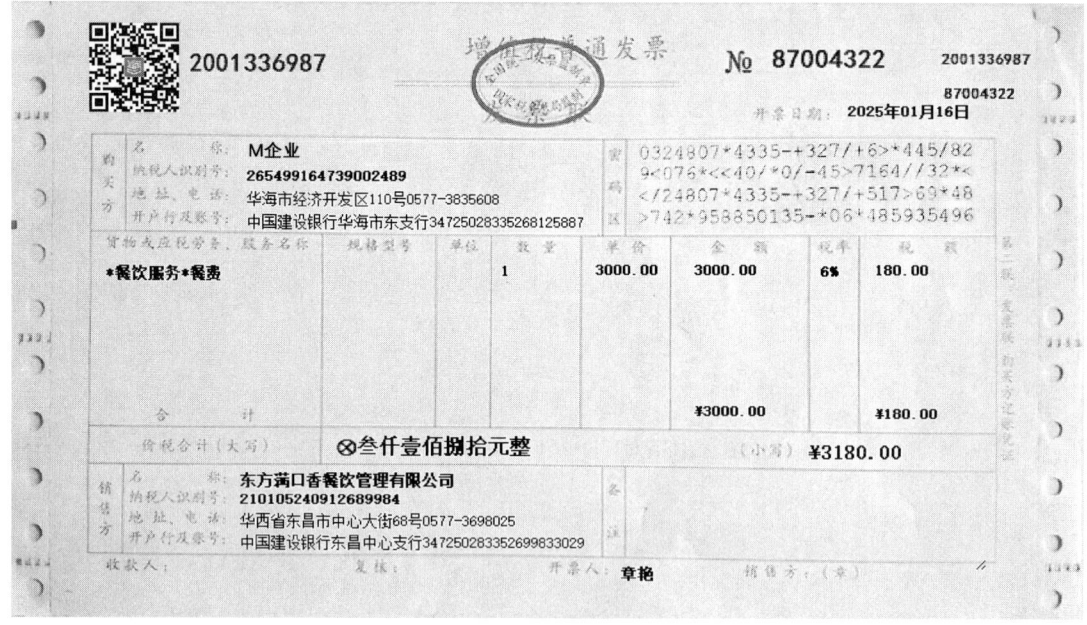

图 6-21　餐费发票

表 6 - 4　单据事项说明表

日　期	事　项	金额/元
2025 年 01 月 15 日	1 月份海龙市公交车车体广告	20 000.00
2025 年 01 月 15 日	销售部门组织节假日聚餐	1 000.00
2025 年 01 月 16 日	宴请客户商讨 2025 年合作事宜	3 180.00
2025 年 01 月 24 日	购买咖啡用于客户来访时招待用	920.05

表 6 - 5　部门费用支出分类表

统计部门：质检部　　　　　　　　　　　　　　　　　分类表表单号：FLBD6608943

分类编号	一级分类	二级分类	发生金额/元	分　类　说　明
flbg01	办公费	办公用品		包括纸张、笔、印刷、餐巾纸等办公用品费用
flbg02		低值易耗品		办公工具、维修工具、万用表、文件柜等
flbg03		其他办公费用		包括印名片、咖啡、纯净水、绿化费、报刊杂志费等
flzd04	业务招待费	餐费		因业务关系而招待客户产生的费用
flzd05		礼品费		制作礼品赠送客户的费用
flzd06		其他费用		因企业生产经营需要而发生的旅游景点参观费和交通费及其他费用的开支
flzx07	咨询费	审计费用		财务审计过程中支出的费用
flzx08		咨询服务费		向中介、咨询公司、标委会所支付的业务代理等费用
flzx09		其他咨询费		包括其他咨询费用
flcl10	差旅费	交通费		出差过程中发生的公共交通以及发生的相关手续费
flcl11		住宿费		出差过程中发生的住宿费
flcl12		差旅补助		出差补贴由财务部核算
flgg13	广告费和业务宣传费	业务宣传费		制作的宣传资料(如宣传册、宣传袋、易拉宝等)
flgg14		广告费		在电台、杂志等媒体刊登广告所产生的费用
flgg15		展会费		在销售过程中,举行展会产生的费用

续　表

分类编号	一级分类	二级分类	发生金额/元	分 类 说 明
flfl16	福利费	员工用餐费用		包括员工加班用餐费用、节假日用餐费用
flfl17		旅游费用		每年提供的外出旅游的全部费用
flfl18		重大节日费用		如春节、中秋节、圣诞节、年庆等礼品费
flfl19		员工体检费用		每年提供的员工体检费用
flfl20		其他费用		除上述之外的其他费用(如体育、娱乐活动、员工婚丧病、高温补贴等)
合　计				

填表人：张兆

表 6 - 6　费用报销单

费 用 报 销 单

报销部门：　　　　　　　报销日期：　　　　　附件　张

报销项目	金额/元	部门负责人审批	
		总经理审批	
		借款金额	元
合计(小写)		退还金额	元
金额合计(大写)		补付金额	元
		补付方式	现金□　银行存款□

出纳：　　　　　　　　　　　　　报销人：

表 6-7　差旅费报销单

<h2 style="text-align:center">差旅费报销单</h2>

报销部门：　　　　　　　　　　　　　　　　　报销日期：

出差人			出差事由							
出发		到达		交通工具	交通费		出差补贴		其他费用	
时间	地点	时间	地点		单据张数	金额	天数	金额	项目	单据张数	金额
									住宿费		
									市内车票		
									通讯费		
									其他费用		
合　计									—		

报销总额	人民币（大写）		预借旅费		补付金额	补付方式	现金□ 银行存款□
					退还金额		

总经理　　　　　　　　部门主管：　　　　　　　　出纳：

注意：

（1）费用报销单和差旅费报销单没有本质的区别，只是差旅费报销单专用于出差费用的报销，而费用报销单则是企业各种费用的报销单据。差旅费报销是按出差（期间）天数的费用报销的，包括往返的车船费、飞机票、每天的伙食补贴（如果是按实报的话当然要附有发票）、住宿费、交通费和其他补贴等费用。费用报销单是报销办公费、电话费、运费、交通费、维修费等费用的凭证。

（2）填写差旅费报销单时，要根据出差单据将费用明细化：根据出差过程中车票往返时间、金额，确定出发与到达时间段、交通费用；根据出差过程中的其他费用票据金额确定住宿费、车费、通信费等其他费用金额；根据《企业费用报销管理制度》对出差补贴天数、金额的规定，确定出差补贴金额。

4. 出纳审核报销单

根据报销人员提交的费用单据、员工借款情况，结合《企业费用报销管理制度》相关规定，审核报销单项目、金额、其他要素的准确性和合规性。只有报销单要素全部填写准确才能审核通过，否则需退回重填。

5. 业务主管审批报销单

根据《企业费用报销管理制度》规定、实际费用发生情况等，对费用报销进行审批。

6. 总经理审批报销单

当报销金额超过一定范围时，需要总经理进行审批。

7.出纳处理报销业务

首先,根据《企业费用报销管理制度》的规定,确定出纳应在报销单上填写的内容;其次,根据借款情况、报销单(表6-6、表6-7),确定借款金额、报销总额;最后,比对借款金额和报销总额的大小,并分情况进行处理。

(1)收款处理。若借款金额＞费用金额,借款金额与费用报销总额的差应计入费用报销单的"退还金额",根据《企业费用报销管理制度》选择退还的方式,若退还方式为现金退还的,应填收款收据并加盖"现金收讫章",如表6-8所示。

表6-8　收款收据

<table>
<tr><td colspan="6" style="text-align:center">收款收据</td></tr>
<tr><td colspan="5" style="text-align:center">年　　月　　日　　　N.O</td><td></td></tr>
<tr><td>今收到＿＿＿＿＿＿＿＿＿＿＿＿＿＿＿＿＿＿＿＿
交　来：＿＿＿＿＿＿＿＿＿＿＿＿＿＿＿＿＿＿＿＿
金额(大写)＿＿＿＿＿＿＿＿＿＿＿＿＿＿＿＿

￥＿＿＿＿＿　□现金　□支票　□信用卡　□其他　　收款
单位(盖章)</td><td>第一联：存根联</td><td>第二联：对方联</td><td>第三联：财务联</td></tr>
<tr><td colspan="4">核准　　　会计　　　记账　　　出纳　　　经手人</td></tr>
</table>

收款收据联次说明如表6-9所示。

表6-9　收款收据联次说明

联　次	联次名称	用　　途
第一联	存根联	财务部留存
第二联	对方联	报销人留存
第三联	财务联	财务部记账

出纳将填好并盖章的收款收据(存根联)留存,将收款收据(对方联)交给报销人,将收款收据(财务联)连同报销单、费用单据传递给会计。

(2)付款处理。若借款金额＜费用金额,借款金额与费用报销总额的差额应计入费用报销单的"补付金额",根据《费用报销管理制度》选择补付的方式,若以现金补付,需要在报销上加盖"现金付讫章"。出纳将处理完毕的报销单连同费用单据,一同传递给会计人员。

8.会计人员记录报销业务

根据费用报销单、收付款处理凭据等,结合费用内容划分科目明细,及时准确记录费用报销业务。

五、计算现金周转期

（一）任务目标

能计算现金周转期，为提高营运资金管理效率提供依据。

（二）任务分析

现金周转期是反映企业营运资本管理效率的综合性指标。现金周转速度越快，一方面有助于增强企业的财务弹性，另一方面又可增加企业的经营活动现金流量。正确确定现金周转期，关键要考虑三个要素：存货周转期、应收账款周转期、应付账款周转期。

1. 确定存货周转期

根据资产负债表、利润表数据，确定营业成本、平均存货金额，计算存货周转期。

2. 确定应收账款周转期

根据资产负债表、利润表数据，确定营业收入、平均应收账款金额，计算应收账款周转期。

3. 确定应付账款周转期

根据资产负债表、利润表数据，确定营业成本、平均应付账款金额，计算应付账款周转期。

（三）任务流程

企业计算现金周转期的基本流程如图 6 - 22 所示。在现实中，不同企业在具体的流程和操作上不尽相同，但总体思路是一致的。

（四）任务操作

会计人员填写现金周转期计算表，首先要计算出应收账款周转期、应付账款周转期、存货周转期、营运周期，其具体操作步骤如下。

1. 计算应收账款周转期

首先，根据 2024 年 12 月利润表的本期累计金额，确定本年营业收入金额；其次，根据 2024 年 12 月资产负债表应收账款的期末余额和年初余额，确定平均应收账款金额；最后，根据公式，计算应收账款周转期。

2. 计算存货周转期

首先，根据 2024 年 12 月利润表的本期累计金额，确定本年营业成本金额；其次，根据 2024 年 12 月资产负债表存货的期末余额和年初余额，确定平均存货金额；最后，根据公式，计算存货周转期。

3. 计算营运周期

根据应收账款周转期和存货周转期，计算营运周期。

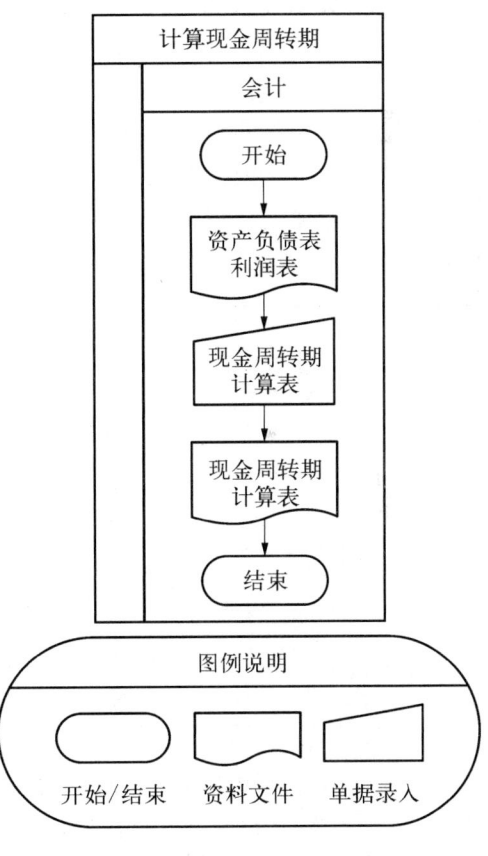

图 6 - 22 计算现金周转期流程图

4. 计算应付账款周转期

首先,根据 2024 年 12 月利润表的本期累计金额,确定营业成本金额;其次,根据 2024 年 12 月资产负债表应付账款的期末余额和年初余额,确定平均应付账款金额;最后,计算应付账款周转期。

例题 6-1　已知某企业 2024 年营业收入为 1 000 000 元,营业成本为 400 000 元,应收账款年初余额为 80 000 元,应收账款年末余额为 90 000 元,存货年初余额为 15 000 元,存货年末余额为 25 000 元,应付账款年初余额为 30 000 元,应付账款年末余额为 50 000 元,请计算该企业应收账款、存货及应付账款的周转期。(计算结果保留整数。)

应收账款平均余额=(80 000+90 000)÷2=85 000(元)

存货平均余额=(15 000+25 000)÷2=20 000(元)

应付账款平均余额=(30 000+50 000)÷2=40 000(元)

应收账款周转期=360÷(1 000 000÷85 000)=31(天)

存货周转期=360÷(400 000÷20 000)=18(天)

应付账款周转期=360÷(400 000÷40 000)=36(天)

5. 计算现金周转期

根据应收账款周转期、应付账款周转期、存货周转期,计算现金周转期。结合以上信息填写现金周转期计算表,如表 6-10 所示。

表 6-10　现金周转期计算表

日期:2025-01-30　　　　　　　　　　　　　　　　　　　　　　　　　　　　　　　单位:天

项　　　目	计算结果
营运周期:	
其中:应收账款周转期	
存货周转期	
营运周期小计	
减:应付账款周转期	
现金周转期	

填表人:王婷

现金周转期=营运周期—应付账款周转期

=应收账款周转期+存货周转期—应付账款周转期

其中:

应收账款周转期=360÷(营业收入÷平均应收账款金额)

存货周转期=360÷(营业成本÷平均存货金额)

　　应付账款周转期＝360÷(营业成本÷平均应付账款金额)

　　平均应收账款金额＝(年初应收账款金额＋年末应收账款金额)÷2

　　平均应付账款金额＝(年初应付账款金额＋年末应付账款金额)÷2

　　平均存货金额＝(年初存货金额＋年末存货金额)÷2

例题　6-2　　请根据【例题 6-1】的结果,计算该企业的现金周转期。

现金周转期＝31＋18－36＝13(天)

任务四　赛证能力拓展：资金结算业务一体化设计

一、业务背景

　　W 信息技术有限公司成立于 2021 年,公司主要经营软件开发、信息技术咨询服务等业务。为了适应时代发展,提高工作效率,公司管理层引进业财一体化设计平台作为公司流程管理系统。

　　公司管理层需要在业财一体化设计平台中设计费用报销流程。根据《企业费用报销管理制度》提取有效的信息,设计各部门经理费用报销流程。

二、业务流程设计说明

微课:费用报销

　　业务流程设计说明可参考如下:

　　第 1 条　本制度适用于发生费用报销的各相关部门及相关人员(总经办、财务部除外)。

　　第 2 条　费用报销的控制原则,事先报批、分级负责、层层把关。由各部门经理负责本部门人员费用报销的实质性、合理性的一级审核;财务部对报销票据的合法性及报销限额进行二级审核;总经理进行最后的审批。部门经理提交的费用报销,则先由财务部对报销票据的合法性及报销限额进行审核,再提交总经理审批。

　　第 3 条　费用发生过程中,经办人应充分取得相关单据,包括合同或协议、发票、与发票关联的详细清单等。如未取得合法票据,财务部门有权不予报销。经办人应优先取得增值税专用发票,如果可以取得增值税专用发票而未取得增值税专用发票,造成税费损失的,将对经办人进行处罚。

　　第 4 条　经办人先将纸质费用报销单据送交本部门经理进行审批,部门经理审核后提交财务部审核。

　　第 5 条　财务部由会计对报销单据真实性、合理性进行审核,再提交财务经理审批。单笔报销金额超过 3 000 元,还需经总经理审批。

　　第 6 条　财务经理或总经理审批后,出纳人员安排付款。出纳付款后,须向报销申请人发送通知。

三、操作结果

该业务流程设计后的操作结果如图 6-23 所示。

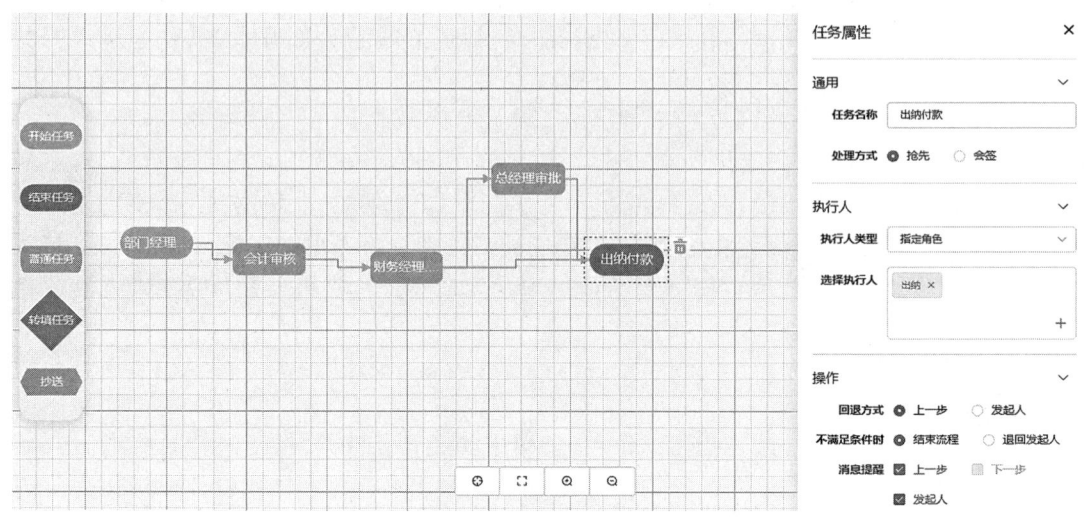

图 6-23　操作结果

 项目测试

一、单项选择题

1. 公司管理部门员工出差期间就餐而发生的餐费应计入（　　　）。

   A. 管理费用——差旅费

   B. 管理费用——业务招待费

   C. 管理费用——差旅费或管理费用——业务招待费

   D. 管理费用——办公费

2. 东海华丰科技有限公司的会计吴庆东收到几张客户来公司考察而给客户报销的交通费和住宿费单据,应计入（　　　）。

   A. 差旅费　　　　B. 会议费　　　　C. 业务招待费　　　　D. 业务宣传费

3. 下列属于差旅费报销的原始凭证的是（　　　）。

   A. 工资明细表　　　B. 领料单　　　　C. 火车票　　　　D. 银行回单

4. 下列不属于应收账款核算内容的是（　　　）。

   A. 不含税金额　　　　　　　　　　B. 代垫的运费

   C. 增值税销项税额　　　　　　　　D. 鉴证咨询费

5. 某公司存货周转期为 160 天,应收账款周转期为 90 天,应付账款周转期为 100 天,则该公司现金周转期为（　　　）天。

   A. 30　　　　　　B. 60　　　　　　C. 150　　　　　　D. 260

6. 对于企业而言,应收账款保理的作用不包括（　　　）。

172

A. 融资功能　　　　　　　　　　　B. 改善企业的财务结构

C. 增加企业经营风险　　　　　　　D. 减轻企业应收账款的管理负担

7. 甲公司为增值税一般纳税人,向乙公司销售商品一批,商品价款 20 万元、增值税税额 2.6 万元;以银行存款支付代垫运费 1 万元、代垫保险费 0.09 万元,上述业务均已开具增值税专用发票,全部款项尚未收到。不考虑其他因素,甲公司应收账款的入账金额为（　　　）万元。

A. 21.09　　　　　B. 22.6　　　　　C. 23.69　　　　　D. 20

8. 甲公司为增值税一般纳税人。2024 年 4 月 15 日购入一批生产用原材料,取得的增值税专用发票上注明的价款为 200 万元,增值税税额为 26 万元,由销货方代垫包装费 3 万元。以支票支付运费,取得的增值税专用发票上注明运费 2 万元,增值税税额 0.18 万元。材料已验收入库,但货款及垫付款项尚未支付。不考虑其他因素,甲公司应付账款的入账金额为（　　　）万元。

A. 226　　　　　B. 229　　　　　C. 231.18　　　　　D. 231

二、多项选择题

1. 下列属于广告费和业务宣传费的区分要素的有（　　　　　）。

A. 媒介　　　　　B. 发票　　　　　C. 发生时间　　　　　D. 发生金额

2. 下列业务发生的费用,应当计入业务宣传费的有（　　　　　）。

A. 为宣传公司产品而发生的群发短信费用

B. 企业印刷的各种产品宣传册

C. 企业发放的印有企业标志的短袖

D. 企业在电视上做广告

3. 下列发生的费用中,属于业务招待费的有（　　　　　）。

A. 客户来公司的火车票　　　　　B. 邀请客户参加当地科技展的门票

C. 赠送客户的当地特产　　　　　D. 招待客户的餐费

4. 一般,投资活动的业务流程包括（　　　　　）。

A. 拟定投资方案　　　　　　　　B. 投资方案可行性论证

C. 投资方案决策　　　　　　　　D. 投资计划编制与审批

5. 资金活动内部控制制度建设应实现（　　　　　）目标。

A. 相关业务的合法性　　　　　　B. 相关业务经过适当的审批程序

C. 相关业务核算准确可靠　　　　D. 保证资金安全和使用效益

6. 以下属于销售收款主要控制措施的有（　　　　　）。

A. 选择恰当的结算方式　　　　　B. 加强商业汇票管理

C. 加强赊销管理　　　　　　　　D. 放宽销售条件

7. 以下属于费用报销环节主要控制措施的有（　　　　　）。

A. 准确划分费用类别和金额

B. 按授权完成费用提交、审核、审批程序

C. 及时准确记录费用发生、报销业务

D. 建立严格的授权批准制度

8. 下列关于餐费的说法中,正确的有（　　　　　）。

  A. 企业组织员工职业培训,培训期间就餐,计入职工教育经费

  B. 工会组织员工活动,活动期间发生的餐费,计入工会经费

  C. 公司在酒店召开会议,会议期间就餐,计入会议费

  D. 以现金形式发放的员工餐费补贴,计入工资薪金

9. 下列发生的费用中,不属于业务招待费的有(　　　　)。

  A. 宴请客户的餐费 1 000 元

  B. 宴请同部门同事的餐费 1 000 元

  C. 销售员出差期间发生的餐费 1 000 元

  D. 员工培训期间发生的餐费 1 000 元

10. 关于应收账款的账龄分析,下列说法中正确的有(　　　　)。

  A. 财务部门的应收账款账龄分析所表达的是应收账款从入账到现在存在了多长时间

  B. 企业领导关心的应收账款账龄分析是指从合同日到现在还有多长时间应收账款才能收回来

  C. 业务部门和管理者关心的应收账款账龄分析应该是以合同时间为准进行的账龄分析

  D. 财务部门的应收账款账龄分析通常是以入账时间为准进行的账龄分析

三、判断题(正确打"√",错误打"×")

1. 应收账款具有增加销售和减少存货的功能。　　　　　　　　　　　(　　)

2. 由于商业信用筹资无须支付利息,所以不属于债务筹资。　　　　　(　　)

3. 甲新材料有限公司为留住高端人才,制定了一项规定:公司为部门经理及以上人员的子女报销学杂费。税务会计将这部分费用计入职工福利费并在企业所得税税前扣除。
　　　　　　　　　　　　　　　　　　　　　　　　　　　　　　　　　(　　)

4. 企业的差旅费报销需要审核其合法性、合规性、合理性。　　　　　(　　)

5. 应付账款是供应商给企业的一种商业信用,采用这种融资方式是没有成本的。
　　　　　　　　　　　　　　　　　　　　　　　　　　　　　　　　　(　　)

四、思考题

1. 请简述差旅费报销单和费用报销单的填写有哪些异同点。

2. 在销售收款和采购付款时,要明确款项具体对应的是哪一笔业务,你认为为什么会有这样的要求呢?

项目七　业财一体下的数据分析

 ## 学习目标

知识目标

1. 了解数据分析的内容；
2. 熟悉数据分析的指标；
3. 掌握数据分析的方法。

技能目标

1. 能够准确分析收入的产品结构、区域结构、客户结构，确定业绩增长点，为销售政策调整、资金占用调整提供依据；

2. 能够根据企业产品成本核算提供的成本信息及其他有关资料，准确分析产品成本变动情况，为成本考核和成本控制管理活动提供基础资料；

3. 能够准确分析费用明细项目的构成及变化情况，及时发现异常费用，有效控制费用支出；

4. 能够准确分析资产结构、盈利结构、现金流入结构、现金流出结构，为正确评价企业的财务状况、经营成果和现金流量情况提供依据；

5. 能够准确分析企业生产成本费用变动因素，合理划分变动生产成本和固定生产成本，便于明确企业产品盈利能力和划分成本责任。

素养目标

1. 积极参与企业经营管理，培养主人翁意识；
2. 明确岗位职责与分工，培养责任担当意识。

导入案例

N公司通过业财融合控制物流成本

N公司在全国有十多个水源地，是专注于研发、推广饮用天然水的企业。其一瓶超市售价 2 元的饮用水，其中有 3 角花在了运输上。如何根据不同的变量因素来控制自己的物流成本，是困扰 N 公司已久的一个问题。基于此，N 公司开始将大量业务数据纳入了进来：高速公路的收费、不同市场的售价、不同渠道的费用、各地的人力成本等。

在没有业务数据支撑时，N 公司在物流领域花了很多冤枉钱。例如，某个产品的饮用水，在某个城市的销量预测不到位时，N 公司以往通常的做法是通过大区间的调运，来弥补终端货源的不足。例如，从华北往华南运，运到半道的时候，发现华东实际有富余，从华东调运更便宜；但很快发现对华南的预测有偏差，华北短缺更严重，又从华东开始往华北运。

在采购、仓储、配送这条线上，N 公司通过业务财务融合后的数据分析，解决了生产和销售的不平衡问题，准确获知该产多少，送多少；同时，让 400 家办事处、30 个配送中心纳入体系，形成一个动态网状结构，从而有效地控制物流成本。

思考：

为什么财务需要与业务相融合，业务数据对企业有何用处？

任务一　产品成本分析

一、产品成本分析的意义

通过企业产品成本核算提供的成本信息及其他有关资料，准确分析产品成本变动情况，可为成本考核和成本控制活动提供基础资料。

通过产品成本分析，找出成本变动的具体原因和管理的薄弱环节，落实目标责任制。

二、产品成本分析的主要思路

单位成本对于分析企业成本管理水平具有重要作用。因为单位成本的高低，反映了企业生产水平、技术装备和管理水平的好坏。要分析产品成本升降的原因，必须对企业产品单位成本构成情况进行分析，找出影响成本升降的主要因素，有针对性地进行控制和管理。产品成本分析的主要思路如下：

（一）确定对比基数及产品单位成本

从企业成本管理要求中成本分析的目的出发，确定产品成本分析的基数，一般产品成本分析的基数可以选择历史先进水平、上年（上月）实际平均、本年计划等。根据产品单位成本核算资料，确定本月产品单位成本和产品单位成本基数。

根据《企业生产管理制度》的规定，选择上月实际单位成本为基数，按照完全成本法计算得出的产品单位成本，确定本月产品单位成本。

（二）分析产品单位成本升降变动

计算各成本项目本月降低额及降低率，了解增减变化，分析发展趋势。

产品单位降低额＝上期单位成本－本期单位成本

产品单位降低率＝（上期单位成本－本期单位成本）÷上期单位成本×100%

（三）分析产品单位成本构成比率

计算各成本项目占产品总成本的比率，以找出影响产品成本总额的重点成本项目确定管理的重点环节。

$$直接材料比率＝直接材料成本÷产品成本×100\%$$

$$直接人工比率＝直接人工成本÷产品成本×100\%$$

$$制造费用比率＝制造费用成本÷产品成本×100\%$$

三、产品成本分析的流程

企业产品成本分析的基本流程如图7-1所示。在现实中，不同企业在具体的流程和操作上不尽相同，但总体思路是一致的。

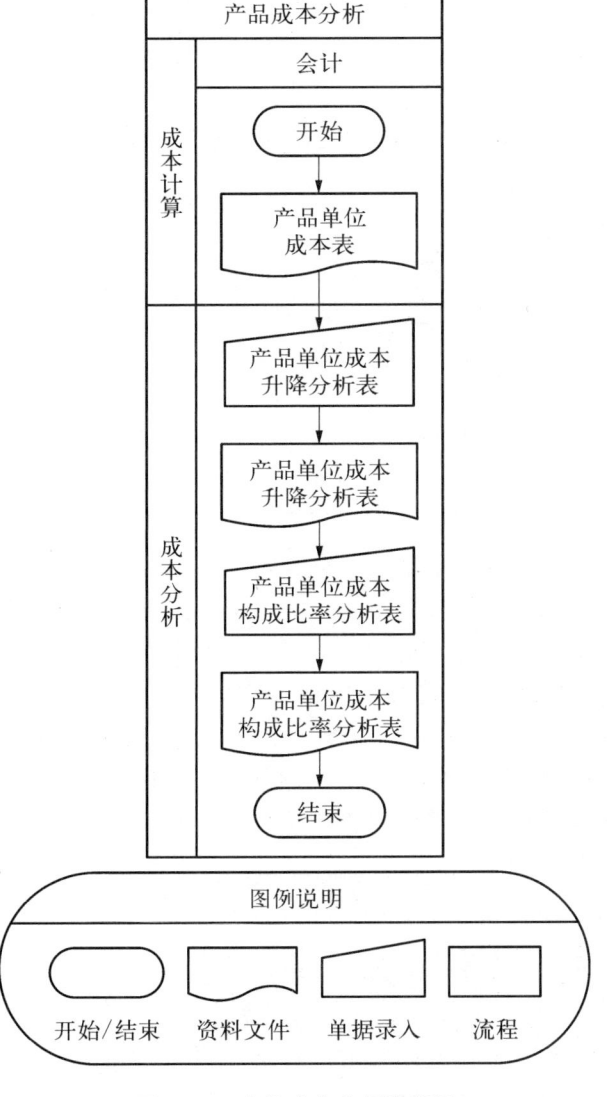

图7-1　产品成本分析流程图

四、产品成本分析的操作

（一）会计人员查阅《企业生产管理制度》

通过查阅《企业生产管理制度》，掌握企业的产品成本分析方法及基数选择要求。

（二）会计人员填写产品单位成本升降分析表

根据本月产品成本计算表和产品单位成本表中本月与上月各产品单位成本，计算各产品各成本项目的降低额和降低率，填写产品单位成本升降分析表，如表 7-1 和表 7-2 所示。

表 7-1　产品单位成本升降分析表

日期：2025.01.31　　　　　　　　　　产品编号：P001　　　　　　　　　　产品名称：瀚海 V30

成本项目	本月单位成本/元	上月单位成本/元	升降幅度		备　注
			降低额/元	降低率/%	
直接材料					
直接人工					
制造费用					
产品单位成本					

制单人：

表 7-2　产品单位成本升降分析表

日期：2025.01.31　　　　　　　　　　产品编号：P002　　　　　　　　　　产品名称：瀚海 H5

成本项目	本月单位成本/元	上月单位成本/元	升降幅度		备　注
			降低额/元	降低率/%	
直接材料					
直接人工					
制造费用					
产品单位成本					

制单人：

（三）会计产品单位成本构成比率分析表

根据本月产品成本计算表和产品单位成本表中本月与上月各产品单位成本，计算各产品直接材料比率、直接人工比率和制造费用比率，填写产品单位成本构成比率分析表，如表 7-3 和表 7-4 所示。

资料表

表 7-3　产品单位成本构成比率分析表

日期：2025.01.31　　　　　　　　　　产品编号：P001　　　　　　　　产品名称：瀚海 V30

成本项目	本月单位成本/元	上月单位成本/元	构成比率/%		
			本月比率	上月比率	差　异
直接材料					
直接人工					
制造费用					
产品单位成本					

制单人：

表 7-4　产品单位成本构成比率分析表

日期：2025.01.31　　　　　　　　　　产品编号：P002　　　　　　　　产品名称：瀚海 H5

成本项目	本月单位成本/元	上月单位成本/元	构成比率/%		
			本月比率	上月比率	差　异
直接材料					
直接人工					
制造费用					
产品单位成本					

制单人：

例题 7-1　　下列各项中,不应计入产品成本的是(　　　)。

A. 直接材料　　　　　　　　　　　　B. 直接人工
C. 生产车间管理人员的工资　　　　　D. 与销售机构相关的固定资产修理费用

答案： D

解析： 产品成本是指企业在生产产品(包括提供劳务)过程中所发生的材料费用、职工薪酬等,以及不能直接计入而按一定标准分配计入的各种间接费用,即直接材料、直接人工和制造费用。选项 D,计入销售费用。

任务二　采购成本分析

一、采购成本分析的意义

获取与采购成本相关的数据信息,能够为计算采购成本提供依据。

通过明确采购成本构成,计算采购成本,可以研究降低采购成本的方法。

二、采购成本分析的主要思路

采购成本的降低意味着最终产品成本的降低,也就意味着产品竞争优势的提高;同时,采购成本的降低意味着企业运营成本的降低,这为企业的长久良性发展奠定了基础。

(一)明确采购成本的构成

采购成本是指企业为经营发展需要,组织相关人员开展采购活动而发生的各项费用,具体包括订购成本、储存成本、缺货成本三大部分,其中,订购成本又包括购置成本和订货成本。

(二)获取与采购成本相关的数据信息加以计算

将部门成本费用进行分解,获取与采购成本相关的数据信息。

1. 购置成本的计算

$$该批材料的购置成本＝材料平均单价×每批订购数量$$

2. 订货成本的计算

$$每1元材料的年订货成本＝年订货总成本÷年采购总额$$
$$每套材料的年订货成本＝材料平均单价×每1元材料的年订货成本$$
$$每套材料的天订货成本＝每套材料的年订货成本÷365$$
$$每批材料的天订货成本＝每批订购数量×每套材料的天订货成本$$
$$实际订货天数下的每批材料的订货成本＝订货天数×每批材料的天订货成本$$

3. 储存成本的计算

$$每1元材料的年保管费用＝年保管费用÷年均存货总额$$
$$每套材料的年保管费用＝材料平均单价×每1元材料的年保管费用$$
$$每套材料的天保管费用＝每套材料的年保管费用÷365$$
$$每批材料的天保管费用＝每批订购数量×每套材料的天保管费用$$
$$实际存货天数下每批材料的保管费用＝存货天数×每批材料的天保管费用$$
$$实际存货天数下每批材料的占用利息＝存货天数×每批订购数量×单价×月利率÷30$$
$$储存成本＝实际存货天数下每批材料的保管费用＋实际存货天数下每批材料的占用利息$$

4. 缺货成本的计算

$$由采购延误导致的年停工加班费用＝年停工加班费用×年采购总额÷年产值$$
$$由采购延误导致的年销售(因延误交付而支付的)损失＝年销售(因延误交付而支付的)损失×年采购总额÷年销售额$$
$$由采购延误导致的年缺货总成本＝由于采购延误导致的年停工加班费用＋由采购延误导致的年销售(因延误交付而支付的)损失$$
$$每1元材料的年缺货成本＝由于采购延误导致的年缺货总成本÷年采购总额$$
$$每1元材料的天缺货成本＝每1元的材料年缺货成本÷365$$
$$每套材料的天缺货成本＝材料平均单价×每1元材料的天缺货成本$$

每批材料的天缺货成本＝每批订购数量×每套材料的天缺货成本

实际缺货天数下每批材料的缺货成本＝缺货天数×每批材料的天缺货成本

每批材料的采购成本＝每批材料的购置成本＋实际订货天数下每批材料的订货成本＋实际存货天数下每批材料的储存成本＋实际缺货天数下每批材料的缺货成本

（三）进行采购成本分析

分析采购成本构成中不合理或者比重比较大的项目，进行原因分析，研究降低采购成本的方法并付诸实施。

三、采购成本分析的流程

企业采购成本分析的基本流程如图 7-2 所示。但在现实中，不同企业在具体的流程和操作上不尽相同，但总体思路是一致的。

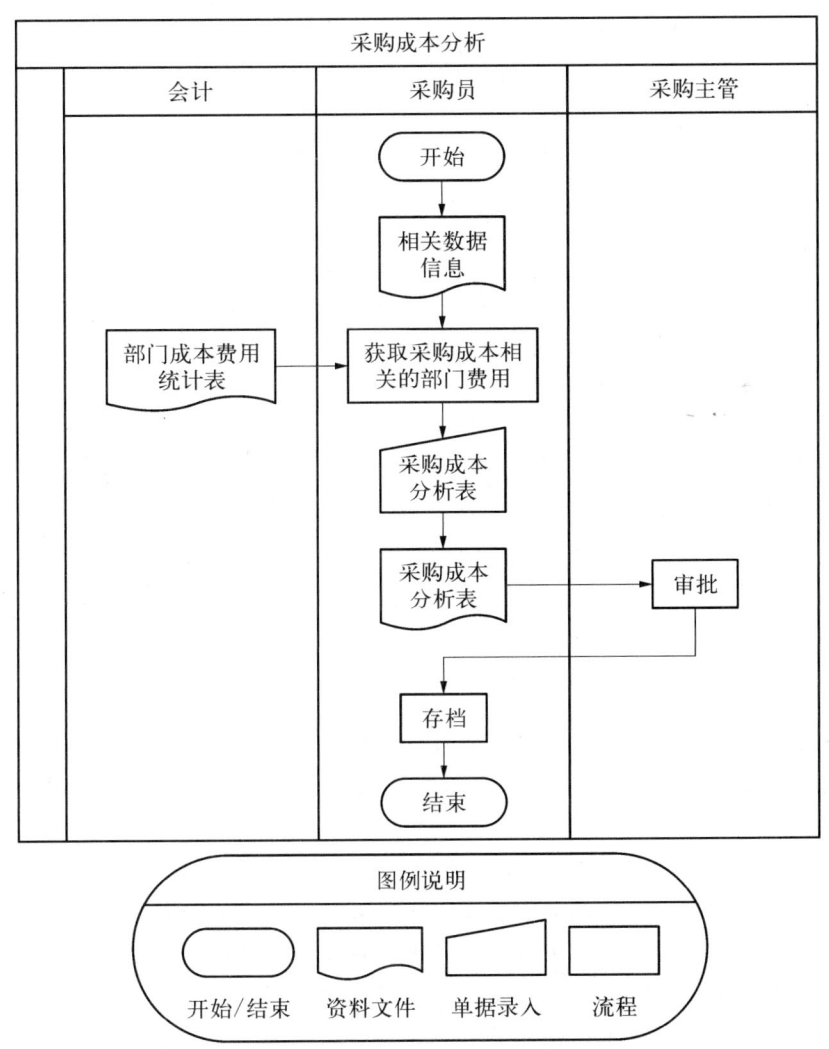

图 7-2　采购成本分析流程图

四、采购成本分析的操作

（一）采购员获取与采购成本相关的数据

采购员从财务部获取年销售总额、年产值、部门成本费用等相关数据。

（二）采购员填写采购成本分析表

根据相关数据信息（表7-5）和部门成本费用统计表（表7-6），采购员计算每批产品的订货成本、储存成本、缺货成本，如表7-7所示。分析不同采购成本的高低，找出影响采购成本的主要因素。

表 7-5　相关数据信息

	项　　目	上年数据
财务信息	年采购总额	20 432 411.00 元
	年销售额	54 363 496.00 元
	年产值	69 442 560.00 元
	年均存货总额	426 268.44 元
	月利率	0.50%
主板组件 A 采购相关信息	订货天数	3 天
	存货天数	5 天
	缺货天数	2 天
	每次订货批量	1 000 套
	单　　价	470 元

编制人：王婷

表 7-6　部门成本费用统计表

部　　门	项　　目	上年发生额/元
采购部	采购人员工资	75 000
	采购设备场所的折旧	1 600
	采购办公用品的消耗	1 200
	采购部差旅费	20 050
	采购部电话传真费	1 440

部　门	项　目	上年发生额/元
仓储部	仓库设备折旧费	5 400
	仓库人员工资	64 000
	材料变质报废的损失	5 600
	材料的保险费用	1 800
生产中心	停工加班费用	85 200
销售部	年销售损失	156 200

编制人：王婷

表 7－7　采购成本分析表

日期：

项　目	分　析　过　程	分　析　结　果
购置成本	材料平均单价	
	每批订购数量	
	每批材料的购置成本	
订货成本	年订货成本	
	每1元材料的年订货成本	
	每套材料的年订货成本	
	每套材料的天订货成本	
	每批材料的天订货成本	
	实际订货天数下的每批产品的订货成本	
储存成本	年保管费用	
	年均存货总额	
	每1元材料的年保管费用	
	每套材料的年保管费用	
	每套材料的天保管费用	
	每批材料的天保管费用	
	实际存货天数下的每批材料的保管费用	

续　表

项　　目	分　析　过　程	分　析　结　果
储存成本	实际存货天数下每批材料的占用利息	
	实际存货天数下每批材料的储存成本	
缺货成本	由于采购延误导致的年停工加班费用	
	由于采购延误导致的年销售(因延误交付而支付的)损失	
	由于采购延误导致的年缺货总成本	
	每1元材料的年缺货成本	
	每1元材料的天缺货成本	
	每套材料的天缺货成本	
	每批材料的天缺货成本	
	实际缺货天数下每批材料的缺货成本	
采购成本	每批材料的采购成本	

审核人：　　　　　　　　　　　　　　　　编制人：

注：“每1元材料的天缺货成本”保留6位小数(四舍五入)，其他计算结果若为多位小数(3位及以上)的保留4位小数(四舍五入)。

(三)采购主管审核采购成本分析表

根据相关数据信息(表7-7)和部门成本费用统计表(表7-8)，对采购成本分析结果的准确性进行审核，只有采购成本分析结果全部填写准确的采购成本分析表才能通过审核，否则需退回重填。

任务三　生产成本分析

一、生产成本分析的意义

分析企业生产成本费用变动因素，合理划分变动生产成本和固定生产成本，便于明确企业产品盈利能力和划分成本责任。

二、生产成本分析的主要思路

变动成本法是指以成本按性态分类为前提，开展成本性态分析，要明确成本与业务量之间的内在联系，借以把握业务量变动对各类成本变动的影响。生产成本分析的具体思路如下：

（一）分析引起生产费用变动的因素

1. 引起直接材料变动的因素

直接材料反映的是产品直接耗用的原材料，与产品产量密切相关，在一定范围内总额随着业务量的变动发生相应的正比例变动。

例如，M企业引起直接材料变动的因素为产品生产量。

2. 引起直接人工变动的因素

直接人工反映的是产品直接耗用的车间工人工资及福利等，与薪酬制度密切相关。生产工人的薪酬一般采用计件工资制或者计时工资制，一般与产品产量、生产工时等密切相关，一定范围内总额随着业务量变动发生相应的正比例变动。

例如，M企业生产车间工人工资及福利费采用计时工资制，因其与生产工时密切相关，所以引起直接人工变动的因素为生产工时。

3. 引起制造费用变动的因素

制造费用反映的是产品耗用的车间管理人员工资及福利费，水电费和维修费等，一般会包含总额固定的费用和总额变动的费用。总额固定的费用在一定范围内是不随业务量的变动而增减变动的。

例如，M企业规定管理人员工资及福利费采用固定工资制，是固定费用；而生产车间产生的水电费和维修费与产品生产量密切相关，其引起制造货用变动的因素为生产量。

（二）划分变动生产成本和固定生产成本

根据分析引起各生产费用变动的因素，直接材料和直接人工均属于变动生产成本，而制造费用中只有车间耗用的水电费和维修费属于变动生产成本。

（三）计算产品成本

在变动成本法下产品成本构成只包含变动生产成本。首先根据规定的分配方法分配各产品耗用的变动生产成本，然后汇总各产品的变动生产成本。

三、生产成本分析的流程

企业生产成本分析的基本流程如图7-3所示。在现实中，不同企业在具体的流程和操作上不尽相同，但总体思路是一致的。

四、生产成本分析的操作

（一）会计人员查阅《企业生产管理制度》

通过查阅《企业生产管理制度》，了解薪酬制度与其他生产费用增减变动的因素，并分析生产成本各项目与业务量之间的变动关系。

（二）会计人员填写生产成本分析表

首先，根据领料单明细表中各产品生产数量、物料成本，确定直接材料成本；其次，根据生产中心工资汇总表中生产车间各产品生产工人的工资和福利费，确定直接人工成本；最后，根据生产工时统计表生产中心费用汇总表和生产中心工资汇总表中各产品耗用工时、车间和办公室耗用的费用、办公室管理人员工资，及《企业生产管理制度》规定的制造费用分配方法及各要素变动的因素，确定变动制造费用和固定制造费用。（以上提及表格见本书"资料表"。）

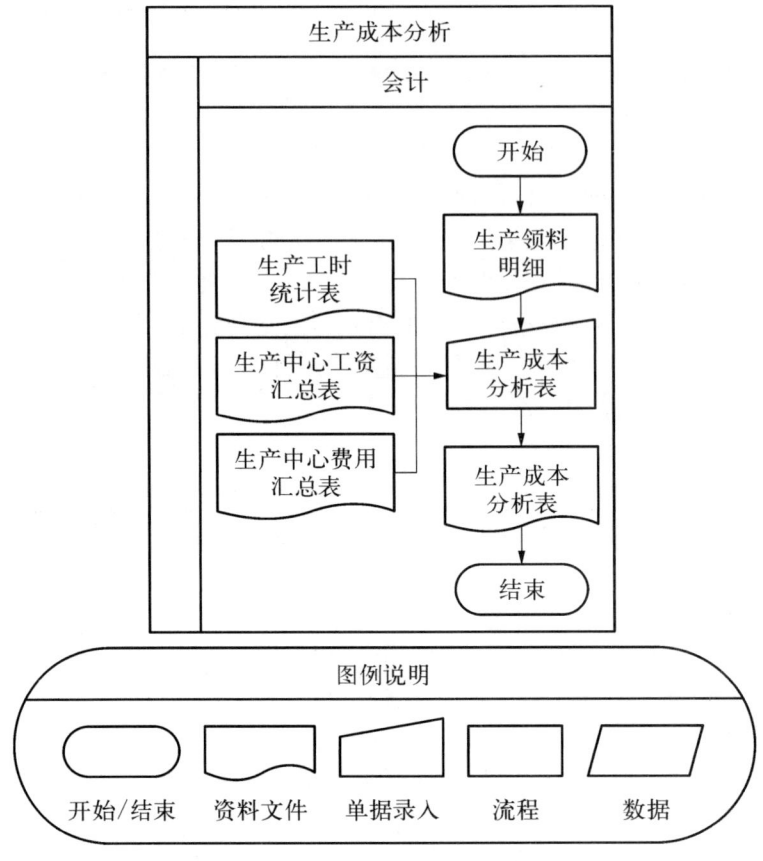

图 7 - 3　生产成本分析流程图

汇总以上信息,正确划分变动生产成本和固定生产成本,填写生产成本分析表,如表
7 - 8 所示。

表 7 - 8　生产成本分析表

日期:2025 - 01 - 31

产品编号	P001	P002
产品名称	瀚海 V30	瀚海 H5
本期生产数量		
本期生产耗用工时		
成本项目:		
直接材料		
直接人工		

制造费用：		
变动制造费用		
固定制造费用		
生产成本：		
变动生产成本		
固定生产成本		
产品总成本(变动成本法)		
产品单位成本(变动成本法)		

制单人：王婷

任务四　销售收入分析

一、销售收入分析的意义

分析收入的产品结构、区域结构、客户结构,确定业绩增长点,能够为销售政策调整、资金占用调整提供依据。

二、销售收入分析的主要思路

营业收入是形成企业收入和利益的主力和源泉。分析收入时,可以从营业收入的产品构成、区域构成、客户构成来分析。

（一）分析产品构成

通过分析不同产品的销售额以及对企业销售的贡献度,找出占总收入比重大的产品,找到企业过去业绩的主要产品增长点,对这些产品增长点未来发展趋势进行分析,可以初步判断企业业绩的持续性。

（二）分析区域构成

通过分析不同区域的销售额以及对企业销售的贡献度,找出占总收入比重大的区域,找到企业过去业绩的主要地区增长点,对这些区域增长点未来发展趋势进行分析,可以初步判断企业业绩的持续性。

（三）分析客户构成

通过分析不同客户的销售额以及对企业销售的贡献度,找出占总收入比重大的客户,找到企业过去业绩的主要客户增长点,对这些客户增长点未来发展趋势进行分析,可以初步判断企业业绩的持续性。

销售贡献度即销售贡献率,是指销售所占的比率。

$$产品销售贡献度 = 各产品销售收入 \div 企业整体销售收入 \times 100\%$$

$$区域销售贡献度 = 各区域销售收入 \div 企业整体销售收入 \times 100\%$$

$$客户销售贡献度 = 各客户销售收入 \div 企业整体销售收入 \times 100\%$$

三、销售收入分析的流程

销售收入分析的基本流程如图7-4所示。在现实中,不同的企业在具体的流程和操作上不尽相同,但总体思路是一致的。

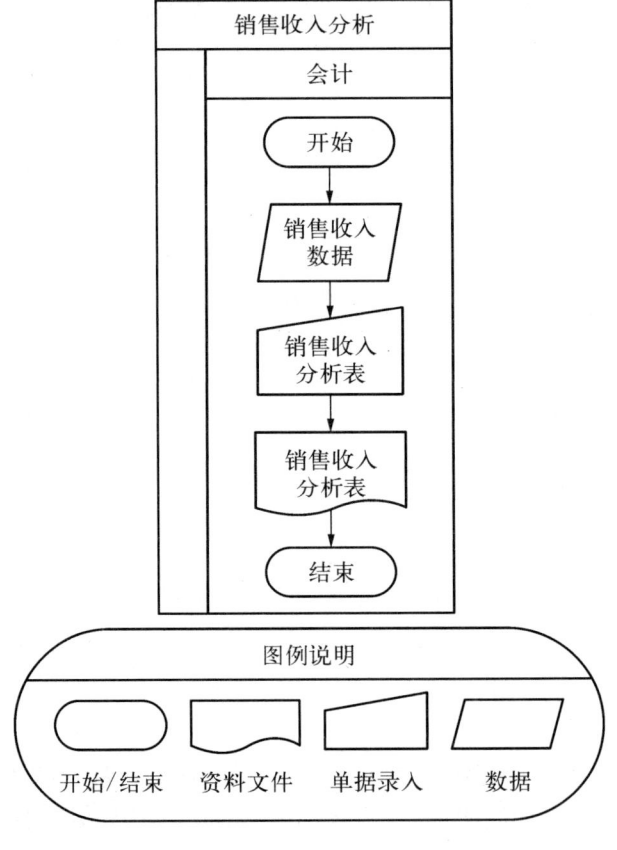

图7-4　销售收入分析流程图

四、销售收入分析的操作

(一) 会计人员查阅《企业销售管理制度》

通过查阅《企业销售管理制度》,掌握企业的客户名单及其地区划分。

(二) 会计人员填写销售收入结构分析表

首先,根据主营业务收入明细账和主营业务收入总账,分别计算各产品本期的销售收入,并汇总计算本期销售收入合计;其次,根据销售(发货)通知单的本期销售情况和《企业销售管理制度》对销售区域的划分,汇总计算各区域、各客户本期的销售收入;最后,根据销售贡献率公式以及产品、区域、客户本期销售收入,计算销售贡献率。结合以上信息,填写销售收入结构分析表,如表 7 - 9 所示。

表 7 - 9　销售收入结构分析表

项　　　　目		销售收入	销售贡献度
产品结构	瀚海 V30		
	瀚海 H5		
地区结构	华中大区		
	华东大区		
	华北大区		
	华南大区		
客户结构	D 电子手机超市		
	H 通信设备连锁销售有限公司		
	其他		

填表人:

任务五　期间费用分析

一、期间费用分析的意义

分析销售费用明细项目的构成及变化情况,能够及时发现异常费用,有效控制销售费用支出;分析管理费用明细项目的构成及变化情况,能够及时发现异常费用,有效控制管理费用支出。

二、期间费用分析的主要思路

除了毛利率高低之外,期间费用在很大程度上决定了一个企业最终的净利润率,期间费用足够低的企业,可以获得更多的盈利。分析期间费用可以对企业管控能力强弱情况有个大致的判断,是评价企业运营能力的重要指标。分析期间费用可以从以下两个方面进行:

（一）分析管理费用

将管理费用本期发生额和上期发生额进行比较,分析管理费用明细项目的增加额和增加幅度,从而判断明细项目总量增减是否合理,判断明细项目发展趋势是否有利。对于不合理或者变化比较大的项目,逐笔分解,落实到每一笔经济业务上,找出问题所在,在企业经营过程中提出降本减耗的措施。

$$增加额=本期发生额-上期发生额$$

$$增加幅度=增加额÷上期发生额×100\%$$

(二)分析销售费用

将销售费用本期发生额和上期发生额进行比较,分析销售费用明细项目的增加额和增幅,从而判断明细项目总量增减是否合理,判断明细项目发展趋势是否有利,对于不合理或者变化比较大的项目,逐笔分解,落实到每一笔经济业务上,找出问题所在,在企业经营过程中提出降本减耗的措施。

三、期间费用分析的流程

期间费用分析的基本流程如图 7 - 5 所示。在现实中,不同企业在具体的流程和操作上不尽相同,但总体思路是一致的。

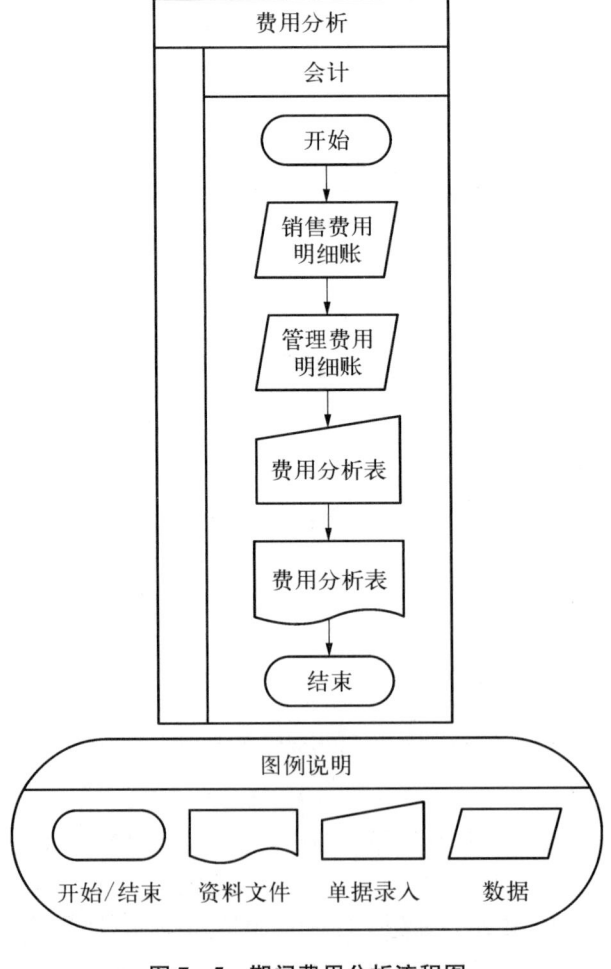

图 7 - 5 期间费用分析流程图

四、期间费用分析的操作

（一）会计填写销售费用项目水平分析表

通过查询销售费用明细账，如表 7-10 所示，确定本期和上期销售费用各项目金额，计算各项目增加额及增加幅度，根据以上信息填写销售费用项目水平分析表，如表 7-11 所示。

表 7-10　销售费用明细表

日期：2025 年 1 月　　　　　　　　　　　　　　　　　　　　单位：元

项　　目	金　　额	项　　目	金　　额
办公费		广告费和业务宣传费	18 867.92
业务招待费	4 100.05	工　资	
福利费	1 000.00	折旧费	
差旅费	1 909.61	社会保险	

表 7-11　销售费用项目水平分析表

项　　目	本月金额/元	上月金额/元	增加额	增幅/%
办公费				
业务招待费				
福利费				
差旅费				
广告费和业务宣传费				
工　资				
折旧费				
社会保险				
其他费用				

填表人：

（二）会计人员填写管理费用项目水平分析表

通过查询管理费用明细账，如表 7-12 所示，确定本期和上期管理费用各项目金额，计算各项目增加额及增加幅度，根据以上信息填写管理费用项目水平分析表，如表 7-13 所示。

表 7‑12　管理费用明细表

日期：2025 年 1 月　　　　　　　　　　　　　　　　　　　单位：元

项　目	金　额	项　目	金　额
办公费		工　资	
业务招待费	3 390.00	折旧费	
福利费		社会保险	
差旅费		其他费用	
咨询费			

表 7‑13　管理费用项目水平分析表

项　目	本月金额/元	上月金额/元	增加额	增幅/%
办公费				
业务招待费				
福利费				
差旅费				
咨询费				
工　资				
折旧费				
社会保险				
其他费用				

填表人：

任务六　报表数据分析

一、报表数据分析的意义

微课：报表数据分析

　　分析财务数据的增幅情况,有利于及时发现异常数据,便于判断财务状况、经营成果的发展趋势;分析资产结构、盈利结构、现金流入结构、现金流出结构,有利于为正确评价企业的财务状况、经营成果和现金流量情况提供依据。

二、报表数据分析的主要思路

　　如果说记账、编制财务报表属于会计的反映功能,那么财务报表分析则属于解释和评价功能。通过财务报表分析可以判断企业财务状况是否良好、企业的经营管理是否健全、企业业务前景是否光明;同时还可以找出企业经营管理的症结,提出解决问题的办法。正确对财务报表进行分析的具体思路如下:

（一）对报表进行水平分析

将报表数据本月金额和上月金额进行比较,分析资产负债表、利润表各项目的增加额和增幅,分析其总量增减是否合理,初步判断财务状况、盈利状况的发展趋势是否有利。通过观察财务报表中各项目的增减变化情况,可以发现重要的异常变化。

$$增加额＝本月金额－上月金额$$
$$增幅＝增加额÷上月金额×100\%$$

（二）对报表进行结构分析

通过对流动资产、流动负债、利润表、现金流出、现金流入进行项目结构分析,确定货币资金、应收账款、其他应收款、存货等"核心"项目在流动资产中的结构比重,确定短期借款、应付账款、应付职工薪酬、应交税费等"核心"项目在流动负债中的结构比重,确定营业成本、销售费用、管理费用、营业利润、利润总额、净利润等项目占营业收入的比重,确定现金流入各项目在现金总流入中的比重,确定现金流出各项目在现金总流出中的比重。分析其结构变动是否合理,通过观察财务报表各项目比重的增减变化情况,可以确定影响资产结构、盈利结构、现金结构的重要项目或异常变动项目。

$$流动资产各项目比重＝项目金额÷流动资产总金额×100\%$$
$$流动负债各项目比重＝项目金额÷流动负债总金额×100\%$$
$$利润表各项目比重＝项目金额÷营业收入金额×100\%$$
$$经营活动现金流入比重＝经营活动现金流入金额÷现金流入总金额×100\%$$
$$经营活动现金流入各项目比重＝经营活动现金流入各项目金额÷经营活动现金流入金额×100\%$$
$$投资活动现金流入比重＝投资活动现金流入金额÷现金流入总金额×100\%$$
$$投资活动现金流入各项目比重＝投资活动现金流入各项目金额÷投资活动现金流入金额×100\%$$
$$筹资活动现金流入比重＝筹资活动现金流入金额÷现金流入总金额×100\%$$
$$筹资活动现金流入各项目比重＝筹资活动现金流入各项目金额÷筹资活动现金流入金额×100\%$$
$$经营活动现金流出比重＝经营活动现金流出金额÷现金流出总金额×100\%$$
$$经营活动现金流出各项目比重＝经营活动现金流出各项目金额÷经营活动现金流出金额×100\%$$
$$投资活动现金流出比重＝投资活动现金流出金额÷现金流出总金额×100\%$$
$$投资活动现金流出各项目比重＝投资活动现金流出各项目金额÷投资活动现金流出金额×100\%$$
$$筹资活动现金流出比重＝筹资活动现金流出金额÷现金流出总金额×100\%$$
$$筹资活动现金流出各项目比重＝筹资活动现金流出各项目金额÷筹资活动现金流出金额×100\%$$

（三）对异常或者重要项目进行业务数据追溯

通过层层分解，找到需要重点分析的"核心"项目；通过对影响"核心"项目的经济活动进行分析，分析企业资产结构、盈利结构是否合理并提出相应的对策，以及对异常或者重要项目进行业务数据追溯；通过对影响报表项目的经济活动进行分析，找出引起变化的原因，并力求对这种趋势是否会延续作出判断。

三、报表数据分析的流程

企业报表数据分析的基本流程如图 7‑6 所示。在现实中，不同的企业在具体的流程和操作上不尽相同，但总体的思路是一致的。

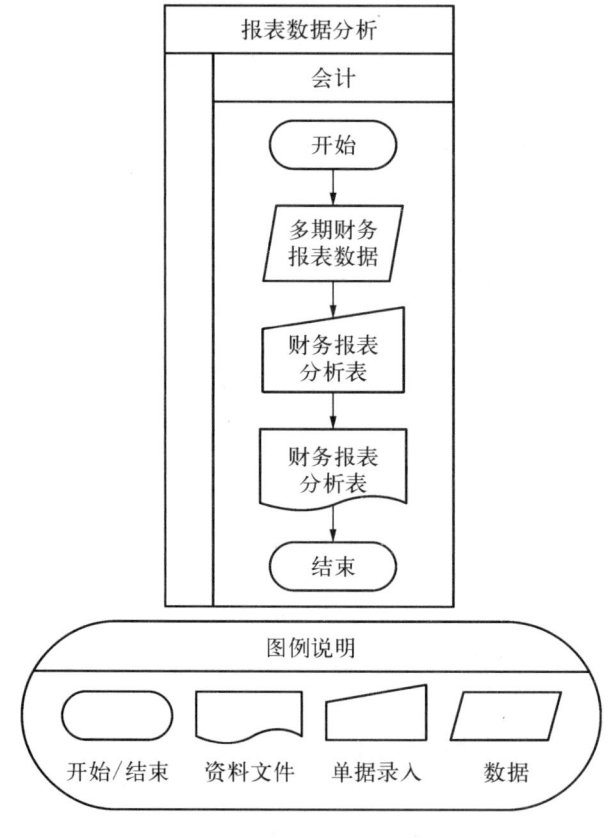

图 7‑6 报表数据分析流程图

四、报表数据分析的操作

（一）填写资产负债表分析表

1. 计算资产负债表增减变动

首先，根据 2025 年 1 月月末资产负债表的期末余额，如表 7‑14 所示，确定报表各项目本月期末金额。其次，根据 2024 年 12 月月末资产负债表的期末余额，如表 7‑15 所示，确定报表各项目上月月末期末金额。最后，根据本月期末金额和上月期末金额计算资产负债表各项目近两个月的增加额及增加幅度。

表 7 - 14　2025 年 1 月月末资产负债表

编制单位：M 企业　　　　　　　　　日期：2025 年 1 月 31 日　　　　　　　　　单位：元

项　　目	期末余额	年初余额	项　　目	期末余额	年初余额
流动资产：			流动负债：		
货币资金	4 466 609.67	1 489 278.12	短期借款	500 000.00	500 000.00
交易性金融资产			应付票据		4 000 000.00
应收票据	68 255.63	68 255.63	应付账款	2 506 984.00	2 506 984.00
应收账款	26 788 987.00	26 850 000.00	预收账款		
预付账款	12 400.28	12 400.28	应付职工薪酬	320 203.00	128 963.00
应收股利			应交税费	467 537.88	96 000.00
应收利息			应付利息		
其他应收款	1 086.69	5 286.69	应付利润		
存货	675 580.00	767 300.00	其他应付款		
其中：原材料	619 540.00	767 300.00	其他流动负债		
在产品			流动负债合计	3 794 724.88	7 231 947.00
库存商品	56 040.00		非流动负债：		
周转材料			长期借款	10 000 553.82	10 000 553.82
其他流动资产			长期应付款		
流动资产合计	32 012 919.27	29 192 520.72	递延收益		
非流动资产：			其他非流动负债		
债权投资			非流动负债合计	10 000 553.82	10 000 553.82
长期股权投资			负债合计	13 795 278.70	17 232 500.82
固定资产原价	800 000.00	800 000.00			
减：累计折旧	328 276.40	148 276.40			
固定资产账面价值	471 723.60	651 723.60			
在建工程	14 042 981.34	153 369.00			
工程物资					
固定资产清理					

续 表

项 目	期末余额	年初余额	项 目	期末余额	年初余额
生产性生物资产			所有者权益(或股东权益)		
无形资产	30 700.00	480 000.00	实收资本(或股本)	10 000 000.00	10 000 000.00
开发支出			资本公积		
长期待摊费用			盈余公积	1 756 267.46	437 337.58
其他非流动资产			未分配利润	21 006 778.05	2 807 774.92
非流动资产合计	14 545 404.94	1 285 092.60	所有者权益(或股东权益)合计	32 763 045.51	13 245 112.50
资产合计	46 558 324.21	30 477 613.32	负债和所有者权益(或股东权益)合计	46 558 324.21	30 477 613.32

表 7-15 2024 年 12 月月末资产负债表

编制单位：M 企业　　　　　　日期：2024 年 12 月 31 日　　　　　　单位：元

项 目	期末余额	年初余额	项 目	期末余额	年初余额
流动资产：			流动负债：		
货币资金	1 489 278.12	10 312 616.25	短期借款	500 000.00	
交易性金融资产			应付票据		
应收票据	68 255.63	68 255.63	应付账款	2 506 984.00	68 259.00
应收账款	26 850 000.00	2 980 000.00	预收账款		
预付账款	12 400.28	12 400.28	应付职工薪酬	128 963.00	128 963.00
应收股利			应交税费	96 000.00	96 000.00
应收利息			应付利息		
其他应收款	5 286.69	5 286.69	应付利润		
存货	767 300.00	85 236.87	其他应付款		
其中：原材料	767 300.00	85 236.87	其他流动负债		
在产品			流动负债合计	3 231 947.00	293 222.00
库存商品			非流动负债：		

项　目	期末余额	年初余额	项　目	期末余额	年初余额
周转材料			长期借款	10 000 553.82	
其他流动资产			长期应付款		
流动资产合计	29 192 520.72	13 463 795.72	递延收益		
非流动资产：			其他非流动负债		
债权投资			非流动负债合计	10 000 553.82	
长期股权投资			负债合计	13 232 500.82	293 222.00
固定资产原值	800 000.00	651 723.60			
减：累计折旧	148 276.40	50 000.00			
固定资产账面价值	651 723.60	601 723.60			
在建工程	14 042 981.34	153 369.00			
工程物资					
固定资产清理					
生产性生物资产			所有者权益（或股东权益）：		
无形资产	480 000.00	500 000.00	实收资本（或股本）	10 000 000.00	10 000 000.00
开发支出			资本公积		
长期待摊费用			盈余公积	1 756 267.46	125 362.58
其他非流动资产			未分配利润	19 378 457.38	4 300 303.74
非流动资产合计	15 174 704.94	1 255 092.60	所有者权益（或股东权益）合计	31 134 724.84	14 425 666.32
资产合计	44 367 225.66	14 718 888.32	负债和所有者权益（或股东权益）合计	44 367 225.66	14 718 888.32

2. 计算流动资产构成比率

首先，根据 2025 年 1 月月末资产负债表中流动资产的期末余额，确定流动资产各项目本月期末金额。其次，根据 2024 年 12 月月末资产负债表中流动资产的期末余额，确定流动资产各项目上月期末金额。最后，根据公式，确定流动资产各项目在流动资产中的本月比重和上月比重，并计算其差异。

3. 计算流动负债构成比率

首先,根据 2025 年 1 月月末资产负债表中流动负债的期末余额,确定流动负债各项目本月期末金额。其次,根据 2024 年 12 月月末资产负债表中流动负债的期末余额,确定流动负债各项目上月期末金额。最后,根据公式,确定流动负债各项目在流动负债中的本月比重和上月比重,并计算其差异。

结合以上信息填写资产负债表分析表,如表 7-16 所示。

表 7-16　资产负债表分析表

第一部分　资产负债表项目水平分析表

项　　目	本月期末余额/元	上月期末余额/元	增加额	增幅/%
货币资金				
应收账款				
其他应收款				
存　货				
固定资产原值				
短期借款				
应付账款				
应付职工薪酬				
应交税费				
盈余公积				
未分配利润				

第二部分　流动资产结构分析表

项　　目	本月期末余额/元	上月期末余额/元	结构百分比		
			本月比重/%	上月比重/%	差异/%
货币资金					
应收账款					
其他应收款					
存　货					
流动资产合计			100	100	—

续　表

第三部分　流动负债结构分析表

项　　目	本月期末余额/元	上月期末余额/元	结构百分比		
			本月比重/%	上月比重/%	差异/%
短期借款					
应付账款					
应付职工薪酬					
应交税费					
流动负债合计			100	100	—

填表人：

（二）填写利润表分析表

1. 计算利润表增减变动

首先,根据 2025 年 1 月利润表（表 7-17）的本月金额和 2024 年 12 月利润表（表 7-18）的本月金额,确定利润表各项目的本月金额和上月金额;其次,根据本月金额和上月金额计算利润表各项目近两个月的增加额及增加幅度。

表 7-17　利润表

编制单位：M 企业　　　　　　日期：2025 年 1 月　　　　　　单位：元

项　　目	本月金额	本年累计金额
一、营业收入	4 849 404.42	4 849 404.42
减：营业成本	3 158 040.00	3 158 040.00
税金及附加	33 776.17	33 776.17
销售费用	23 967.97	25 877.58
管理费用	5 299.61	3 390.00
财务费用		
加：投资收益		
二、营业利润	1 628 320.67	1 628 320.67
加：营业外收入		
减：营业外支出		

续　表

项　目	本月金额	本年累计金额
三、利润总额	1 628 320.67	1 628 320.67
减：所得税费用		
四、净利润	1 628 320.67	1 628 320.67

表 7－18　利润表

编制单位：M 企业　　　　　　　　　日期：2024 年 12 月　　　　　　　　单位：元

项　目	本年累计金额	本月金额
一、营业收入	54 363 496.00	1 196 958.69
减：营业成本	35 432 411.52	738 175.24
税金及附加	348 172.32	7 253.59
销售费用	317 744.00	65 578.80
管理费用	312 000.00	26 000.00
财务费用	69 668.16	5 805.68
加：投资收益		
二、营业利润	17 883 500.00	354 145.38
加：营业外收入	55 290.00	5 849.99
减：营业外支出		
三、利润总额	17 938 790.00	359 995.37
减：所得税费用	1 185 285.96	98 773.83
四、净利润	16 753 504.04	261 221.54

2. 计算利润表构成比率

首先，根据 2025 年 1 月利润表的本月金额和 2024 年 12 月利润表的本月金额，确定利润表各项目的本月金额和上月金额；其次，根据公式，确定利润表各项目与营业收入的本月比重和上月比重，并计算其差异。

结合以上信息，填写利润表结构分析表，如表 7－19 所示。

表 7 - 19　利润表分析表

第一部分　利润表项目水平分析表

项　　目	本月金额/元	上月金额/元	增加额	增幅/%
一、营业总收入				
其中：营业收入				
二、营业总成本				
其中：营业成本				
税金及附加				
销售费用				
管理费用				
财务费用				
三、营业利润				
四、利润总额				
五、净利润				

第二部分　利润表项目结构分析表

项　　目	本月金额/元	上月金额/元	结构百分比		
			本月比重/%	上月比重/%	差异/%
营业收入			100	100	—
营业成本					
税金及附加					
销售费用					
管理费用					
财务费用					
营业利润					
利润总额					
净利润					

填表人：

(三) 填写现金流量表分析表

1. 计算现金流入构成比率

根据 2025 年 1 月现金流量表(表 7 - 20)的本期金额和上期金额,确定现金流入各项目本月金额和上月金额。再根据公式,确定现金流入各项目在现金流入中的本月比重和上月比重,并计算其差异。

表 7 - 20　2025 年 1 月现金流量表

编制单位:M 企业　　　　　　　日期:2025 年 1 月　　　　　　　单位:元

项　　　目	本期金额	上期金额
一、经营活动产生的现金流量		
销售产成品、商品、提供劳务收到的现金	5 540 840.00	32 225 681.65
收到其他与经营活动有关的现金	180.00	
购买原材料、商品、接受劳务支付的现金	2 533 098.40	20 015 870.20
支付的职工薪酬		135 880.50
支付的税费		97 100.69
支付其他与经营活动有关的现金	30 590.05	
经营活动产生的现金净流量	2 977 331.55	11 976 830.26
二、投资活动产生的现金流量		
收回短期投资、长期债券投资和长期股权投资收到的现金		
取得投资收益收到的现金		
处置固定资产、无形资产和其他非流动资产支付的现金净额		
短期投资、长期债券投资和长期股权投资支付的现金		
构建固定资产、无形资产和其他非流动资产支付的现金净额		
投资活动产生的现金净流量		
三、筹资活动产生的现金流量		
取得借款收到的现金		
吸收投资者投资收到的现金		
偿还借款本金支付的现金		
偿还借款利息支付的现金		
分配利润支付的现金		

续　表

项　　目	本期金额	上期金额
筹资活动产生的现金净流量		
四、现金净增加额	2 977 331.55	11 976 830.26
加：期初现金余额	1 489 278.12	121 300.5
五、期末现金余额	4 466 609.67	12 098 130.76

2. 计算现金流出构成比率

首先，根据 2025 年 1 月现金流量表的本期金额和上期金额，确定现金流出各项目本月金额和上月金额。再根据公式，确定现金流出各项目在现金流出中的本月比重和上月比重，并计算其差异。

结合以上信息填写现金流量表分析表，如表 7-21 所示。

表 7-21　现金流量表分析表

第一部分　现金流入结构分析表

项　　目	本月金额/元	上月金额/元	结构百分比		
			本月比重/%	上月比重/%	差异/%
经营活动现金流入					
其中：销售商品、提供劳务收到的现金					
收到其他与经营活动有关的现金					
投资活动现金流入					
其中：收回投资收到的现金					
取得投资收益收到的现金					
处置固定资产、无形资产和其他长期资产收回的现金净额					
筹资活动现金流入					
其中：吸收投资收到的现金					
取得借款收到的现金					
现金流入合计			100	100	—

续　表

第二部分　现金流出结构分析表

项　　目	本月金额/元	上月金额/元	结构百分比		
			本月比重/%	上月比重/%	差异/%
经营活动现金流出					
其中：购买商品、接受劳务支付的现金					
支付给职工以及为职工支付的现金					
支付的各项税费					
支付其他与经营活动有关的现金					
投资活动现金流出					
其中：构建固定资产、无形资产和其他长期资产支付的现金					
投资支付的现金					
筹资活动现金流出					
其中：偿还债务支付的现金					
分配股利、利润或偿付利息支付的现金					
支付其他与筹资活动有关的现金					
现金流出合计			100	100	—

填表人：

例题 7-2　某企业采用计划成本法核算,2024 年 12 月 31 日结账后有关科目余额为："材料采购"科目余额为 14 000 元(借方),"原材料"科目余额为 240 000 元(借方),"库存商品"科目余额为 80 000 元(借方),"生产成本"科目余额为 30 000 元(借方),"工程物资"科目余额为 200 000 元(借方),"材料成本差异"科目余额为 25 000 元(贷方),"发出商品"科目余额为 50 000 元(借方),"存货跌价准备"科目余额为 30 000 元。则该企业 2024 年 12 月 31 日资产负债表中的"存货"项目金额为多少元?

存货列报金额＝14 000＋240 000＋80 000＋30 000－25 000＋50 000－30 000＝359 000(元)

例题 7-3　A 股份有限公司的股本为 10 000 万元,每股面值为 1 元。2024 年年初未分配利润余额为贷方8 000万元。2024年实现净利润5 000万元,宣告分配并实际发放现金股利2 000万元,实际按每10股送3股的比例派发股票股利。假定A公司按照净利润的10%提取法定盈余公积,按5%提取任意盈余公积。则A公司2024年年末"利润分配——未分配利润"科目的余额为( )万元。

    A. 13 000   B. 7 250   C. 6 500   D. 3 500

    答案:B

    解析:A公司2024年年末"利润分配——未分配利润"科目的余额=8 000+5 000-[2 000+10 000÷10×3+5 000×(10%+5%)]=7 250(万元)

例题 7-4 下列各项现金收支中,属于工业企业经营活动现金流量的有( )。

    A. 偿还银行借款   B. 缴纳企业所得税

    C. 收到商品销售款   D. 收到现金股利

    答案:BC

    解析:选项A,属于筹资活动现金流量;选项D,属于投资活动现金流量。

 **项目测试**

一、单项选择题

1. 销售贡献度即销售贡献率,是指销售所占的比率,其不包括( )。

    A. 产品销售贡献度   B. 区域销售贡献度

    C. 客户销售贡献度   D. 生产成本贡献度

2. M企业2024年企业整体收入达到200亿元,A产品销售收入为50亿元,则A产品的销售贡献度是( )。

    A. 10%   B. 20%   C. 30%   D. 40%

3. 采购成本分析的项目不包括( )。

    A. 订货成本   B. 物资材料成本

    C. 存货成本   D. 物流成本

4. 财务报表分析的最终目的是( )。

    A. 阅读财务报表   B. 作出某种判断

    C. 决策支持   D. 解析报表

5. 下列不属于财务报表分析对象的是( )。

    A. 筹资活动   B. 经营活动   C. 投资活动   D. 管理活动

6. 下列不属于财务报表分析基本原则的是( )。

    A. 严谨性原则   B. 目的性原则

    C. 全面性原则   D. 多元立体性原则

7. 下列不属于财务报表分析基本程序的是( )。

    A. 设计分析要点   B. 收集、整理分析资料

    C. 选择分析方法   D. 提交分析报告

8. 通过相关经济指标的对比分析确定指标之间差异或指标发展趋势的方法是( )。

    A. 比率分析法   B. 比较分析法   C. 因素分析法   D. 平衡分析法

9. 股东进行财务报表分析时,将更为关注企业的(　　　)。

    A. 偿债能力　　　　　B. 营运能力　　　　　C. 获利能力　　　　　D. 投资能力

10. 基于比较分析法的比较标准,下列各项中的两个指标具有可比性的是(　　　)。

    A. 中国石油的销售利润率与中国石化的成本费用率

    B. 家乐福超市与麦当劳的销售额

    C. 苏宁电器本年一季度利润与上年年度利润

    D. 百度本年第一季度利润与本年第一季度计划利润

11. 下列方法中常用于因素分析的是(　　　)。

    A. 比较分析法　　　B. 比率分析法　　　C. 连环替代法　　　D. 平衡分析法

12. 根据成本性态的概念,单位固定成本在相关范围内的变化规律是(　　　)。

    A. 随业务量的增加而增加　　　　　B. 随业务量的减少而减少

    C. 随业务量的增加而减少　　　　　D. 不随业务量的变动而变动

13. 下列费用中,属于约束性固定成本的是(　　　)。

    A. 广告费　　　　　　　　　　　　B. 房屋折旧费

    C. 业务招待费　　　　　　　　　　D. 职工教育培训费

14. 下列有关固定成本的表述中,不正确的是(　　　)。

    A. 固定成本在特定的业务量范围内不受业务量变动影响

    B. 一定期间内的固定成本总额总能保持稳定

    C. 业务量增加时,单位产品分摊的固定成本减少

    D. 业务量减少时,单位产品分摊的固定成本增加

15. 将成本分为固定成本、变动成本和混合成本的分类依据是(　　　)。

    A. 成本的可辨认性　　　　　　　　B. 成本的性态

    C. 成本的核算目标　　　　　　　　D. 成本的经济用途

二、多项选择题

1. 分析收入时,可以从(　　　　　　)方面进行。

    A. 产品构成　　　B. 地区构成　　　C. 客户构成　　　D. 内控构成

2. 下列各项中,属于成本项目的有(　　　　　)。

    A. 直接材料　　　B. 直接人工　　　C. 制造费用　　　D. 折旧费用

3. 主要产品单位成本表的作用包括(　　　　　)。

    A. 分析各种主要产品单位成本水平和结构比例

    B. 显著降低产品成本

    C. 寻找产生差距的原因,挖掘降低单位产品成本的潜力,提高企业经济效益

    D. 比较各种主要产品单位成本计划、定额执行情况

4. 编制成本报表应符合的基本要求有(　　　　　)。

    A. 真实性　　　　B. 重要性　　　　C. 正确性　　　　D. 完整性

5. 下列各项中,应在发生时直接确认为期间费用的有(　　　　　)。

    A. 咨询费　　　　　　　　　　　　B. 展览费

    C. 车间管理人员工资　　　　　　　D. 董事会费

6. 下列项目中,应作为管理费用核算的有(　　　　　)。

A. 筹建期间内发生的开办费　　　　B. 由企业统一负担的公司经费

C. 行政部门发生的业务招待费　　　　D. 销售商品过程中发生的保险费

7. 下列各项中,不应计入管理费用的有(　　　　)。

A. 销售商品发生的现金折扣

B. 管理部门固定资产折旧

C. 以成本模式计量的投资性房地产折旧费用

D. 专设销售机构房屋的修理费

8. 下列各项中,应计入销售费用的有(　　　　)。

A. 随同商品销售而不单独计价的包装物成本

B. 专设售后服务网点的职工薪酬

C. 预计产品质量保证损失

D. 销售商品发生的现金折扣

三、计算题

假设 Q 公司的年订货总成本为 100 万元,年保管费用为 1 000 万元,年停工加班费用为 200 万元,年销售(因延误交付而支付的)损失为 100 万元,年采购总额为 6 000 万元,年销售额为 9 000 万元,年产值为 1 亿元,年均存货总额(年初存货与年末存货的 1/2)为 600 万元,月利率为 0.5%。

某一次采购材料 S:订货天数为 30 天,存货天数为 5 天,缺货天数为 2 天;该批材料数量为 1 000 个,单价为 10 元/个,合格数量为 900 个,废品单价为 6 元/个(废品不作为存货,立刻处理,所以废品不占用存货成本)。供应商的材料是一次性交付的,材料入库后也是一次性出库的。

请计算此次材料 S 的采购成本。

四、实训题

甲企业主要生产 A 产品,关于 A 产品的产量与成本情况如表 7-24 所示。

表 7-24　A 产品相关数据

项目	材料名称	单位	材料单价		2024 年 03 月 (发生金额)	上年同期 (发生金额)
			2024 年 3 月	去年同期		
产量	—	—	—	—	24 000	21 600
直接材料	皮　料	尺	18.5	16.8	7 459 200	6 259 680
	五　金	件	3	3.2	302 400	284 774.4
	辅　料	米	5	4.8	660 000	596 160
	小　计	—	—	—	8 421 600	7 140 614.4
直接人工	工　时	小时	12	11	1 584 000	1 366 200

续　表

项目	材料名称	单位	材料单价		2024年03月 （发生金额）	上年同期 （发生金额）
			2024年3月	去年同期		
制造费用	水　费	—	—	—	20 000	18 000
	电　费	—	—	—	220 000	200 000
	折　旧	—	—	—	180 000	180 000
	车间管理人员工资	—	—	—	456 000	425 000
	其他固定支出	—	—	—	120 000	100 000
	小　计	—	—	—	996 000	923 000
合　计		—	—	—	11 001 600	9 429 814.4

要求：

（1）根据资料用因素分析法分析成本变动情况，并填制表7-25。

表7-25　与去年同期比较分析

项目	产量变动对 成本影响	单耗变动对 成本的影响	单价变动对 成本的影响	影响合计金额
皮料				
五金				
辅料				
小计				

（2）根据上面的资料对当年成本差异进行比较分析，并填制表7-26。

表7-26　成本差异分析

项　目	2024年03月 （单价）	去年同期 （单价）	差　额	差额占比
直接材料				
直接人工				
制造费用				
合　计				

（3）根据 2024 年 3 月资料分析当月成本性态,并填制表 7‐27。

① 电费分为照明用电与生产用电两项,单价为 1.6 元/度。企业正常生产时每天工作时长为 8 小时,照明每小时用电 200 度,按最佳的操作方法,每件产品需用设备加工时间 3 小时,企业备用多台设备,目前生产能力有剩余,假设全月工作日为 22 天。按供电局规定,企业变压器维护费为每月 20 000 元。

② 假设企业产生的水费与产品产量不相关。

表 7‐27 成本性态分析

项　　目	材料名称	固定成本	变动成本
直接材料	皮料		
	五金		
	辅料		
直接人工	工时		
制造费用	水费		
	电费		
	折旧		
	车间管理人员工资		
	其他固定支出		
合　　计			

参考文献

[1] 徐秀艺.企业集团内部控制体系构建与应用研究[M].北京：中国人民大学出版社,2016.

[2] 张远录.企业内部控制与制度设计[M].北京：中国人民大学出版社,2021.

[3] 刘勤,尚惠红.智能财务：打造数字时代财务管理新世界[M].北京：中国财政经济出版社,2020.

[4] 上海管会教育培训有限公司.初级数字化管理会计[M].北京：高等教育出版社,2021.

[5] 高翠莲,高慧云,蔡理强.业财一体化设计[M].北京：高等教育出版社,2023.

[6] 孙莲香,鲍东海.财务业务一体化实训教程[M].北京：清华大学出版社,2021.

[7] 财政部会计资格评价中心.中级财务管理[M].北京：经济科学出版社,2024.

郑重声明

高等教育出版社依法对本书享有专有出版权。任何未经许可的复制、销售行为均违反《中华人民共和国著作权法》，其行为人将承担相应的民事责任和行政责任；构成犯罪的，将被依法追究刑事责任。为了维护市场秩序，保护读者的合法权益，避免读者误用盗版书造成不良后果，我社将配合行政执法部门和司法机关对违法犯罪的单位和个人进行严厉打击。社会各界人士如发现上述侵权行为，希望及时举报，我社将奖励举报有功人员。

反盗版举报电话 （010）58581999 58582371
反盗版举报邮箱 dd@hep.com.cn
通信地址 北京市西城区德外大街4号　高等教育出版社知识产权与法律事务部
邮政编码 100120

编号：＿＿＿＿＿＿＿＿

课程平台申请体验单

学校和院系名称: ＿＿＿＿＿＿＿＿＿＿＿＿＿＿＿＿**(需院系盖章)**

学校联系人: ＿＿＿＿＿＿＿＿＿＿ **联系方式:** ＿＿＿＿＿＿＿＿＿＿

　　感谢贵校使用肖铁锋等编写的《业财一体化设计》（978-7-04-063302-3）。为便于学校统一组织教学，教师可凭本体验单登录上海管会教育培训有限公司（简称"上海管会"）的数字化管理会计平台申请试用账号。

申请方式：

1. 详细填写本体验单第一行学校和院系名称（院系盖章）及相关信息。

2. 把本体验单传真或拍照发给高等教育出版社相关业务部门审核（联系方式见下），获取体验单号。

3. 凭完整的申请体验单编号和院系名称，向上海管会申请体验。

4. 本体验单最终解释权归上海管会所有。

平台联系方式：
客服电话：13678660538

高等教育出版社联系方式：
手机：13761157915　　座机：021-56718737
传真：021-56718517　　QQ：122803063

感谢您使用本书。为方便教学，我社为教师提供资源下载、样书申请等服务，如贵校已选用本书，您只要关注微信公众号"高职财经教学研究"，或加入下列教师交流QQ群即可免费获得相关服务。

"高职财经教学研究"公众号

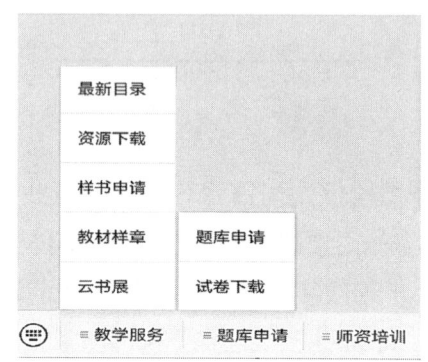

资源下载：点击"**教学服务**"—"**资源下载**"，或直接在浏览器中输入网址（http://101.35.126.6/），注册登录后可搜索相应的资源并下载。（建议用电脑浏览器操作）

样书申请：点击"**教学服务**"—"**样书申请**"，填写相关信息即可申请样书。

样章下载：点击"**教学服务**"—"**教材样章**"，即可下载在供教材的前言、目录和样章。。

题库申请：点击"**题库申请**"，填写相关信息即可申请题库或下载试卷。

师资培训：点击"**师资培训**"，获取最新会议信息、直播回放和往期师资培训视频。

联系方式

会计QQ3群：473802328　　　会计QQ2群：370279388　　　会计QQ1群：554729666

会计QQ4群：291244392

（以上4个会计QQ群，加入任何一个即可获取教学服务，请勿重复加入）

联系电话：（021）56961310　　电子邮箱：3076198581@qq.com

在线试题库及组卷系统

我们研发有十余门课程试题库："基础会计""财务会计""成本计算与管理""财务管理""管理会计""税务会计""税法""税务筹划""审计基础与实务""财务报表分析""EXCEL在财务中的应用""大数据基础与实务""会计信息系统应用""政府会计""内部控制与风险管理"等，平均每个题库近3000题，知识点全覆盖，题型丰富，可自动组卷与批改。如贵校选用了高教社沪版相关课程教材，我们可免费提供给教师每个题库生成的各6套试卷及答案（Word格式难中易三档，索取方式见上述"题库申请"），教师也可与我们联系咨询更多试题库详情。